高等院校会计专业
GAODENG YUANXIAO KUAIJI ZHUAN

U0453703

大数据与智能会计分析

DASHUJU YU ZHINENG KUAIJI FENXI

主　编　徐晓鹏

副主编　杨　静　王生贵　聂　晓

重庆大学出版社

内容提要

　　本书从大数据行业人员实际工作需要出发,理论结合实际,面向高等院校会计、财务管理、审计等相关专业的本、专科教学使用,也适合大数据智能会计专业岗位培训使用。通过本书的学习,希望大数据及智能会计相关人员,能够以大数据分析为工具,熟练使用大数据分析预测及评价系统。

　　本书依托大数据分析的平台,结合最前沿的学术科研成果和教学实践,采用最新企业案例和智能会计进行介绍,有很强的系统性和实用性。本书围绕企业大数据智能分析与预测方法,结合上市公司真实数据,详细介绍企业大数据分析相关原理和系统操作,使读者更好地学习和掌握相关的知识和技能,采用理论和实务相结合的方法,配以练习思考题,让使用者更加快捷地学习和提高。

图书在版编目(CIP)数据

大数据与智能会计分析 / 徐晓鹏主编. -- 重庆 :
重庆大学出版社,2023.4
高等院校会计专业本科系列教材
ISBN 978-7-5689-3629-3

Ⅰ.①大… Ⅱ.①徐… Ⅲ.①会计分析—财务管理系
统—高等学校—教材 Ⅳ.①F231.2

中国版本图书馆 CIP 数据核字(2022)第 242719 号

高等院校会计专业本科系列教材
大数据与智能会计分析
主　编　徐晓鹏
副主编　杨　静　王生贵　聂　晓
责任编辑:龙沛瑶　　版式设计:龙沛瑶
责任校对:关德强　　责任印制:张　策

*

重庆大学出版社出版发行
出版人:饶帮华
社址:重庆市沙坪坝区大学城西路21号
邮编:401331
电话:(023)88617190　88617185(中小学)
传真:(023)88617186　88617166
网址:http://www.cqup.com.cn
邮箱:fxk@ cqup.com.cn(营销中心)
全国新华书店经销
重庆长虹印务有限公司印刷

*

开本:787mm×1092mm　1/16　印张:19.25　字数:435 千
2023 年 4 月第 1 版　　2023 年 4 月第 1 次印刷
印数:1—2 000
ISBN 978-7-5689-3629-3　定价:56.00 元

本书如有印刷、装订等质量问题,本社负责调换
版权所有,请勿擅自翻印和用本书
制作各类出版物及配套用书,违者必究

前言

　　大数据与智能会计分析课程是一门实践性非常强的专业课程。近年来,随着人工智能、大数据相关技术的高速发展,传统商业领域正经历着巨大的变革。无论是商业产品营销还是企业人才管理,各个领域都在尝试通过数据分析手段来实现智能化的商业决策支持。与以往高度经验化的决策方法不同,基于大数据方法的智能化工具能够通过整合、挖掘不同应用场景下的多源异构数据,为人们提供科学化、客观化、前瞻化的决策支持。基于以上背景,本书将首先介绍大数据时代下商业智能数据挖掘研究的背景和机遇,然后结合近年来在相关领域的最新研究成果和应用实践,来介绍如何使用大数据和人工智能技术进行有效的商业分析和企业人才管理。

　　本教材基于深圳哲睿公司开发的企业大数据经营分析与预测软件系统,采用最新企业案例,围绕企业经营分析与预测方法,结合上市公司真实数据,详细介绍企业大数据智能分析相关原理和系统操作,并从理论和操作两方面进行编写,这在国内同类教材中未曾出现,因此本教材具有创新性,应用价值高,推广使用性强。

　　本书是普通高等院校应用特色教材。适合普通高等院校会计、财务管理、商贸类专业的学生学习使用,也可供各级科研院所、企业事业单位内部机构的大数据分析人员培训使用。对人工智能工作感兴趣的其他专业人员特别是智能会计专业人员、计算机专业人员,亦可在工作中参考。

　　本书由石河子大学经济与管理学院的徐晓鹏副教授负责总体结构设计,并编写第 5 章、第 6 章及第 7 章,石河子大学经济与管理学院的杨静编写第 1 章、第 2 章,石河子大学经济与管理学院的王生贵编写第 3 章、第 4 章,石河子大学经济与管理学院的聂晓、霍远参与了编写课程及教材大纲等工作,王唐、谢军参与审稿及校对工作,对以上教师的辛勤工作,在此表示由衷的感谢。深圳哲睿公司在本书编写工作中提供了详细的技术支持,在此一并表示感谢。

由于编者水平有限,书中难免存在不足和错误之处,敬请读者批评指正。

编　者

2022 年 5 月

目录

第1章　大数据与智能会计概述 ……………………………… 1
1.1　大数据概述 …………………………………………… 1
1.2　人工智能 ……………………………………………… 5
1.3　智能会计 ……………………………………………… 8
1.4　系统简介与功能 ……………………………………… 10
1.5　大数据与智能会计分析系统安装 …………………… 16
　　思考与练习 …………………………………………… 18

第2章　财务报表分析 ……………………………………… 19
2.1　财务报表分析理论 …………………………………… 19
2.2　报表转换与数据维护 ………………………………… 28
2.3　财务报表分析操作 …………………………………… 35
　　思考与练习 …………………………………………… 50

第3章　经营分析预测 ……………………………………… 51
3.1　经营分析预测理论 …………………………………… 51
3.2　经营分析预测操作 …………………………………… 93
　　思考与练习 …………………………………………… 151

第4章　评价模型 …………………………………………… 152
4.1　评价模型概述 ………………………………………… 152
4.2　评价模型操作 ………………………………………… 165
　　思考与练习 …………………………………………… 184

第5章　智能分析 …………………………………………… 185
5.1　智能分析理论 ………………………………………… 185
5.2　智能分析操作 ………………………………………… 207

思考与练习 …………………………………………………………………… 240

第6章　风险预警监控 ………………………………………………………… 241

6.1　风险预警监控理论 ………………………………………… 241

6.2　风险预警监控操作 ………………………………………… 253

思考与练习 …………………………………………………………………… 260

第7章　自定义分析 …………………………………………………………… 261

7.1　自定义合成现金流量表 …………………………………… 261

7.2　自定义财务指标 …………………………………………… 266

7.3　自定义财务报表稽核 ……………………………………… 271

7.4　生成维护当期报表 ………………………………………… 275

7.5　自定义管理资产负债表 …………………………………… 276

7.6　财务模型建模与蒙特卡洛仿真 …………………………… 282

7.7　查询构建工具 ……………………………………………… 292

7.8　综合查询 …………………………………………………… 297

思考与练习 …………………………………………………………………… 299

参考文献 ……………………………………………………………………… 300

第1章　大数据与智能会计概述

学习目标

通过本章学习,了解大数据以及智能会计的概念,了解大数据与智能会计分析系统与功能、大数据与智能会计分析系统如何安装使用等内容。

1.1　大数据概述

大数据(Big Data),或称巨量资料,指的是所涉及的资料量规模巨大到无法通过主流软件工具,在合理时间内达到撷取、管理、处理,以及令企业经营决策更积极的目的的资讯。

1.1.1　大数据的定义

"大数据"是指无法在一定时间范围内用常规软件工具进行捕捉、管理和处理的数据集合,是在新处理模式下具有更强的决策力、洞察发现力和流程优化能力的海量、高增长率和多样化的信息资产。

麦肯锡全球研究院给出的定义是:一种规模大到在获取、存储、管理、分析方面大大超出了传统数据库软件工具能力范围的数据集合,具有海量的数据规模、快速的数据流转、多样的数据类型和价值密度低四大特征。

大数据技术的战略意义不在于掌握庞大的数据信息,而在于对这些含有意义的数据进行专业化处理。换而言之,如果把大数据比作一种产业,那么这种产业实现盈利的关键,就在于提高对数据的"加工能力",通过"加工"实现数据的"增值"。

从技术上看,大数据与云计算的关系就像一枚硬币的正反面一样密不可分。大数据必然无法用单台计算机进行处理,必须采用分布式架构。它的特色在于对海量数据进行分布式数据挖掘,但它必须依托云计算的分布式处理、分布式数据库和云存储、虚拟化技术。

随着云时代的来临,大数据也吸引了越来越多的关注。分析师团队认为,大数据通常用来形容一个公司创造的大量非结构化数据和半结构化数据,这些数据在下载到关系

1

型数据库用于分析时会花费过多时间和金钱。大数据分析常和云计算联系到一起,因为实时的大型数据集分析需要像 MapReduce 一样来对数十、数百,甚至数千的电脑分配工作。

大数据需要特殊的技术,以有效地处理大量的容忍经过时间内的数据。适用于大数据的技术,包括大规模并行处理数据库、数据挖掘、分布式文件系统、分布式数据库、云计算平台、互联网和可扩展的存储系统。

1.1.2 大数据的特征

①容量(Volume):数据的大小决定所考虑数据的价值和潜在的信息。

②种类(Variety):数据类型的多样性。

③速度(Velocity):获得数据的速度。

④可变性(Variability):妨碍了处理和有效管理数据的过程。

⑤真实性(Veracity):数据的质量。

⑥复杂性(Complexity):数据量巨大,来源渠道多。

⑦价值(Value):合理运用大数据,以低成本创造高价值。

1.1.3 大数据的结构

大数据包括结构化、半结构化和非结构化数据,非结构化数据越来越成为数据的主要部分。互联网数据中心(IDC)的调查报告显示:企业中 80% 的数据都是非结构化数据,这些数据每年都按指数增长 60%。大数据就是互联网发展到现今阶段的一种表象或特征而已,没有必要神化它或对它保持敬畏之心,在以云计算为代表的技术创新大幕的衬托下,这些原本看起来很难收集和使用的数据开始容易被利用起来了,通过各行各业的不断创新,大数据会逐步为人类创造更多的价值。

想要系统地认知大数据,必须要全面而细致地分解它,着手从 3 个层面来展开。

第一层面是理论。理论是认知的必经途径,也是被广泛认同和传播的基线。在这里从大数据的特征定义来理解行业对大数据的整体描绘和定性;从对大数据价值的探讨来深入解析大数据的珍贵所在,洞悉大数据的发展趋势;从大数据隐私这个特别而重要的视角审视人和数据之间的长久博弈。

第二层面是技术。技术是大数据价值体现的手段和前进的基石。在这里分别从云计算、分布式处理技术、存储技术和感知技术的发展来说明大数据从采集、处理、存储到形成结果的整个过程。

第三层面是实践。实践是大数据的最终价值体现。在这里分别从互联网的大数据、政府的大数据、企业的大数据和个人的大数据 4 个方面来描绘大数据已经展现的美好景象和即将实现的蓝图。

1.1.4 大数据的应用

洛杉矶警察局和加利福尼亚大学合作利用大数据预测犯罪的发生。

谷歌流感趋势(Google Flu Trends)利用搜索关键词预测禽流感的散布。

统计学家内特·西尔弗(Nate Silver)利用大数据预测 2012 年美国选举结果。

麻省理工学院利用手机定位数据和交通数据建立城市规划。

梅西百货的实时定价机制。根据需求和库存的情况,该公司基于统计分析软件(SAS)的系统对多达 7 300 万种货品进行实时调价。

医疗行业早就遇到了海量数据和非结构化数据的挑战,而近年来很多国家都在积极推进医疗信息化发展,这使得很多医疗机构有资金来做大数据分析。

1.1.5　大数据的意义

现在的时代是一个高速发展的时代,科技发达,信息流通,人们之间的交流越来越密切,生活也越来越方便,大数据就是这个高科技时代的产物。

有人把数据比喻为蕴藏能量的煤矿。煤炭按照性质有焦煤、无烟煤、肥煤、贫煤等分类,而露天煤矿、深山煤矿的挖掘成本又不一样。与此类似,大数据并不在"大",而在于"有用"。价值含量、挖掘成本比数量更为重要。对于很多行业而言,如何利用这些大规模数据是赢得竞争的关键。

大数据的价值体现在以下几个方面:

①为大量消费者提供产品或服务的企业可以利用大数据进行精准营销。

②小而美模式的中小微企业可以利用大数据做服务转型。

③在互联网压力之下必须转型的传统企业需要与时俱进充分利用大数据的价值。

不过,"大数据"在经济发展中的巨大意义并不代表其能取代一切对于社会问题的理性思考,科学发展的逻辑不能被湮没在海量数据中。著名经济学家路德维希·冯·米塞斯曾提醒过:"就今日言,有很多人忙碌于资料之无益累积,以致对问题之说明与解决,丧失了其对特殊的经济意义的了解。"这确实是需要警惕的。

在这个快速发展的智能硬件时代,困扰应用开发者的一个重要问题就是如何在功率、覆盖范围、传输速率和成本之间找到那个微妙的平衡点。企业组织利用相关数据和分析可以帮助它们降低成本、提高效率、开发新产品、做出更明智的业务决策等。例如,通过结合大数据和高性能的分析,下面这些对企业有益的情况都可能会发生:

①及时解析故障、问题和缺陷的根源,每年可能为企业节省数十亿美元。

②为成千上万的快递车辆规划实时交通路线,躲避拥堵。

③分析所有库存量单位(SKU),以利润最大化为目标来定价和清理库存。

④根据客户的购买习惯,为其推送他们可能感兴趣的优惠信息。

⑤从大量客户中快速识别出金牌客户。

⑥使用点击流数据分析和数据挖掘来规避欺诈行为。

1.1.6　大数据的趋势

1)数据的资源化

何为资源化,是指大数据成为企业和社会关注的重要战略资源,并已成为大家争相抢夺的新焦点。因而,企业必须要提前制订大数据营销战略计划,抢占市场先机。

2)与云计算的深度结合

大数据离不开云处理,云处理为大数据提供了弹性可拓展的基础设备,是产生大数据的平台之一。从 2013 年开始,大数据技术已开始和云计算技术紧密结合,未来两者关系将更为密切。除此之外,物联网、移动互联网等新兴计算形态,也将一齐助力大数据革命,让大数据营销发挥出更大的影响力。

3)科学理论的突破

就像计算机和互联网一样,大数据很有可能是新一轮的技术革命。随之兴起的数据挖掘、机器学习和人工智能等相关技术,可能会改变数据世界里的很多算法和基础理论,实现科学技术上的突破。

4)数据科学和数据联盟的成立

未来,数据科学将成为一门专门的学科,被越来越多的人所认知。各大高校将设立专门的数据科学类专业,也会催生一批与之相关的新的就业岗位。与此同时,基于数据这个基础平台,也将建立起跨领域的数据共享平台,之后,数据共享将扩展到企业层面,并且成为未来产业的核心一环。

5)数据泄露泛滥

未来几年数据泄露事件的增长率也许会达到 100%,除非数据在其源头就能够得到安全保障。可以说,在未来,每个财富 500 强企业都会面临数据攻击,无论它们是否已经做好安全防范。而所有企业,无论规模大小,都需要重新审视今天对安全的定义。在财富 500 强企业中,超过 50% 的企业将会设置首席信息安全官这一职位。企业需要从新的角度来确保自身以及客户数据,所有数据在创建之初便需要获得安全保障,而并非在数据保存的最后一个环节,仅仅加强后者的安全措施已被证明于事无补。

6)数据管理成为核心竞争力

数据管理成为核心竞争力,直接影响财务表现。当"数据资产是企业核心资产"的概念深入人心之后,企业对数据管理便有了更清晰的界定,将数据管理作为企业核心竞争力持续发展,战略性规划与运用数据资产成为企业数据管理的核心。数据资产管理效率与主营业务收入增长率、销售收入增长率显著正相关;此外,对于具有互联网思维的企业而言,数据资产竞争力所占比重为 36.8%,数据资产的管理效果将直接影响企业的财务表现。

7)数据质量是商业智能(BI)成功的关键

采用自助式商业智能工具进行大数据处理的企业将会脱颖而出。其中要面临的一个挑战是,很多数据源会带来大量低质量数据。想要成功,企业需要理解原始数据与数据分析之间的差距,从而消除低质量数据并通过 BI 获得更佳决策。

8)数据生态系统复合化程度加强

大数据的世界不只是一个单一的、巨大的计算机网络,而是一个由大量活动构件与多元参与者元素所构成的生态系统,终端设备提供商、基础设施提供商、网络服务提供商、网络接入服务提供商、数据服务使用者、数据服务提供商、触点服务、数据服务零售商等一系列的参与者共同构建的生态系统。而今,这样一套数据生态系统的基本雏形已然形成,接下来的发展将趋向于系统内部角色的细分,也就是市场的细分;系统机制的调整,也就是商业模式的创新;系统结构的调整,也就是竞争环境的调整等,从而使得数据生态系统复合化程度逐渐增强。

1.1.7　大数据分析

大数据概念应用到 IT 操作工具产生的数据中,大数据有助于 IT 管理软件供应商作出广泛的业务决策。IT 系统、应用和技术基础设施每天每秒都在产生数据。大数据非结构化或者结构数据都代表了"所有用户的行为、服务级别、安全、风险、欺诈行为等更多操作"的绝对记录。

大数据分析的产生旨在 IT 管理,企业可以将实时数据流分析和历史相关数据相结合,然后用大数据分析并发现它们所需的模型。反过来,帮助预测和预防未来运行中断和性能问题。进一步来讲,他们可以利用大数据了解使用模型以及地理趋势,进而加深大数据对重要用户的洞察力。他们也可以追踪和记录网络行为,用大数据轻松地识别业务影响;随着对服务利用的深刻理解加快利润增长;同时跨多系统收集数据发展 IT 服务目录。

大数据分析,尤其在 IT 操作方面,虽然对于发明并没有什么作用,但是一直在其中。Gartner 已经关注这个话题很多年了,他们强调,如果 IT 正在引进新鲜灵感,他们将会扔掉大数据老式方法开发一个新的 IT 操作分析平台。

1.2　人工智能

人工智能(Artificial Intelligence),英文缩写为 AI。它是研究、开发用于模拟、延伸和扩展人类智能的理论、方法、技术及应用系统的一门新的技术科学。

人工智能是计算机科学的一个分支,它企图了解智能的实质,并生产出一种新的能用与人类智能相似的方式做出反应的智能机器,该领域的研究包括机器人、语言识别、图像识别、自然语言处理和专家系统等。人工智能从诞生以来,理论和技术日益成熟,应用领域也不断扩大,可以设想,未来人工智能带来的科技产品,将会是人类智慧的"容器"。人工智能可以对人类意识、思维的信息过程进行模拟。人工智能不是人的智能,但能像人那样思考,也可能超过人的智能。

人工智能是一门极富挑战性的科学,从事这项工作的人必须懂得计算机、心理学和哲学知识。人工智能包括十分广泛的科学,它由不同的领域组成,如机器学习、计算机视觉等,总的来说,人工智能研究的一个主要目标是使机器能够胜任一些通常需要人类智能才能完成的复杂工作。但不同的时代、不同的人对这种"复杂工作"的理解是不同的。

2017年12月,人工智能入选"2017年度中国媒体十大流行语"。2021年9月25日,为促进人工智能健康发展,《新一代人工智能伦理规范》发布。

1.2.1 人工智能的定义

人工智能在计算机领域内,得到了愈加广泛的重视,并在机器人、经济政治决策、控制系统、仿真系统中得到应用。

尼尔逊教授对人工智能下了这样一个定义:"人工智能是关于知识的学科——怎样表示知识以及怎样获得知识并使用知识的科学。"而麻省理工学院的温斯顿教授认为:"人工智能就是研究如何使计算机去做过去只有人才能做的智能工作。"这些说法反映了人工智能学科的基本思想和基本内容,即人工智能是研究人类智能活动的规律,构造具有一定智能的人工系统,研究如何让计算机去完成以往需要人的智力才能胜任的工作,也就是研究如何应用计算机的软硬件来模拟人类某些智能行为的基本理论、方法和技术。

人工智能被称为20世纪70年代以来世界三大尖端技术之一(空间技术、能源技术、人工智能),也被认为是21世纪三大尖端技术(基因工程、纳米科学、人工智能)之一。这是因为近30年来它获得了迅速的发展,在很多学科领域都获得了广泛应用,并取得了丰硕的成果,人工智能已逐步成为一个独立的分支,在理论和实践上都已自成一个系统。

人工智能是研究使计算机来模拟人的某些思维过程和智能行为(如学习、推理、思考、规划等)的学科,主要包括计算机实现智能的原理、制造类似于人脑智能的计算机,使计算机能实现更高层次的应用。人工智能将涉及计算机科学、心理学、哲学和语言学等学科。可以说几乎是自然科学和社会科学的所有学科,其范围已远远超出了计算机科学的范畴,人工智能与思维科学的关系是实践和理论的关系,人工智能处于思维科学的技术应用层次,是它的一个应用分支。从思维观点看,人工智能的突破性发展不仅要考虑逻辑思维,还要考虑形象思维和灵感思维。数学常被认为是多种学科的基础科学,也进入了语言、思维领域,数学不仅在标准逻辑、模糊数学等范围发挥作用,还进入人工智能学科,它们将互相促进而更快地发展。

1.2.2 人工智能的研究价值

繁重的科学和工程计算本来是要人脑来承担的,如今计算机不但能完成这种计算,而且能够比人脑做得更快、更准确,因此当代人已不再把这种计算看作"需要人类智能才能完成的复杂任务",可见复杂工作的定义是随着时代的发展和技术的进步而变化的,人工智能这门科学的具体目标也自然随着时代的变化而发展。它一方面不断获得新的进展,另一方面又转向更有意义、更加困难的目标。

通常,"机器学习"的数学基础是"统计学""信息论"和"控制论",还包括其他非数学学科。这类"机器学习"对"经验"的依赖性很强。计算机需要不断从解决一类问题的经验中获取知识,学习策略,在遇到类似的问题时,运用经验知识解决问题并积累新的经验,就像普通人一样。我们可以将这样的学习方式称为"连续型学习"。但人类除了会从经验中学习外,还会创造,即"跳跃型学习"。这在某些情形下被称为"灵感"或"顿悟"。一直以来,计算机最难学会的就是"顿悟"。或者再严格一些来说,计算机在学习和"实践"方面难以学会"不依赖于量变的质变",很难从一种"质"直接到另一种"质",或者从一个"概念"直接到另一个"概念"。正因为如此,这里的"实践"并非同人类一样的实践。人类的实践过程同时包括经验和创造。

1.2.3　人工智能的应用

1)实际应用

机器视觉、指纹识别、人脸识别、视网膜识别、虹膜识别、掌纹识别、专家系统、自动规划、智能搜索、定理证明、博弈、自动程序设计、智能控制、机器人学、语言和图像理解、遗传编程等。

2)学科范畴

人工智能是一门边缘学科,属于自然科学和社会科学的交叉。

3)涉及学科

人工智能涉及哲学和认知科学、数学、神经生理学、心理学、计算机科学、信息论、控制论、不定性论。

4)研究范畴

研究范畴包括自然语言处理、知识表现、智能搜索、推理、规划、机器学习、知识获取、组合调度问题、感知问题、模式识别、逻辑程序设计软计算、不精确和不确定的管理、人工生命、神经网络、复杂系统、遗传算法。

5)意识和人工智能

人工智能就其本质而言,是对人的思维的信息过程的模拟。

对于人的思维模拟可以从两条道路进行,一是结构模拟,仿照人脑的结构机制,制造出"类人脑"的机器;二是功能模拟,暂时撇开人脑的内部结构,而从其功能过程进行模拟。现代电子计算机的产生便是对人脑思维功能的模拟,是对人脑思维的信息过程的模拟。

弱人工智能如今不断地迅猛发展,尤其是 2008 年经济危机后,美日欧希望借机器人等实现再工业化,工业机器人以比以往任何时候更快的速度发展,更加带动了弱人工智能和相关领域产业的不断突破,很多必须用人来做的工作如今已经能用机器人实现。而强人工智能则暂时处于瓶颈期,还需要科学家们和大众的努力。

1.2.4　人工智能的技术研究

1)技术平台

用来研究人工智能的主要物质基础以及能够实现人工智能技术平台的机器就是计算机,人工智能的发展历史是和计算机科学技术的发展史联系在一起的。除了计算机科学以外,人工智能还涉及信息论、控制论、自动化、仿生学、生物学、心理学、数理逻辑、语言学、医学和哲学等多门学科。人工智能学科研究的主要内容包括:知识表示、自动推理和搜索方法、机器学习和知识获取、知识处理系统、自然语言理解、计算机视觉、智能机器人、自动程序设计等方面。

2) 实现方法

人工智能在计算机上实现时有两种不同的方式。一种是采用传统的编程技术,使系统呈现智能的效果,而不考虑所用方法是否与人或动物机体所用的方法相同。这种方法叫工程学方法(Engineering Approach),它已在一些领域内做出了成果,如文字识别、电脑下棋等。另一种是模拟法(Modeling Approach),它不仅要看效果,还要求实现方法和人类或生物机体所用的方法相同或相类似。遗传算法(Generic Algorithm,简称 GA)和人工神经网络(Artificial Neural Network,简称 ANN)均属后一类型。遗传算法模拟人类或生物的遗传进化机制,人工神经网络则是模拟人类或动物大脑中神经细胞的活动方式。为了达到相同智能效果,两种方式通常都可使用。采用前一种方法,需要人工详细规定程序逻辑,如果游戏简单,相应的逻辑就是清晰的;如果游戏复杂,角色数量和活动空间增加,相应的逻辑就会很复杂(按指数式增长),人工编程就非常烦琐,容易出错。而一旦出错,就必须修改原程序,重新编译、调试,最后为用户提供一个新的版本或提供一个新补丁,非常麻烦。采用后一种方法时,编程者要为每一角色设计一个智能系统(一个模块)来进行控制,这个智能系统(模块)开始什么也不懂,就像初生婴儿那样,但它能够学习,能渐渐地适应环境,应付各种复杂情况。这种系统开始也常犯错误,但它能吸取教训,下一次运行时就可以改正,至少不会永远错下去,用不着发布新版本或打补丁。利用这种方法来实现人工智能,要求编程者具有生物学的思考方法,入门难度大一点。但一旦入了门,就可得到广泛应用。由于这种方法编程时无须对角色的活动规律做详细规定,在应用于复杂问题时,通常会比前一种方法更省力。

1.3　智能会计

继"互联网+"之后,人工智能升级为"智能+"被写入 2019 年《政府工作报告》,并作为国家战略逐步开始与产业进行融合,加速经济结构优化升级,对人们的生产生活方式产生了积极深远的影响。随着新一代人工智能技术的发展,"智能+"的应用场景不断涌现,相继出现智能制造、智能金融、智能商业、智能医疗、智能教育及智能家居等提法,在此背景下,"智能+"在财务领域的应用使得智能会计的概念破土而出。

1.3.1　智能会计的概念

智能会计是在会计数字化转型与智能化应用过程中不断发展起来的新一代会计。它以人工智能等高科技作为基础设施与核心要素,实现人工智能和会计的全面融合,并不断赋能于会计组织,提升会计组织的服务效率,拓展会计服务职能,最终实现会计组织的价值与颠覆性创新。它将整个会计流程智能化,具有 3 个层次:第一,它是在会计和业务相集成的基础上构成的智能会计共享平台,这是智能会计的基础;第二,它是鉴于智能商业构成的智能管理财会平台,这是智能会计的重中之重;第三,它是鉴于智能会计构成的智能会计平台,这是智能会计的发展方向。

1.3.2　智能会计的应用现状

1)提高了工作效率

智能会计改变了财务处理的范围,在传统的财务管理中,企业只需要处理与本企业有直接关系的财务数据。但是,在智能会计的发展下,凡是与本企业相关的数据都需要经过收集和处理,例如行业信息、金融市场波动、上下游财务状况变化等信息数据。与此同时,企业必须利用这些数据来做更深层次的数据挖掘,把智能会计环境下的财务管理与传统的财务管理方式进行比较,前者更加注重财务的价值。智能会计技术能够通过分析一些从表面上看似完全无关的数据,对其进行统计归纳,并从中找出与财务管理相关的经济规律、企业特征以及一些潜在问题,利用这些扎实的统计数字依据有助于企业的财务管理,使得企业可以在有限的资源条件下实现财务管理的最大化利用。

2)降低了会计处理难度

企业开展智能会计工作时,仅需把财会数据载入计算机财务软件系统中即可,在下一步财会数据处理工作中,计算机财务软件就会依据程序标准进行处理,财会处理效率得到提高,财会工作质量得到有效保障,对烦琐账务处理工作删繁就简,降低财务处理难度,对和财会相关的工作进行简化处理,财会信息质量明显提高,利于科学决策,增强企业在市场中的竞争力,提高企业经济效益。

3)存在一定的安全隐患

智能会计主要是通过计算机硬盘进行信息存储,在用网络手段做好信息数据的处理工作时不可避免地会进行信息传输,因此信息存储过程中存在各种各样的安全隐患,尤其是一些企业机构没有对信息安全保障工作作出合理的规划,出现财务信息泄露便会造成严重的经济损失。

1.3.3　基于大数据的智能会计

大数据、云计算技术能够控制计算资源、网络资源和存储资源,进入到可配置的计算资源共享池之中,为用户提供可用的、便捷的、按需的网络访问和服务。同时,系统采用云化软件的开源技术和方法,对物理资源进行虚拟化,并将其自动分配给用户,使用户在互联网环境下按需随时获取资源。

在大数据、云计算与会计相结合下,构建出虚拟化、云计算的会计信息系统,会计人员可以利用服务器群或云资源池或其他基础设施采集、存储和分析大量的财务信息。云会计与传统会计信息系统存在本质上的不同,从购买方式来看,传统会计信息系统要进行整体购买和服务,而云会计则是按需租赁,便于成本控制。从配套支持来看,传统会计信息系统仅出让软件所有权,而不提供设备和操作系统等配套软硬件;而云会计则仅出售软件使用权,不出售软件所有权。从后续支出来看,传统会计信息系统仅出售软件,对于后续的维护和更新则需要高额购买;而云会计则由云会计服务商提供软件并负责其维护和更新。

总体而言,智能化云会计主要体现出以下方面的优势。

1）低价优势

智能化云会计采用按需租赁的方式分期支付租金,由云会计服务商负责全部软件的维护和更新服务,并提供软件相关运行环境和存储功能,有极大的成本优势。

2）共享优势

智能化云会计能够实现财务信息的实时共享和链接,包括对外共享、客户共享、审计机构的共享、税务机关的共享、投资者的共享、内部各部门之间的共享等。智能化云会计能够直观可视地展示基础财务信息,对企业事前、事中、事后的经济活动进行监督,更好地规避和防范企业风险。

3）快捷优势

智能化云会计可以利用云计算为支持和依托,搭建云会计运行平台,自动高效地识别重复的原始凭证,自动生成摘要、分录和备注,减轻会计人员的工作强度,提高会计工作效率。

4）智能优势

智能化云会计能够利用大数据提取财务信息,自动计算财务比率并生成直观可视的报表,并自动地在界面上呈现出货币资产、销售额、成本等财务关键数据,使用户能够实时把握企业经营状态。

5）安全优势

智能化云会计拥有严格的授权机制,如密码技术、指纹及面部识别等,并采用分布式资源管理技术进行会计信息的安全管理,确保财务信息的安全与完整。

1.4　系统简介与功能

哲睿公司的企业大数据经营分析与预测（Business Intelligent Analysis,简称BIA）系统,是根据当今企业决策层使用的企业经营分析系统,结合高校金融、会计专业的教学与研究特点,而推出的具有精确考量的实训化的应用性教学研究系统。该系统在教学过程中,倡导"做"中"学",不论是观念的理解还是技巧的掌握,都可以"从平台中学习""在运用中体会",让学生在不知不觉间实现"精准、智慧、创新与灵性"的思维跨越。此外,该系统与哲睿公司系列财务数据库的完美结合,在研究过程中,为研究者提供最全面、最精确的上市公司历年财务数据及行业参考数据,以支持分析研究所需的基础素材。本书以哲睿公司的企业大数据经营分析与预测（BIA）系统为例,全面介绍大数据与智能会计分析的具体内容。

1.4.1　系统简介

企业大数据经营分析与预测(BIA)系统是基于上市公司财务数据库,通过对企业经营数据进行整合,将即时查询、财务报表分析、企业经营预测、经营建模、价值投资、风险分析与预警、自定义分析等多种功能融为一体的智能性分析与预测平台,如图1-1所示。该系统主要根据财务数据和经营指标对企业的经营进行多时期、多方面、多层次的分析与预测,并提供多样化的分析工具和决策模型,其高度融合的功能组合方便了教学及研究使用,促进了教学的生动和实训、研究的快速与精确。

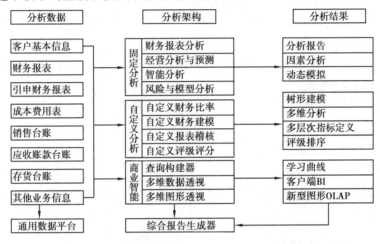

图 1-1　BIA 系统应用架构

该系统具有功能强大、操作简单、界面简洁、安装与使用方便等优点,是高校经济、管理、会计类专业教学与研究的理想工具。运用该系统,可以丰富教学和研究手段,提升教师的教学与研究水平,通过运用系统教学,能提升学生专业理论与软件操作水平,培养高素质人才,提升就业质量,从而增强高校教育综合竞争力,提高学校知名度。

目前该系统免费配套数据库包括:上市公司财务报表数据库,高频市场交易数据库(证券版)和对应交易数据库,股权和薪酬结构数据库,应收账款和账龄结构数据库,存货和销售结构数据库。

配套数据库是不加密的,定期升级,并可直接针对数据库编程。同时附带财务数据挖掘工具和财务建模工具,用户可结合财务和交易等不同形态数据联合建模和蒙特卡洛仿真,并自定义组织不同需求的数据。也可直接应用国际通用 SQL 语言和存储过程更深一步地组织和挖掘数据。免费配套数据库避免了远程数据库下载 Excel 桌面级应用的弊端,可直接进行复杂建模,数据挖掘,行业、产业结构分析等大规模数据运算。

本书围绕企业经营分析与预测系统,结合上市公司真实数据,详细介绍了企业经营分析相关原理和系统操作,并设计了一些典型运用案例与课程实训方案,希望能帮助读者更好地学习和掌握相关的知识技能,并妥善运用之。

1.4.2　系统特色

①产品成熟、性能稳定,扩展性与集成开放性强。

②囊括大量底层商务模型,700 多种数理和统计函数,以及 1 000 多种管理财务比率指标分析,包括基础统计、概率数理统计和矩阵多元统计三层分析技术。

③通用数据维护技术,支持用户新增数据表和字段,以及表间和字段间的关联。

④美国最新商业智能(Business Intelligence,简称 BI)控件,实现了数据和图形的智能化、多维立体化和在线实时查询与分析,为决策提供支持,并且可以动态模拟企业经营预测及自动生成图文报告。

⑤界面可视化,图表丰富,操作简单易用,自动保存操作结果,运行高速且资源占用低。

⑥处于国际前沿的财务分析模型、经济学模型、投资评价模型、平衡积分卡和数理统计技术的充分运用。

⑦自定义财务指标支持单个指标定义和指标组定义,并可以实现序列化。如自由现金流量、阿塔曼模型等。

⑧可实现经营风险预警和监控,如财务分析、价值评估、竞争力及可持续发展分析、投资项目预测。

⑨可依据所提供上市公司的历年数据及行业参考数据进行即时的行业引力与对比分析、竞争力评价等。

⑩提供智能自定义建模工具,能简便完成个性化的分析模型,同时,支持动态经营模拟和虚拟企业平台运行。

1.4.3 功能模块简介

表 1-1　系统功能模块

功能模块	内容	作用
财务报表分析	报表转换与数据维护	转换报表格式以及对报表数据即时更新。
	财务报表稽核	验证财务报表真伪,自动评判和筛选问题企业。
	多功能比较	对单个客户不同指标的多期数据、不同客户相同指标的多期数据、客户与所在行业相同指标的多期数据进行比较分析。
	结构财务报表	揭示企业财务报表的构成,便于发现企业生产经营过程中存在的突出问题和异常现象。
	财务比率数据表	综合反映企业的偿债能力、营运能力、盈利能力和发展能力等公司基本信息。
	合成现金流量表	验证现金流量表的真伪,揭示企业是否存在操纵现金的情况。
	财务构成图	揭示企业的主要财务构成及其可能存在的问题。
	财务指标排序比较	揭示企业在全部行业或所在行业中的地位,便于企业采取相应的发展战略。包含 22 种基础统计。

功能模块	内容	作用
企业经营预测	趋势回归分析	对公司连续几年财务报表的有关数据进行比较,预测公司未来发展趋势,进行指标的时间序列分析。
	相关因素分析	分析因素间的相关性,运用多元线性和非线性回归分析,解决不同指标之间的函数关系。
	多对多回归分析	多对多回归分析是多元线性回归分析的扩展,复杂程度更高,但更具有实用性。系统计算平台允许用户任意设定多个指标之间的关系,并通过统计检验,动态检测、调试、模拟各种指标构成,达到动态分析的效果。
	应收账款分析	分析企业账龄和客户结构,进行风险因素动态模拟调整应收账款政策,预测应收账款风险程度及承受能力。
	利润分析	运用 3 个利润模型,分析利润总额对各指标的敏感性,并进行所有因素变动的动态模拟预测。
	概率盈亏分析	根据折旧期和固定费用比率计算保本销售收入,构建平衡分析图,预测收益并评估经营风险和收益水平。
	成本费用分析	对企业的生产成本和期间各项目费用进行分析管理。
	现金流量分析	对影响现金流量的因素进行分析,反映企业财务状况变动、偿债能力、资金周转和利润实现,决定企业财务方向。
	范霍恩可持续发展分析	依据可持续发展模型,计算可持续发展比率及结构,分析、预测财务平衡下的可持续发展能力。
	希金斯分析与财务战略	是制定财务增长战略目标较为有效的方法,它是利用模型寻找一个适当的销售增长平衡点,与经济增加值(EVA)结合应用波特矩阵,建立财务战略矩阵。
	企业竞争力分析	通过产品生命周期分析和结构行业引力分析,来分析企业的竞争力及走势,并和同行业客户进行比较。
	经济增加值分析	对各因素进行动态模拟,进行结构和敏感性分析,考察各因素的作用和承受能力。
	企业经营协调性分析	将协调性指标逐层分解,并通过动态模拟工具,实现指标的因素和结构分析。系统还支持行业协调性分析。
	杜邦财务分析	分别进行传统杜邦财务体系分析和修正杜邦财务体系分析,全面评价企业的财务状况和经营成果。
	流动性经营效率分析	构建管理资产负债表,建立新型流动性评价体系,对不同企业、不同行业进行融资战略的构建和评价分析。
	财务预测与预算	通过预测未来财务报表,来预测企业各项财务比率指标和企业未来的现金流量和融资需求。

续表

功能模块	内容	作用
企业经营预测	盈余质量分析	提供了测量盈余管理和盈余质量分析的4种模型,包括琼斯模型、扩展琼斯模型、K-S模型(Kang and Sivaramakrishnan)、边际模型。
	资产结构分析	马科维茨资产组合,应用二次规划依次计算收益和风险组合。
评价模型	阿塔曼投资模型	采用7个指标进行企业投资评价、应收账款的管理和内部控制等,评价客户信用价值,预测是否破产。
	切斯尔投资模型	采用6个指标判断企业经营质量的高低。
	骆驼评级模型	运用5个等级评价商业银行的信用风险和对企业进行信用评价。
	沃斯顿价值模型	属于经验回归模型,预测企业未来几年发展期的市场评估价值。
	卡普兰—厄威茨模型	突出企业规模和利润的稳定性两个重要指标,分析企业的信用等级和财务状况。
	沃尔信用能力模型	运用7种财务比率进行线性组合并比较分析,评价企业的信用水平。
	拉巴波特价值模型	这种方法把公司的评估价值分为预测期内的现金流量的现值、残值折算以后的现值和有价证券3部分。价值评估的过程就是分别计算3部分价值的过程。
智能分析	灰色分析	通过因素间发展态势的相似或相异程度衡量因素间的接近程度,判断变化趋势的接近。
	评级评分	对不同类型指标归一化,分析客户、供应商评价、部门考核和定性指标的定量分析。
	平衡计分卡分析	运用财务、客户与市场、内部经营过程和学习与发展4个方面构建考核和评价体系。
	主成分分析(因子分析)	用少数几个潜在的相互独立的主成分指标进行线性组合表示多个实测指标的主要信息。
	熵值分析	判断一个事件的随机性及无序程度,也可判断某个指标的离散程度,分析指标对综合评价的影响。
	行业引力分析	确定全部行业指标组合的平均最大值和最小值,分析并计算该行业在全部行业中的地位,确定其行业引力。
	马尔可夫分析	是一种基于状态概率的分析、预测和决策方法,通过马尔可夫链,根据事件目前或以往的状况概率预测其在将来各个时刻(或时期)变动状况或未来稳定状态下的分布概率。

续表

功能模块	内容	作用
智能分析	温特斯模型	是温特斯于 20 世纪 60 年代提出的,该方法是把具有线性趋势、季节变动和不规则变动的时间序列进行因素分解,并与指数平滑法结合起来的状态空间模型。
	可拓集合分析	其数据处理是用可拓集合的关联函数值——关联度的大小来描述各种特征参数与识别对象的从属关系,从而把属于或不属于的定量描述扩展为定量描述。
	风险分析与预警风险预警雷达图	通过对企业风险预警指标的监测,获取其预警信息,从而能够采取相应的措施规避风险,使得企业能够健康、快速地成长。
	定量风险分析	是运用企业财务和经营数据,对企业风险状况进行分析评价,了解风险因素的构成,从而制订相应的改进措施。
	综合经济指标	通过对企业的各个方面进行综合评价,并对其指标进行贡献度分析,使得其能够从整体上认识企业的优劣势,从而更有针对性地制订企业的发展规划。
	偏最小二乘回归分析	二代回归技术,克服了传统回归多重共线性等弊端。
	PLS 结构方程模型	与上市公司数据库结合,可快速运行模型,检验模型效果。模型可自定义。
	数据包络分析	包含 C^2R 模型和 C^2GS^2 模型,可以有效解决规模效率和技术效率问题。
其他	最新标准化数据技术	系统运用极值线性模式、均值标准差模式、对数 Logistic 模式、模糊量化模式 4 种方法进行分析。
	新型 BI(商业智能工具)	在客户端构建数据立方体,结合综合查询平台,提供高性能的数据访问和强大的在线分析处理功能。
	自定义分析	包含自定义合成现金流量表、财务指标、财务报表稽核、管理资产负债表,通过财务模型建模和查询构建工具,实现全面的综合查询。
	SQL 构建图(SQL Builder)	人性化的操作接口,简单地操作各种数据库,随时生成 SQL 语句,在多功能查询状态下直接运行存储过程。
	自定义财务建模及虚拟企业工具	自定义财务模型,自行设计分析评价指标组合和评价公式,系统自动生成评价模型,分析所有客户。
	报告生成器	提供高质量的经济活动、投资价值及信用分析报告,将分析结果转为分析报告并以 Word/Excel 形式反映。
	系统管理	通过对系统相关参数的设置以及系统相关数据表的维护,使得系统能够提供更加全面、真实、及时的数据,各部门员工能够在其职责范围内便利地使用该系统,从而能够有效地提升企业的生产经营效率。

1.5 大数据与智能会计分析系统安装

UFO(User Friend Office)办公软件提供的报表模板包括11种套用格式和21个行业的70多张标准财务报表。用户可以根据所在行业挑选相应的报表并套用其格式及计算公式。

1.5.1 系统安装盘

①企业经营分析与预测系统安装文件。

②数据库文件:Rsq1_Data. MDF,Rsq1_Log. LDF 和 Rsq2_Data. MDF,Rsq2_Log. LDF 4 个文件,实际是两个数据库,Rsq1 是客户自身财务数据库和系统参数数据库;Rsq2 是上市公司财务数据库,这是客户进行分析的对照数据库。

1.5.2 安装环境要求

①服务器端:WINDOWS Server 2003 或以上版本+SQL Server. 2005(安装 SP4)+. net frame work 4.0。

②客户端:简体中文版 Windows XP Service Pack 2 Pro 专业版或以上版本+. net frame work 4.0。

1.5.3 安装系统

1)客户端安装

双击光盘"程序文件"文件夹中的"set up. exe"文件,如果出现提示安装 Frame Work 4.0 界面,则表明本机操作系统没有提供. net frame work 4.0 环境,从光盘里面自带的安装程序中安装。打开光盘里面的". net frame work 4.0"文件夹,双击"dotNetFx40_Full_x86_x64. exe"即可安装。

若没有出现上面提示安装 Frame Work 4.0 的界面(或者已经安装完成,再次双击"set up. exe"),即可默认一步步安装。

需要注意的是:正常情况下客户端不需要安装,直接下载文件夹,双击"哲睿经营分析. exe"即可。安装反而另生成一个文件夹,造成不必要的麻烦。

2)系统初始化

①完成安装后,双击桌面的"企业经营分析"图标,启动软件。

②在用户名中输入"sa",点击之后出现"初始化"按钮(图1-2)。

③出现系统初始化界面后,输入服务器名称,在下拉菜单中选取数据库名称,数据库用户名称为"sa",数据库密码(SQL 安装中步骤 7 所确定的密码)(图1-3)。

图1-2 启动软件初始化

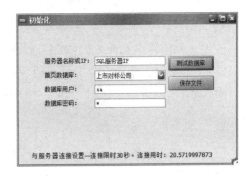

图1-3 初始化设置

④点击"测试数据库",出现如图 1-4 所示的界面,表明数据库连接成功。若出现"系统初始化错误",则需要再检查上述各填入名称和密码是否有误。

⑤之后点击"保存文件",出现如图 1-5 所示界面后,表示系统初始化成功。

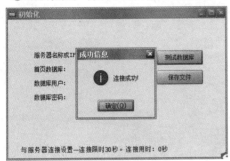

图1-4 测试数据库成功

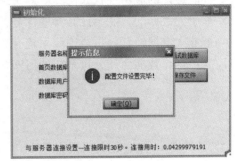

图1-5 保存文件设置完毕

⑥关闭系统初始化界面。插入网络加密锁,重新转入软件登录界面,输入用户名和密码,即可进入软件。

3)账户分发

系统使用智能客户端方式,可以实现非接触式分发。可采用以下两种方式进行分发。

①直接拷贝。用户在服务器上做完初始化后,即更改完 fx. ini 和 gsnetdog. ini 文件,可将程序文件夹设置为共享目录。客户端只要将共享目录的内容拷贝到自己的机器上,直接点击"企业经营分析系统"即可运行。也可以单击"setup"安装,"setup"安装的好处是在桌面和开始程序中设置了快捷方式,如果系统文件缺失或毁坏,可以自动寻找共享目录更新。

②通过浏览器分发。这要设置 IIS 服务(设置 IIS 服务,请参考有关书籍),用户在服务器上做完初始化后,即更改完 fx. ini 和 gsnetdog. ini 文件,可使用 WINRAR 将程序文件夹设置为. EXE 文件,在 IIS 上将. EXE 文件所在的目录设置为虚拟目录,网站头文件设置为这个. EXE 文件,比如 http://172. 16. 163. 16/jyfx/。客户在浏览器上,输入这个网址,即可下载并安装系统程序。浏览器分发主要针对互联网(Internet)用户。

4）更改密码

首先录入用户名和原密码，单击"修改密码"，登录窗体会出现新密码文本框，录入新密码，再单击"确定"，系统会提示是否保存新密码，单击"是"，系统会更改密码，并返回主页面，以后用户进行系统时，就必须使用新密码了。

思考与练习

1. 大数据的定义和特征是什么？
2. 大数据的意义和趋势有哪些？
3. 人工智能的研究价值和应用有哪些？
4. 智能会计的应用现状如何？
5. 基于大数据的智能会计有哪些优势？
6. 企业大数据经营分析与预测系统有哪些功能？
7. 大数据与智能会计分析系统如何安装？

第2章　财务报表分析

学习目标

通过本章学习,了解财务报表分析理论相关理论知识;掌握报表转换与数据维护如何使用;掌握财务报表分析如何使用软件系统操作,比如财务报表稽核、多功能比较、结构财务报表、财务比率数据表等内容。

2.1　财务报表分析理论

财务报表分析是基于报表的一种财务分析,主要提供对资产负债表、利润表、现金流量表的分析。财务报表分析的常用方法有比率分析法、比较分析法、趋势分析法和结构分析法,分析结果可以以文字、数值、图形等多种形式输出。

2.1.1　财务报表分析的基本方法

财务报表分析就是以企业基本经济活动为对象,以财务报表为主要信息来源,采用科学的评价标准和适用的分析方法,遵循规范的分析程序,对企业的财务状况、经营成果和现金流量等重要的指标进行分析、综合、判断、推理,进而系统地认识过去、评价现在和预测未来,帮助报表使用者进行决策的一项经济管理活动和经济应用学科。

财务报表分析的根本目标就是充分利用财务报表及其分析所揭示的信息,使之成为企业决策的依据。但财务报表分析的目的受财务报表分析主体和财务报表分析服务对象的制约,不同的财务报表分析主体进行财务报表分析的目的是不同的,不同的财务报表分析服务对象所关心的问题也是不同的。比如,投资者最关注的是投资的内在风险和投资报酬。为此,要依据企业编制的财务会计报告,着重分析有关企业的盈利能力、资本结构和利润分配政策等方面的情况;而债权人最关注的是其提供给企业的资金是否安全,自己的债权和利息是否能够按期如数收回。为此,应依据企业财务会计报告,着重分析有关企业偿债能力的情况,以便做出理性的贷款决策。

由于财务信息往往是以财务报表的形式进行披露,而阅读财务报表后只能获得对财务报表的一个总体印象,不能得出具体的结论,因此,为了实现财务报表分析目标,我们必须采用一定的方法来对其进行分析,以得到我们所需的信息。一般来说,财务报表分析的基本方法主要有 4 种,即比较分析法、比率分析法、百分比分析法和因素分析法。

1)比较分析法

比较分析法是财务报表分析中最常用的一种方法,也是一种基本方法。比较分析法是指将实际达到的数据同特定的各种标准相比较,从数量上确定其差异,并进行差异分析或趋势分析的一种方法。所谓差异分析是指通过其对差异的影响程度,为今后改进企业的经营管理指引方向的一种分析方法。所谓趋势分析是指将实际达到的结果与不同时期财务报表中同类指标的历史数据进行比较,从而确定财务状况、经营成果和现金流量的变化趋势和变化规律的一种分析方法。由于差异分析和趋势分析都是建立在比较的基础上,所以统称为比较分析法。

比较分析法有绝对数比较和相对数比较两种方式。其一,绝对数比较,即利用财务报表中两个或两个以上的绝对数进行比较,以揭示其数量差异。比如,企业上年的资产总额为 1 400 万元,今年的资产总额为 1 700 万元,则今年与上年的差异金额为 300 万元。其二,相对数比较,即利用财务报表中有相关关系的数据的相对数进行对比,如将绝对数换算成百分比、结构比重、比率等进行对比,以揭示相对数之间的差异。比如,企业上年的成本费用利润率为 20%,今年的成本费用利润率为 18%,则今年与去年相比,成本费用利润率下降了 2%,这就是利用百分比进行比较分析。将财务报表中存在一定关系的项目数据换算成比率进行对比,以揭示企业某一方面的能力,如偿债能力、获利能力、营运能力等,就是利用比率进行比较分析。

一般来说,绝对数比较只能说明差异金额,不能表明变动程度,而相对数比较则可以进一步说明变动程度,如上例中,用该企业的成本费用利润率进行比较,就能求得今年比上年降低了 2% 的变动程度。在实际工作中,绝对数比较和相对数比较可以交叉使用,以便通过比较作出更充分的判断和更准确的评价。

2)比率分析法

比率分析法是指利用财务比率,包括一个单独的比率或者一组比率,以表明企业某一方面的业绩、状况或能力的一种分析方法。比率分析法是财务报表分析中的一个重要方法。它之所以重要,主要体现在比率分析的作用之中。由于财务比率是由财务报表中密切相关的两个或两个以上的相关数字计算出来的,所以通过比率分析,往往利用一个或几个比率就可以独立地揭示和说明企业某一方面的财务状况和经营业绩,或者说明某一方面的能力。比如,总资产报酬率可以揭示企业的总资产所取得的利润水平和能力,投资收益率也可以在一定程度上说明投资者的获利能力,如此等等。

在比率分析中应用的财务比率很多,为了有效应用,一般要对财务比率进行科学的分类。但目前还没有公认的、权威的分类标准。比如美国早期的会计著作中,对同一年份的财务报表的比率分类是,将财务比率分为 5 类:获利能力比率、资本结构比率、流动资产比率、周转比率和资产流转比率。英国特许公认会计师公会编著的 ACCA 财会资格证书培训教材《财务报表解释》一书中,将财务报表比率分为获利能力比率、清偿能力比率、财务杠杆比率和投资比率 4 类。我国目前一般将财务比率分为 4 类,即偿债能力比率、营运能力比率和盈利能力比率和发展能力指标。

3) 百分比分析法

百分比分析法就是用百分率或相对数计算公式,表示同一时期各项财务指标内部结构,同一报表中的不同项目的百分率分析,可以反映出个体项目占总体项目的百分比,这种分析方法也称为结构分析、同形分析或比重分析。

同一报表中不同项目的结构分析的计算公式为:

$$结构(比重)相对数 = (部分 \div 总体) \times 100\%$$

百分比反映该项目内各组成部分的比例关系,代表了企业某一方面的特征、属性或能力。这种结构百分比实际上是一种特殊形式的财务比率。它们同样排除了规模的影响,使不同比较对象之间建立起可比性。这种方法在企业中的应用主要表现为结构财务报表,即结构资产负债表、结构损益表、结构现金流量表等。

4) 因素分析法

因素分析法是指通过分析影响财务指标的各项因素并计算其对指标的影响程度,来说明本期实际数与计划数或基期数相比较,财务指标变动或差异的主要原因的一种分析方法。因素分析法适用于多种因素构成的综合性指标的分析,如成本、利润、资产周转等方面的指标。运用因素分析法的一般程序是:①确定需要分析的指标;②确定影响该指标的各因素及与该指标的关系;③计算确定各个因素影响的程度数额。

因素分析法的具体方法有差额分析法、指标分解法、连环替代法和定基替代法。差额分析法是指将指标差额具体分解为各个因素所导致的差额,来寻求差额产生的原因,例如将固定资产净值增加的原因分析分解为原值增加和折旧增加两部分;指标分解法是指将财务指标分解为两个财务比率的乘积,来寻求财务指标变动的原因,例如资产利润率,可分解为资产周转率和销售利润率的乘积;连环替代法是指依次用各因素的分析值替代其标准值,从而测定各因素对财务指标的影响,例如影响成本降低的因素分析;定基替代法是指分别用各因素的分析值替代其标准值,从而测定各因素对财务指标的影响,例如标准成本的差异分析。

需要注意的是:因素分析法是作为基础分析中企业财务状况分析的一部分而存在的,其前提是选出关注的指标,分解影响这些指标的因素和确定这些影响因素的变化率,而这 3 方面都需要基础分析的其他方面(比如宏观分析、行业分析、企业战略分析等)作为依据。

2.1.2　财务报表稽核

财务报表的真假一直以来都是财务报表分析人士最关注的一个问题。因为尽管有很好的分析方法,但是如果没有真实的数据支撑,想得出真实的结论也只能是"痴人说梦",是不可能实现的事情。因而在进行财务分析之前,判断财务报表的真假就成为一件亟待解决的事情。财务报表稽核就是在这样的情况下产生的。

财务报表稽核主要是通过两期或多期财务报表合成现金流量表和计算各种财务指标变化值,来验证各类报表数据是否平衡,各类报表数据是否合理,有无不正常变化。根据复式记账原理和现行会计准则,不仅当期资产负债表和损益表之间存在着对应、平衡关系,而且不同时期的财务报表之间也存在着对应、平衡和钩稽关系。会计准则明确规定:财务报表所反映的会计指标具有历史性、相关性等特征。所以分析不同时期的财务报表计算和会计指标的变化值,以检查各类对应、平衡和钩稽关系是稽核财务报表真实性的重要方法。《财务报表分析》中列明了一些业务平衡关系,这些关系反映了经营活动、现金流量所引起的财务报表的变动。中国人民银行制订的《贷款分类指导原则》中详细列明了业务活动、现金流量变化,对资产负债表和损益表以及现金流量表的影响。这些都是进行报表真伪稽核的重要依据。BIA 系统的稽核方法是与中国人民银行《贷款分类指导原则》中的分析方法是相一致的。

在 BIA 系统中,财务报表稽核的内容是预先设定好的,参见(第 7 章"自定义分析"中的 7.3"自定义财务报表稽核"),系统默认的有两方面内容:一是合理性检验,即对财务报表指标数值是否合理进行检验。具体包括折旧检验、实际分配利润检验和未分配利润比较检验。二是均衡性检验,即检验财务指标间的钩稽关系。具体包括长期负债合计检验、长期投资合计检验、存货净额检验、资产总计检验等 25 项检验。另外,除了运用会计原理进行均衡性检验之外,BIA 系统还设计了合成现金流量表,通过检验合成以后的现金流量是否合理、均衡,来判断企业报表的真假。合成现金流量表是通过两期资产负债表和损益表的变化情况来生成近似的现金流量表。合成现金流量表主要解决以下问题:①判定现金流量的结构,如经营活动、投资活动和融资活动产生的净现金流量的结构;②反映经济指标与现金流量的关系;③检验现金流量与货币资金的关系;④解决企业"筹平"问题(指企业弄虚作假,使现金流量表更加符合需要,而人为地调整指标值,使之平衡)。

因此,本系统通过财务报表稽核来检验财务报表的真假,从而为以后的具体分析做好准备,更有利于得出有价值的结论。

2.1.3 多功能比较

多功能比较是多用户/多期指标比较的总称,它包括:将一个企业的多期财务指标进行比较;将多个企业的多期财务指标进行比较;将多个或一个企业的多期财务指标和其行业平均指标进行比较。这种比较包括了环比和定比,环比是指将本期数据与前一期数据进行比较,而定比是指将本期数据与前一固定时期的数据进行比较,定比中分母上的前一固定时期数据是固定不变的。另外,这种比较包括了绝对数比较和相对数比较。如前所述,绝对数比较只能说明差异金额,不能表明变动程度,而相对数比较则可以进一步说明其变动程度,绝对数比较和相对数比较交叉使用,有利于作出更充分的判断和更准确的评价。

将一个企业的多期财务指标进行比较,可以揭示该企业各个指标的发展趋势,便于企业及时调整和控制计划,实现预定的发展目标。

将多个企业的多期财务指标进行比较,可以揭示不同企业之间相同指标发展趋势的差异与优劣,有利于企业发现差异和优劣势,从而及时地调整发展计划或战略,提高自己的市场竞争力。

将多个或一个企业的多期财务指标和其行业平均指标进行比较,可以揭示企业的不同指标在市场中的优劣程度,有利于企业认识到自己的不足并改正,保持自己的优势,在市场竞争中取得胜利。

2.1.4 结构财务报表

结构财务报表是百分比分析法在财务报表分析中的具体应用和表现。结构财务报表是反映各项财务指标分别占本类别的比率和占总类别的比率的财务报表,包括结构资产负债表、结构损益表和结构现金流量表等。如结构资产负债表中货币资金占本类别的比率是货币资金/流动资产合计,而货币资金占总类别的比率则是货币资金/资产总计。结构财务报表中各个财务指标所占的比重反映了各个指标对于财务报表的重要性,也揭示了企业财务报表可能存在的问题。因此这应当同企业财务报表的质量分析结合起来进行。

对于结构资产负债表,企业应当重点关注下面几类指标:①资产类项目:货币资金、交易性金融资产、应收账款、存货、长期股权投资、固定资产(包括在建工程、工程物资和固定资产清理)、无形资产(包括开发支出和商誉)、递延所得税资产;②负债类项目:短期借款、应付账款、其他应付款、长期借款、应付债券、预计负债、递延所得税负债;③所有者权益类项目:实收资本(股本)、资本公积、盈余公积。

对于结构损益表,企业应当重点关注下列指标:营业收入、营业成本、营业税金及附加、销售费用、管理费用、财务费用、资产减值损失、公允价值变动收益、投资收益、营业外收入、营业外支出、所得税费用。

对于结构现金流量表,企业应当重点关注下面几类指标:

①经营活动产生的现金流量项目:销售商品、提供劳务收到的现金,收到其他与经营活动有关的现金,购买商品、接受劳务支付的现金,支付给职工以及为职工支付的现金,支付其他与经营活动有关的现金;②投资活动产生的现金流量项目:收回投资收到的现金,取得投资收益收到的现金,处置固定资产、无形资产和其他长期资产收回的现金净额,处置子公司及其他营业单位收到的现金净额,收到其他与投资活动有关的现金,购建固定资产、无形资产和其他长期资产支付的现金,投资支付的现金,取得子公司及其他营业单位支付的现金净额,支付其他与投资活动有关的现金;③筹资活动产生的现金流量项目:吸收投资收到的现金,取得借款收到的现金,收到其他与筹资活动有关的现金,支付其他与筹资活动有关的现金。

在 BIA 系统中,结构财务报表除了包括上面的各项财务指标分别占本类别的比率和占总类别的比率,还增加了各项指标占营业收入的比率。这也使得结构资产负债表和结构损益表能够列入“系统管理”功能模块下的“参数维护”中的“分析数据表”,从而被广泛用于比较财务报表、差异分析和财务报表预测。

2.1.5 财务比率数据表

财务比率是指不同财务指标经过加、减、乘、除等运算而形成的具有不同意义的新指标，它可以反映企业不同方面或更深层次的经营状况。如前所述，我国一般将财务比率分为4类，即偿债能力比率、营运能力比率、盈利能力比率和发展能力指标。

1）偿债能力比率

偿债能力，是指公司偿还各种到期债务的能力，通常包括短期偿债能力和长期偿债能力。

（1）短期偿债能力比率

①流动比率=（流动资产/流动负债）×100%，是指企业流动资产与流动负债之间的比例关系，表明每一元流动负债具有多少流动资产作为支付保障，是衡量企业短期偿债能力最常用、最重要的财务比率。一般认为，流动比率维持在200%左右正常。

②速动比率=（流动资产−存货）/流动负债×100%，是指企业速动资产与流动负债的比例关系，是一个能更加准确反映企业资产流动性的财务比率。一般认为，企业的速动比率至少维持在100%以上，才是具有良好的财务状况，否则短期偿债能力就会偏低。

③现金比率=（货币资金+有价证券）/流动负债×100%，它代表了企业随时可以偿还的能力或对流动负债的随时支付程度。

（2）长期偿债能力比率

①资产负债率=（负债总额/资产总额）×100%，是指企业负债总额与资产总额的比例关系，可以衡量企业总资产中有多大的比例是通过向债权人举债而筹集的，同时也可反映一旦企业周转不灵，处于清算时，债权人利益所受保护的程度。该指标越低，表明股东权益的比率越高，则企业的资本实力越强，债权人的利益就越有保障。反之，如果此项比率越大，表明股东权益的比率就越低，则企业的资本实力越弱，债权人的权益的保障程度也就越小。

②产权比率=（负债总额/股东权益）×100%，是企业负债总额与股东权益总额之间的比例关系，用以表示负债占股东权益总额的比重是多少，表明由债权人提供的资本与股东提供的资本的相对关系。对债权人而言，负债对股东权益越低，表示企业的长期偿债能力越强，则债权人越有安全感；反之，如果此项比率越高，表示企业的长期偿债能力越弱，则债权人越缺乏安全感。

③有形净值债务率=［负债总额/（股东权益−无形资产净值）］×100%，是指企业负债总额与有形净值的百分比，有形净值是股东权益减去无形资产净值后的净值，即股东具有所有权的有形资产的净值。它是对产权比率的进一步改进，更能体现企业的有形偿债能力。

④已获利息倍数=息税前利润/利息费用，是指企业经营业务收益与利息费用的比率，用以衡量偿付借款利息的能力，也叫利息保障倍数。息税前利润是指损益表中未扣除利息费用和所得税之前的利润。利息费用是指本期发生的全部应付利息，包括费用化的利息费用，也包括资本化（记入固定资产、存货等）的利息费用。

2）营运能力比率

营运能力指的是企业资产的周转运行能力,通常包括总资产周转率、流动资产周转率、存货周转率和应收账款周转率等指标。营运能力分析可以帮助投资者了解企业的营业状况和经营管理水平。

①总资产周转率=(销售收入/平均资产总额)×100%,是指销售收入与平均资产总额的比值。它是对企业全部资产利用效率的评价,比值越大,说明企业总资产的利用效率越高。

②流动资产周转率=(销售收入/平均流动资产)×100%,是指销售收入与全部流动资产的平均余额的比值。它是对企业流动资产利用效率的评价,比值越大,说明企业流动资产的利用效率越高。

③存货周转率=销货成本/平均存货,是衡量企业购入存货、投入生产、销售收回等各环节管理状况的综合性指标。它是销售成本被平均存货所除而得到的比率,或叫存货的周转次数。用时间表示就是存货周转天数。

④应收账款周转率=销售收入/平均应收账款,是年度内应收账款转为现金的平均次数,它说明应收账款流动的速度。用时间表示的周转速度是应收账款周转天数,也叫平均应收账款回收期,它表示企业从取得应收账款的权利到收回款项、转为现金所需要的时间。

3）盈利能力比率

盈利能力是企业赚取利润的能力,通常包括主营业务利润率、成本费用利润率、总资产报酬率和净资产报酬率等指标。

①主营业务利润率=(净利润/主营业务收入净额)×100%,反映主营业务的收入带来净利润的能力。这个指标越高,说明企业每销售出一元的产品所能创造的净利润越高。

②成本费用利润率=[净利润/(主营业务成本+销售费用+管理费用+财务费用)]×100%,反映企业每投入一元钱的成本费用,能够创造的利润净额。企业在同样的成本费用投入下,能够实现更多的销售,或者在一定的销售情况下,能够节约成本和费用,这个指标都会升高。这个指标越高,说明企业的投入所创造的利润越多。

③总资产报酬率=(净利润/平均总资产)×100%,反映企业总资产能够获得净利润的能力,是反映企业资产综合利用效果的指标。该指标越高,表明资产利用效果越好,整个企业的盈利能力越强,经营管理水平越高。

④净资产报酬率=(净利润/平均净资产)×100%,又叫权益报酬率,是净利润与平均净资产的百分比。该指标反映企业所有者权益的投资报酬率,也就是股东投入的资本的盈利能力。

4）发展能力比率

发展能力反映企业未来年度的发展前景及潜力,通常包括销售增长率、资本增值率、总资产增长率、固定资产成新率等指标。一个企业的发展能力概括了该企业的盈利能力、管理效率和偿债能力,是企业实力的综合能力。

①销售增长率=[(本期营业收入-上期营业收入)/上期营业收入]×100%,主要反映企业本期销售收入较上期销售收入的增减变动程度。销售增长率大于零,说明企业的市场前景看好。

②资本增值率=(期末所有者权益总额/期初所有者权益总额)×100%,主要反映投资者投入企业的资本完整性和保全性。资本增值率大于100%,为资本增值。

③总资产增长率=[(期末资产总额-期初资产总额)/期初资产总额]×100%,反映企业本期资产总额的增减变动情况。总资产增长率大于零,说明企业的规模扩大,具有较好的发展潜力。

④固定资产成新率=(本年平均固定资产净值/本年平均固定资产原价)×100%,反映企业固定资产的使用与损耗情况,在一定程度上也反映了企业产品的新科技含量及其发展前景与实力。

在 BIA 系统中,系统为客户默认了九大类 60 多种财务比率指标,当然用户也可以根据需要自定义财务比率指标,参见(第 7 章"自定义分析"中的 7.2"自定义财务指标")。除了包含上述 4 类财务比率,BIA 系统还新增了销售成果分析(商品销售率)、资本构成分析和试验(存货增长率)、自由现金流量分析和综合财务比率(经济增加值 EVA)。

其中,自由现金流量分析是肯尼斯·汉克尔 2001 年在《现金流量与证券分析》中提出的。自由现金流量等于经营活动净现金流量减去用于保持当前增长率所需的现金支出。由于有真实的现金支出,自由现金流量不受会计方法的影响,也会更少地受到企业操纵,因而具有较好的分析功能。系统在分析和计算自由现金流量时,会建立自由现金流量动因树,计算过度销售成本和过度经营费用,使用户在运用自由现金流量的同时,了解"企业脂肪"的厚度,为企业"减肥消脂"(清除不合理的成本费用)提供可靠的数字依据。同时还会建立自由现金流量组合和乘数,并进行组合比较、动态模拟和敏感性分析。通过动态模拟和敏感性分析确定自由现金动因的主要因素,并生成因素分析报告。主要指标也会通过自定义格式建立自定义财务比率指标,可应用系统的其他功能工具进行更深入分析。自由现金流量要通过计算 12 项指标逐层得出。

2.1.6 合成现金流量表比较

现金流量表是反映企业在一定会计期间现金和现金等价物流入和流出的报表。根据财政部关于现金流量表编制的说明,现金流量表的编制是通过对企业各种总分类账的综合、汇总得出的。而合成现金流量表则是通过对不同时期的资产负债表和损益表中各类指标的变动值推理得出的。虽然合成的现金流量表不能作为上报披露的财务报表,但是对于银行和投资者来说,它具有无可替代的作用:

①根据会计原理,资产负债表和损益表都是企业经营、投资、融资活动的综合反映,也是由同样的总分类账综合、汇总得出的。因此合成、反推的现金流量表应与通过总分类账得出的现金流量表大体一致。

②财务报表的使用人(银行、投资者等),只能获得财务报表数据,而无法获得现金流

量和业务活动的直接凭证。因此现金流量表的编制可能会出现"凑平"现象,即通过凑数使各种现金流量数据达到平衡,无法真实反映企业经营情况。而合成现金流量表将多期财务数据、多方位财务报表结合起来,综合反映各种财务平衡,难以"凑平",所以能够较真实地反映问题。

③由于企业类型不同,现金流量表的格式也大不相同,因此无法实现横向、纵向的比较,归类,分析。而合成现金流量则格式统一,完全可以解决这个问题。

在 BIA 系统中,企业利用上述原理得到合成现金流量表,并将其与原现金流量表进行对比,从而可以反映出企业在现金流量表中所存在的一些问题。

2.1.7 财务构成图

财务构成主要是指各类会计要素中各个具体项目的金额及其所占的比重。它不同于结构财务报表,结构财务报表反映的是各个项目在报表中所占的比重,而财务构成主要反映其主要项目在报表中所占的金额及比重。财务构成图则是以图形的形式来反映企业的财务结构,它通常包括主要资产构成图、主要负债构成图、股东权益构成图、利润来源构成图以及成本费用构成图。

在 BIA 系统中,主要资产构成包括货币资金、应收账款净额、存货、待摊费用、长期投资、固定资产净值、在建工程、无形资产和递延资产;主要负债构成包括短期借款、应付账款、各项未交款、预收账款、预提费用和长期负债;股东权益构成包括实收资本、少数股东权益、资本公积、盈余公积和未分配利润;利润来源构成包括主营业务利润、其他业务利润、营业利润、投资收益和营业外收入;成本费用构成包括营业成本、销售费用、营业税金及附加、管理费用、财务费用、营业外支出和所得税。

2.1.8 财务指标排序比较

财务指标排序比较是指确定各种财务指标,包括自定义的比率指标,在全部行业或所在行业中的排序和地位。

在 BIA 系统中,用户可以针对任意财务指标或指标组合,在系统数据库内进行排序比较。系统中的排序包括升序排列和降序排列。该系统的独特之处在于设计了相对排序功能,相对排序能够克服绝对排序"只考虑顺序,不考虑差距"的弊端,使用户既可以看到顺序,也可以看到指标相对于最大值和最小值之间的差距。为了克服极端例子对相对排序结果的影响,本系统引入了"平均最大值"和"平均最小值"。平均最大值是为了减少特殊值的影响,去掉一个最大值,将第二大值和第三大值平均而形成的;平均最小值是为了减少特殊值的影响,去掉一个最小值,将第二小值和第三小值平均而形成的。企业的相对位置是通过公式"相对位置=(企业实际值-平均最小值)/(平均最大值-平均最小值)"而计算得出的。

除了上述功能,本系统还对财务指标及其系列进行基础统计,包括算术平均数、几何平均数、调和平均数、中值、众数、四分位数、百分位数、平均差、误差平方和、标准差、标准误差、样本方差、方差、偏斜度、峰态、线性斜率、线性拟合度、K 项最大值、K 项最小值、均值置信度、标准化 Z 统计量、最大值、最小值、最大最小区间、合计、个数等分析,并生成指标和标准化数值图。

2.2 报表转换与数据维护

在开展财务报表分析操作之前,如有需要可以先进行报表转换与数据维护,包括报表格式转换和报表数据维护,包括新增、修改和删除财务报表的格式转换,新增、修改和删除财务报表。

2.2.1 报表格式转换

报表格式转换是"报表转换及数据维护"窗体的一个子项,主要功能是进行财务报表格式的转换,包括新增、修改和删除财务报表的格式转换。

1)选择分析客户

①选择客户类型。系统提供了 2 种可供选择的客户类型:自身分析公司和上市对标公司。自身分析公司就是客户自身及其子公司;而上市对标公司则包括了所有的上市公司。客户可以根据自己的需要来选择所要分析的对象。

②查询客户名称。如果客户比较多,可以先在名称框中输入客户部分名称或客户代码,然后单击"左匹配"按键,在"名称"下拉列表中就会出现包含部分名称或代码的客户清单,同时"客户代码"栏会显示公司数量;如果名称框中不输入任何字符,单击"左匹配"按键,则在"名称"下拉列表中会显示全部客户,同时"客户代码"栏会显示公司数量,如图 2-1 所示。

另外,如果"客户"下拉列表中没有您需要的用户,或者需要新增一个客户,则需要在"系统管理"的"参数维护"中选择"客户基本信息维护",添加您所需要的客户名称,然后再新增其财务报表。

③选择客户名称。在"名称"下拉列表中选择所要进行分析的公司名称。"客户代码"栏将出现与之相匹配的客户代码。

④选择报表日期区间。第一个选择框为所选财务报表的期初日期,第二个选择框为所选财务报表的期末日期。

⑤依次点击 财务报表分析(F) — 报表转换与数据维护 — 报表格式转换 会出现如图 2-2 中的 **8** 所示的画面。

2)新增报表格式转换

①选择"新增"选项,表示新增报表格式转换。

②在"选择报表名称"栏中选择所要新增格式转换的财务报表类型,包括资产负债表、利润表和现金流量表。

③在"转换格式名称"栏中为新增格式转换的财务报表命名。

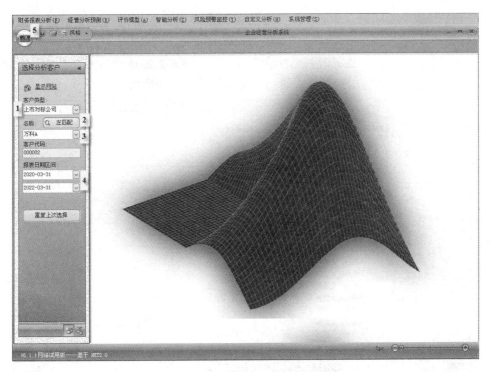

图 2-1　选择分析客户

图 2-2　报表格式转换

④在树形框内选择所要新增格式转换的财务报表项目,同时"选择字段"和"维护报表中的位置"框内会显示报表项目的名称及其位置。

⑤在"对应字段组合"框内为新选择的财务报表项目在新格式报表中指定位置并命名。

⑥点击"格式设置存盘"按钮,系统会提示"新增格式数据成功",点击"确定",就会在数据表中出现第14行的新增格式转换。新增报表格式转换如图2-3所示。

图2-3　新增报表格式转换

3)修改报表格式转换

①选择"修改"选项,表示修改报表格式转换。

②在"选择报表名称"栏中选择所要修改格式转换的财务报表类型,包括资产负债表、利润表和现金流量表。

③在"转换格式名称"栏中选择所要修改格式转换的报表名称。这些报表是系统中原本存在的或者通过新增程序而设置的。

④在树形框内选择所要修改格式转换的财务报表项目,同时"选择字段"和"维护报表中的位置"栏内会显示报表项目的名称及其位置。

⑤在"对应字段组合"框内修改所选择的财务报表项目在报表中的位置并重新为其命名。

⑥点击"格式设置存盘"按钮,系统会提示"修改格式数据成功",点击"确定",就会在数据表中第14行显示修改后的"对应字段组合"。

⑦如果要修改转换格式名称,则可以在"格式名称更名为"框内输入要更改的名称,然后点击囗按钮即可。修改报表格式转换如图2-4所示。

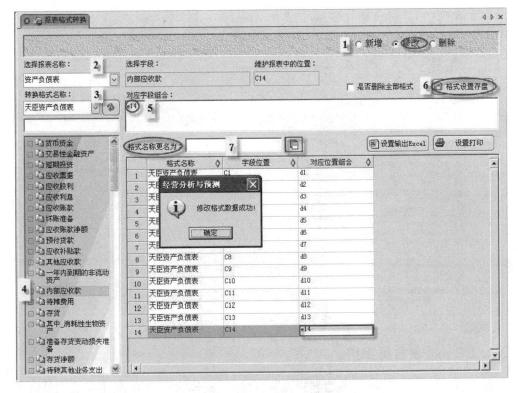

图 2-4　修改报表格式转换

4)删除报表格式转换

①选择"删除"选项,表示删除报表格式转换。

②在"选择报表名称"栏中选择所要删除格式转换的财务报表类型,包括资产负债表、利润表和现金流量表。

③在"转换格式名称"栏内选择所要删除格式转换的报表名称。这些报表是系统中原本存在的或者通过新增程序而设置的。

④在树形框内选择所要删除格式转换的财务报表项目,同时"选择字段"和"维护报表中的位置"栏内会显示报表项目的名称及其位置。

⑤点击"格式设置存盘"按钮,系统会提示"删除格式数据成功",点击"确定",则数据表中第 14 行消失。

⑥如果要删除全部的格式,应首先选择图中的"是否全部删除格式"选项,然后点击"格式设置存盘"按钮,系统会提示"格式天臣资产负债表的全部设置都将被删除,这是不可恢复的,是否删除",点击"是"后系统提示"格式天臣资产负债表全部设置删除成功",最后点击"确定",则数据表中所有的格式消失,表明全部删除数据格式成功。注意:全部删除是不可恢复的,请谨慎使用。删除报表格式转换如图 2-5 所示。

图 2-5　删除报表格式转换

2.2.2　报表数据维护

报表数据维护也是基于"报表转换及数据维护"窗体的一个子项,主要功能是新增、修改和删除财务报表。

依次单击 财务报表分析(F) — 报表转换与数据维护 — 报表数据维护 会出现下述界面。选择分析客户的操作同 2.2.1 所述,这里不再阐述。报表数据维护如图 2-6 所示。

图 2-6　报表数据维护

1）新增财务报表

①选择新增工作表。在"资产负债表""损益表""现金流量表"中选择某一报表,系统会自动打开该报表所在的工作表。

②在"维护报表日期"下拉框中,输入新增报表日期,如图 2-7 所示。

③录入新增数据。工作表左边为字段名称,右边是字段值,在"字段值"下的空格内录入数据。如果字段值空格内有以前输入的数据,影响现在的录入,则可以单击"清空表数据"按键,清空以前录入的数据,然后再录入新的数据。

④数据录入完毕后,单击"存入数据库"按键,系统就会将新增的财务数据录入到数据库中。新增财务报表如图 2-7 所示。

图 2-7　新增财务报表

2）修改财务数据资料

①选择需要修改数据的工作表。在"资产负债表""损益表""现金流量表"中选择需要修改数据的报表,系统会自动打开该报表所在的工作表。

②在"维护报表日期"下拉框中选择需要修改数据的报表日期。当选择某一报表日期时,电子表格中会显示出那期的报表数据,如图 2-8 所示。

③在工作表"字段值"中,用鼠标双击某个单元格,可以直接对其数据进行修改,并且可以一次修改多个数据。

④数据修改完成后,单击"存入数据库"按键,系统会提示数据库中已经有该项数据,是否覆盖它,单击"是"则完成新数据修改,单击"否"则不进行修改。修改财务数据资料如图 2-8 所示。

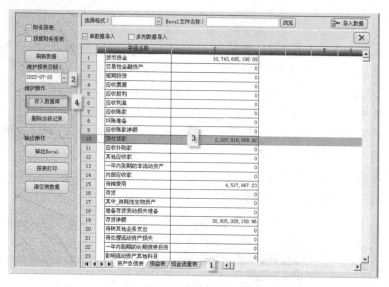

图 2-8 修改财务数据资料

3）删除财务数据资料

一般情况下财务数据资料的删除由系统维护员来进行，所以当您以系统操作员的身份进入时，这项功能是不被允许操作的，只有以系统维护员的身份进入系统，才可以进行该项操作。

①选择需要删除数据的工作表。在"资产负债表""损益表""现金流量表"中选择需要删除数据的报表，系统会自动打开该报表所在的工作表。

②在"维护报表日期"下拉框中选择需要删除数据的报表日期。当选择某一报表日期时，电子表格中会显示出那期的报表数据。

③在工作表中选择所要删除的财务数据。如图 2-9 所示。

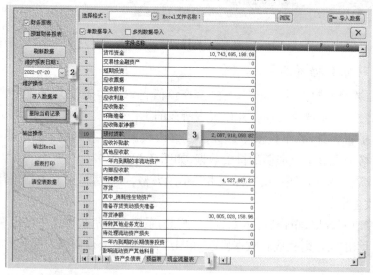

图 2-9 删除财务数据资料

④单击"删除当前记录"按键,系统会提醒您是否删除财务数据资料,如果选择"是",则完成财务报表数据的删除工作。注意这种删除是无法恢复的。删除财务数据资料如图 2-9 所示。

4)对导入的数据进行修改或删除

该系统除了可以对系统中默认的公司报表数据进行操作外,还可以导入系统外的财务报表,对其进行修改或删除。导入数据的步骤如图 2-10 所示。

①选择导入数据的格式。点击"选择格式"下拉列表进行数据的格式选择。

②选择导入的文件。点击"浏览"按钮进行文件选择,导入所需的文件。

③导入数据。点击"导入数据"按钮,得到数据表。

注意:对导入数据的修改或删除请参见前面"修改或删除财务报表资料"的步骤。

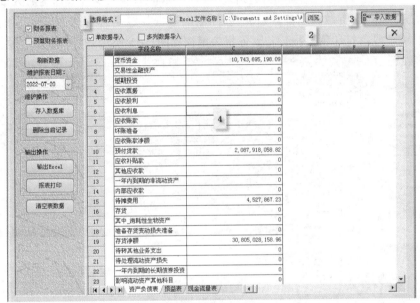

图 2-10 对导入的数据进行修改或删除

2.3 财务报表分析操作

财务报表分析包括财务报表稽核、多功能比较、结构财务报表、财务比率数据表、合成现金流量表比较、财务构成图、财务指标排序比较等内容。

2.3.1 财务报表稽核

财务报表稽核是通过对财务报表进行合理性检验和均衡性检验,以此来判定财务报表真假的一种工具。

1）选择分析客户

同报表格式转换一样,首先在"选择分析客户"栏中选择所要进行报表稽核的客户资料,有客户类型、名称和报表日期区间。

2）财务报表稽核

①选择分析客户之后,单击"财务报表分析",在其列表中选择"财务报表稽核"进入界面。

②选择稽核指标。在"稽核指标"栏中可以通过在稽核指标前的复选框中打钩进行指标选择。稽核指标主要包括两类:合理性检验指标和均衡性检验指标。如果未选任何指标,直接点击"稽核"按钮,则系统会默认选择所有的指标,从而得出稽核报告。

③单击"稽核"按钮,会生成稽核报告。客户可以根据稽核报告来判定财务报表的真假,从而为后面的分析做好准备。如果点击"输出报告"或"打印报告"按钮,系统就会在计算机上输出或者打印稽核报告。财务报表稽核如图 2-11 所示。

图 2-11　财务报表稽核

2.3.2　多功能比较

多功能比较,又称多用户/多期指标比较,它可以将一个客户的多期财务指标进行环比和定比;也可以将不同企业的不同财务指标进行环比和定比;还可以将不同企业的指标值和不同行业的平均值进行对比。这种对比包括了绝对比较和相对比较两种。多用户/多期比较总体上分为 2 种形式。

1) 全部指标对比：系统直接对同一企业的全部财务指标进行比较

①选择"财务报表分析"中的"多功能比较"进入界面。

②在"比较指标"中选择"全部指标"，系统启动时默认为"全部指标"。

③选择"比较类型"，"比较类型"下拉列表中有"实际数值""预测报表""行业平均""行业百分比值"4 种类型，系统默认为"实际数值"。

④在"客户名称或代码"中选择需要比较的客户。当该栏目中没有任何字符时，点击"模糊查询"按钮，用户就可以在该栏目的下拉菜单里得到所有上市公司的名称。

⑤选择出"客户名称或代码"后，系统会自动出现该客户的报表日期序列，选择需要比较的报表日期（打钩）。

⑥单击"数据显示"，则电子表格中会出现该客户和所选择报表日期的全部财务数据。重复④—⑥步骤，可以选择多个客户在同一时期或不同时期的数据。

⑦选择结果比较类型，"环比"或"定比"，环比是后一列数据和前一列数据进行比较，定比是所有列数据对第一列数据进行对比。

⑧单击"计算比较值"。数据排列完毕之后，单击"计算比较值"按键，系统会按照环比或定比，计算各列数值的绝对值和相对值。全部指标对比如图 2-12 所示。

图 2-12　全部指标对比

2) 部分指标，个性化比较（同一企业）

①在"比较指标"中选择"指标组合"（打钩）。

②如果用户原先已经存储了指标组合的设置，可以在"指标组合"中选择原先存的指

标组合。当您选择不同的指标组合,它所对应的字段(财务指标)就会出现在下面的数据表中。BIA 系统默认的指标组合有 6 种,分别是:Gc 指标组合、偿债能力评估、监控结构、经济指数、投资资产结构和现金结构。这和"风险预警监控"中"综合经济指数"的指标组合是一致的。如果选择了指标组合,③和④就无须执行,可以直接从⑤开始向下继续执行。

③如果用户没有设置指标组合或者不想使用系统默认的指标组合,那就需要用户自己选择所需要的财务指标。首先选择"财务报表"类型,然后在财务报表的列表中选择所需要的财务指标(打钩)。如果某一个报表指标过多,也可以在树形框上方的文本框中输入您所需要指标的名称,树形框选项会自动跳到您所需选择的指标上。

④单击"指标确认"按键,系统会将您选择的指标放置在电子表中;您也可以重复③—④步骤,从不同的财务报表中,选择多个财务指标。

⑤选择"比较类型",下拉列表中有"实际数值""预测报表""行业平均""行业百分值"。

⑥在"客户名称或代码"中选择需要比较的客户。当该栏目中没有任何字符时,点击"模糊查询"按钮,用户就可以在该栏目的下拉菜单里得到所有上市公司的名称。

⑦选择"客户名称或代码"后,系统会自动出现该客户的报表日期序列,选择需要比较的报表日期(打钩)。

⑧单击"数据显示",则电子表格中会出现该客户和所选择报表日期的全部财务数据。重复⑥—⑧步骤,可以选择多个客户的同一时期或不同时期的数据。

⑨选择结果比较类型,"环比"或"定比",环比是后一列数据和前一列数据进行比较,定比则是所有列数据对第一列数据进行对比。

⑩单击"计算比较值"。数据排列完毕之后,单击"计算比较值"按键,系统会按照环比或定比,计算各列数值的绝对值和相对值。部分指标对比如图 2-13 所示。

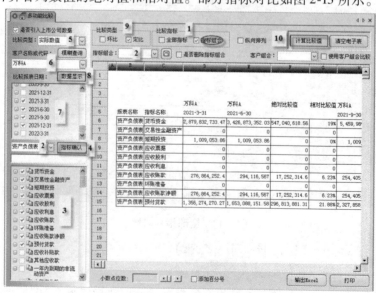

图 2-13　部分指标对比

3) 其他情况说明

①不同财务报表指标的选择。首先选择一张"财务报表",在其列表中选择所需的财务指标,点击"指标确认"按钮,系统就会在数据表中显示所选中的指标;然后再选择另一张"财务报表",在其列表中选择所需的财务指标,点击"指标确认",则所选的财务指标就会出现在数据表中;不断重复以上步骤,就可以在不同的财务报表中选择多个财务指标。如图 2-14 所示。

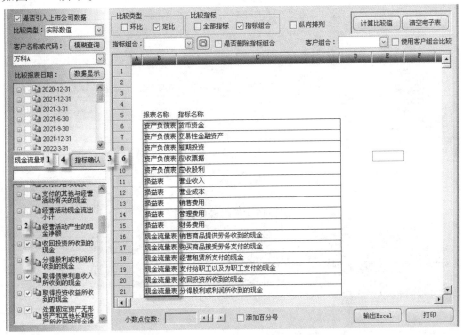

图 2-14　不同财务报表指标

②不同客户数据比较的选择。在"比较类型"选择"实际数值"或"预测报表"的前提下,首先在"客户名称或代码"中选择某一客户,在"比较报表日期"中选择日期,单击"数据显示",则所选客户的数据就会出现在数据表中;其次在"客户名称或代码"中再选择另一客户,在其"比较报表日期"中选择日期,单击"数据显示",则另一客户的数据也会出现在数据表中;重复上述步骤,则不同客户不同报表日期的数据就会排列在一起。如图 2-15 所示。

另外,如果客户自己设置了"客户组合",则可以在选择财务指标后,在"客户组合"下拉菜单中选择所要比较的客户组合,同时在"客户名称或代码"中选择某一客户(属于这一客户组合),在"比较报表日期"中选择日期,单击"数据显示",则所选客户组合的数据就会出现在数据表中。如图 2-16 所示。

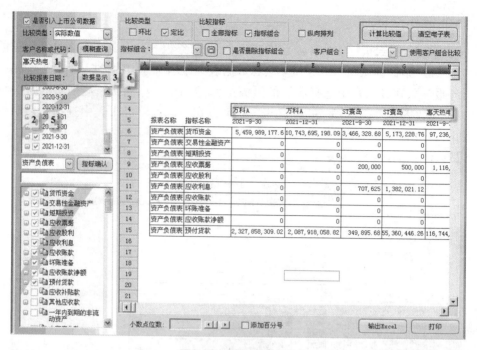

图 2-15　不同客户数据

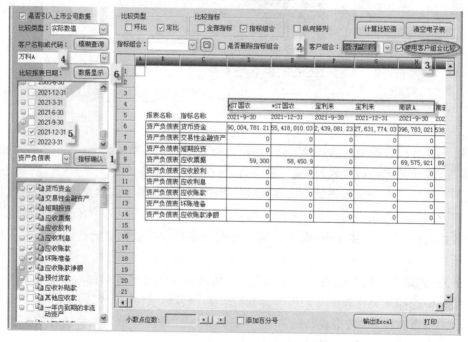

图 2-16　客户组合

③客户和行业数据比较的选择。在"比较类型"选择"实际数值"或"预测报表"的前提下,首先在"客户名称或代码"中选择某一客户,在"比较报表日期"中选择日期,单击"数据显示",则所选客户的数据就会出现在数据表中;其次在"比较类型"中选择"行业平均"或"行业百分比值",这样"客户名称或代码"就会变为"选择行业名称",在其下拉

框中选择需要比较的行业平均数据,在"比较报表日期"中选择日期,单击"数据确定",行业平均数据就会出现在数据表中;经过这样的步骤,行业平均数据和企业数据就会排列在一起。如图 2-17 所示。

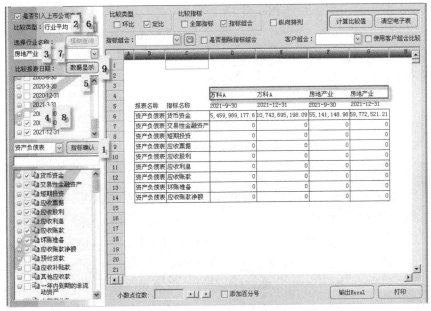

图 2-17 客户和行业数据

④多用户/多指标数据比较的选择。首先,根据不同财务指标选择的方法进行多财务指标选择;其次,根据不同客户数据选择的方法进行多客户数据选择;最后可以得到多用户/多指标数据的比较。如图 2-18 所示。

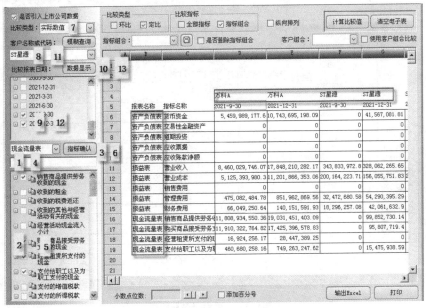

图 2-18 多用户多指标数据

2.3.3 结构财务报表

结构财务报表是指反映各项财务指标分别占本类别的比率和占总类别的比率的财务报表,包括结构资产负债表、结构损益表和结构现金流量表等。本系统中结构财务报表的独特之处在于:增加了各财务指标占营业收入的比重,这使得对财务报表进行质量分析有了依据。若营业外收入占营业收入的比重过大,则应重点分析该公司营业外收入形成的原因及其会计处理是否恰当,以判定公司实现利润的质量,即是否存在操纵利润的可能。

1)选择分析客户

在"选择分析客户"栏中选择相应的客户资料。

2)查看结构财务报表

①选择"财务报表分析"中的"结构财务报表"进入界面,则数据表中显示出所选择分析客户的结构财务报表信息。

②用户可以通过电子表格下的"工作表选择器"在结构资产负债表、结构损益表和结构现金流量表之间进行切换,从而分析不同的结构财务报表。

③用户可以单击"输出 Excel"或"打印"按钮,将该表保存到 Excel 表格中或进行打印。总步骤如图 2-19 所示。

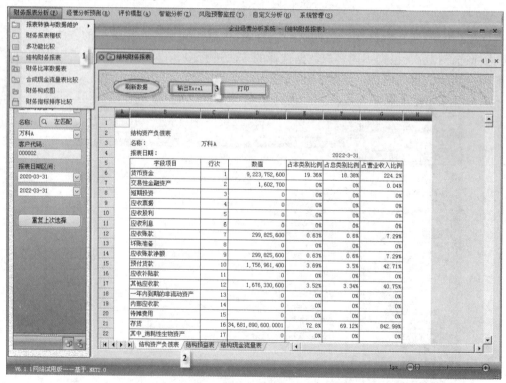

图 2-19　结构财务报表

若要查看其他公司的结构财务报表,只需重新完成"选择分析客户"后,单击"刷新数据"按钮,即可以对新数据进行分析,而无须重新加载窗体。

2.3.4　财务比率数据表

财务比率数据表是将不同财务比率组合在一起,以此来分析企业经营状况的一种工具。

1) 选择分析客户

在"选择分析客户"栏中选择相应的客户资料。

2) 查看财务比率数据

①选择"财务指标分析"中的"财务比率数据表",系统默认将所有财务比率反映在右边的数据表中。

②在"选择类别"中选择所要分析的指标组合,其指标组合包含的财务指标会出现在右边的数据表中。"选择类别"包括了九大类指标,分别为财务成果分析、偿债能力分析、试验、销售成果分析、盈利能力分析、营运效率分析、资本构成分析、自由现金流量类别和综合财务比率。系统为客户默认了九大类 60 种财务比率指标,当然用户也可以根据需要自定义财务比率指标(参见"自定义分析"中的"自定义财务指标")。

③以上财务指标均可查询其指标值、公式、指标含义和说明等内容,用户可以点击"输出 Excel"或"打印"将财务指标比率表输出到电脑或打印,以作进一步分析。结构财务报表如图 2-20 所示。

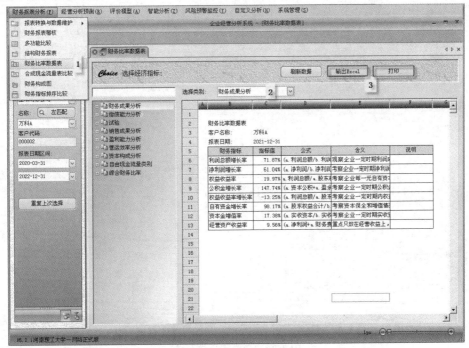

图 2-20　结构财务报表

若要查看其他公司的财务比率数据库,只需重新"选择分析客户",并单击"刷新数据"按钮即可。

注意:自由现金流量类别是自定义财务比率中的一个范例,所有的财务比率指标均可以自定义(见"自定义财务指标")。由于这是一组比率,后边的指标是根据前边的指标生成的,因此不能对指标随意删除,或调换位置。

2.3.5 合成现金流量表比较

本系统将现金流量表和合成现金流量表放在一起,比较其现金流量结构,察看不同计算方法的差异,从而发现现金流量表中存在的问题。

1)选择分析客户

在"选择分析客户"栏中选择相应的客户资料。

2)查看合成现金流量表

①单击"财务报表分析"中的"合成现金流量表比较",系统将在数据表中显示根据资产负债表和利润表计算出来的合成现金流量表。

②界面出现系统默认的"合成现金流量表"选项卡。数据表中生成的结果可以选择"打印"和"输出 Excel"按钮。合成现金流量表如图 2-21 所示。

若要查看其他公司的合成现金流量表,只需重新"选择分析客户",并单击"刷新数据"按钮即可。

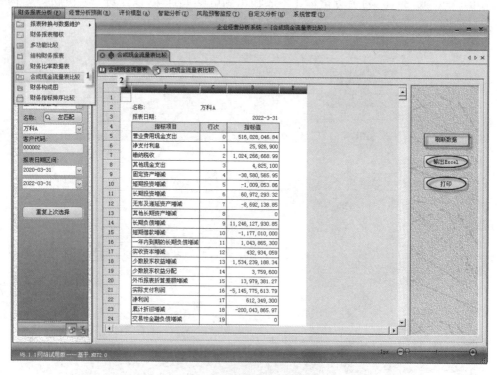

图 2-21　合成现金流量表

3）合成现金流量表比较

①单击"合成现金流量表比较"选项卡。这里主要通过企业现金流量的合成值和报表值的比较，来分析经营活动、投资活动、融资活动产生的净现金流量的准确性，一般情况下，二者差别越大，说明报表数据越不准确。

②在"格式选项"复选框中选择自己所需要的图形分析界面。需要注意的是：选择"显示差异值"之前应首先选择"添加差异线"。如果选择"三维图形"的话，还可以利用三维图形下方的"调节栏"来调节三维图形的角度。

③点击"图形输出"和"报告输出"两个按钮，可以将上面合成现金流量表比较的图例和表格数据输出。合成现金流量表比较如图 2-22 所示。

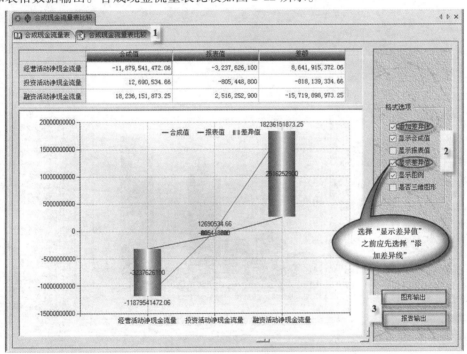

图 2-22　合成现金流量表比较

2.3.6　财务构成图

财务构成图主要是以图形的形式来反映企业的主要财务指标，从而揭示企业的主要财务构成及其存在的问题。

1）选择分析客户

在"选择分析客户"栏中选择相应的客户资料。

2）财务构成图

①单击"财务报表分析"—"财务构成图"进入界面。

②在"选择财务结构"的下拉列表中选择所要分析的财务结构，系统会显示出对应的财务结构构成图。BIA 系统中默认的财务结构有 5 种，分别为"主要资产构成""主要负

债构成""股东权益构成""利润来源构成""成本费用构成"。

③在"选择图表类型"框的下拉列表中选择所需的图表类型。BIA 系统默认的图标类型包括"柱状图""横柱状图""面积图""扇形图""曲线图""雷达图""环形图"。

④在"格式选项"复选框中选择自己所需要的图形显示界面。如,单击"显示数值",则可以显示图形中的数据值等。若是选择三维图形,还可以通过调整图形两边的调节器来调整图形的角度,以达到最佳视觉效果。注意:"显示数值"和"显示结构"两选项不能同时选择,另外,选择"显示图例"之前应先选择"显示数值"或"显示结构"选项。财务构成图如图 2-23 所示。

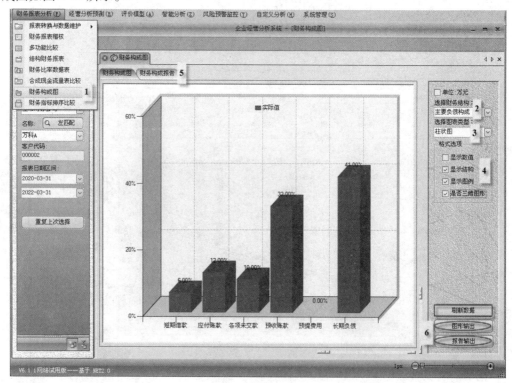

图 2-23 财务构成图

⑤点击"财务构成报告"可以得到用户全部财务结构的构成报告,如图 2-24 所示。

⑥点击"图形输出"和"报告输出"两个按钮,可以将上述财务构成图和财务构成报告输出至指定的位置。

注意:若要查看其他公司的财务构成图,需先退出"财务构成图"界面,重新"选择分析客户",然后再进入"财务构成图"界面方可生效。

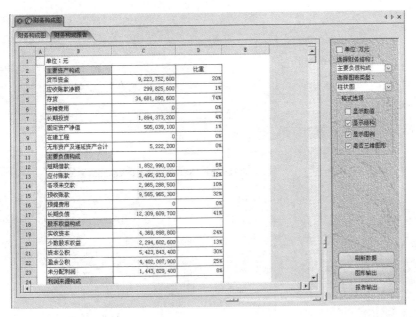

图 2-24　财务构成报告

2.3.7　财务指标排序比较

财务指标排序比较是指确定各种财务指标,包括自定义的比率指标,在全部行业或所在行业中的排序和地位。

1)选择分析客户

在"选择分析客户"栏中选择相应的客户资料。

2)指标排序

①单击"财务报表分析"中的"财务指标排序比较"进入界面。

②选择要比较的财务指标。如果财务指标比较多,查找起来比较困难,则可以直接在树形框上面的"筛选指标"框内输入指标名称,系统会按照您输入的指标名称,自动跳转到您所选择的指标上。

③选择"降序"或"升序"排列以及选择是否在该企业所在的行业内排序,如果是,则在"按行业排序"复选框中打钩;否则,则表示在全部行业中排序。(注:上述行业的名称是由 BIA 系统根据所选择的分析客户所赋予的。)

④单击"排序"按键,系统会计算平均最大值和平均最小值,以及绝对位置和相对位置。本系统排序的特殊之处在于设计了相对排序,对于那些绝对位置相对较后,而与最大值相差不大的企业,相对排序则更能反映企业的真实地位。

⑤点击 🖼 和 🖨 图标,可以将财务指标的排序结果输出到 Excel 或打印出来。指标排序如图 2-25 所示。

注意:若要对其他公司进行排序,需先退出"财务指标排序比较"界面,重新"选择分析客户",然后再进入排序界面方可生效。

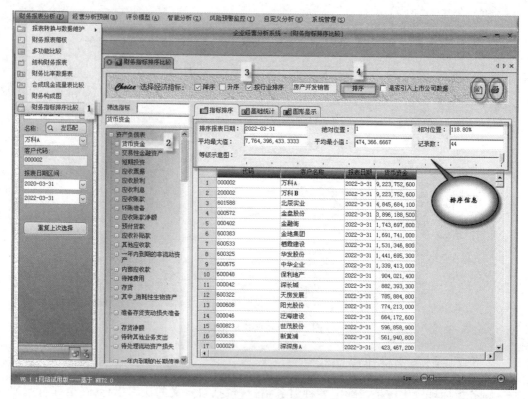

图 2-25　指标排序

3）基础统计

①单击"基础统计"选项卡。如图 2-26 所示。这里的统计，是对排序后的数据进行数值标准化和基础统计。这些指标包括算术平均数、几何平均数、调和平均数、中值、众数、四分位数、百分位数、平均差、误差平方和、标准差、标准误差、样本方差、方差、偏斜度、峰态、线性斜率、线性拟合度、K 项最大值、K 项最小值、均值置信度、标准化 Z 统计量、最大值、最小值、最大最小区间、合计、个数等分析（具体统计指标的含义请见相关的统计书籍）。

②选择"统计数据类型"。"统计数据类型"包括两个选项："按排序横向比较"和"按企业报表区间纵向比较"。前者是对排序后生成的数据进行统计，而后者是对客户自身的数据进行统计。

③选择统计数据类型后，单击"计算基础统计"按键，即可完成统计。基础统计如图 2-26 所示。

4）图形显示

①单击"图形显示"选项卡。

②在"图形类型"下拉列表中进行选择所需要的图形类型。BIA 系统中默认的图形类型包括"柱状图""横柱状图""面积图""扇形图""曲线图""雷达图""环形图"。

③在"显示数据""显示图例"和"三维图形"复选框中进行选择。

图 2-26　基础统计

④选择"图形内容"。BIA 系统中的图形内容包括"实际数值"和"标准化值"两类。"标准化值"是指实际数值在"基础统计"时被标准化后得到的数据。选择"图形内容"后,系统即生成指标排序图。点击左上方的 按钮,可以输出图形到指定的位置。图形显示如图 2-27 所示。

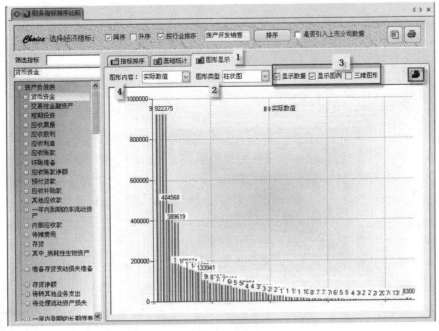

图 2-27　图形显示

注意:当处于"图形显示"界面时,每次对其他选项进行修改之后,须再进行"图形内容"的选择,才能看到变化后的图形显示。

思考与练习

1. 报表转换与数据维护有哪些?
2. 如何进行财务报表稽核?
3. 财务报表多功能比较有哪些?
4. 如何查看结构财务报表?
5. 如何计算财务比率数据表?
6. 如何比较合成现金流量表?
7. 如何生成财务构成图?
8. 如何比较财务指标排序?

第3章　经营分析预测

学习目标

通过本章学习,了解经营分析预测基本理论;掌握如何经营分析预测,比如趋势回归分析、相关因素分析、应收账款分析、利润分析、概率盈亏分析、成本费用分析、现金流量分析等内容。

3.1　经营分析预测理论

经营预测分析是指对未来经营活动可能产生的经济效益及其发展趋势,事先提出科学预见的专门分析。它是以过去的历史资料和现在所能取得的信息为基础,运用人们所掌握的科学知识与管理人员的实践经验,来预计、推测事物发展的必然性与可能性的过程,即根据过去和现在预计未来,根据已知推测未知。预测分析是为决策服务的,是决策科学化的前提条件。

3.1.1　趋势回归分析

趋势回归分析法是将公司连续几年的财务报表的有关数据进行比较,对不同时期财务指标进行对比以确定其增减差异和变动趋势,用以分析公司财务状况和经营成果的变化情况及发展趋势的一种方法。

趋势回归分析法体现了财务分析的静态与动态相结合的原则,也就是说,考察一个企业的财务状况是否得到改善应该用发展的眼光看,不仅考察本期的情况,也要考察前期的情况。从一定的意义上讲,它是将比较分析法和比率分析法结合起来运用的一种方法。

趋势回归法是通过对观察数据的统计分析和处理,研究与确定事物之间相关关系和联系形式的方法。运用回归分析法寻找预测对象与影响因素之间的因果关系,建立回归模型进行预测的方法,称为因果回归分析法。其特点是,将影响预测对象的因素分解,在考察各个因素的变动中,估计预测对象的数量状况。它建立的是预测对象与影响因素之间的单一方程,因此也被称为单方程模型分析。按影响预测对象因素的多少,分为一元回归分析法和多元回归分析法。

在 BIA 系统中,回归分析法在预测中主要解决下列问题:分析所获得的统计数据,确定几个特定变量之间的数学关系形式,即建立回归模型;对回归模型的参数进行估计及检验,分析影响因素对预测对象的影响程度,确定预测模型;利用确定的回归模型预测变量的未来可能值,估计预测对象的未来可能值,并分析研究预测结果的误差范围及精度。

系统中涉及的回归模型有:

线性回归模型 $Y = b_0 + b_1 X$

乘幂回归模型 $Y = b_0 X^{b_1}$

对数回归模型 $Y = b_0 + b_1 \ln X$

多项式回归模型 $Y = b_0 + b_1 X + b_2 X^2 + b_3 X^3$

多元线性回归模型 $Y = b_0 + b_1 X_1 + b_2 X_2 + b_3 X_3$

指数回归模型 $Y = b_0 e^{b_1}$ ($e = 2.71828$)

龚柏兹曲线模型 $Y = b_0 b_1^{b_2^X}$

皮尔曲线模型 $Y = \dfrac{b_0}{1 - b_1 e^{b_2 X}}$

修正指数曲线模型 $Y = b_0 + b_1 b_2^X$

Logistic 模型 $Y = \dfrac{e^{(b_0 + b_1 X_1 + b_2 X_2 + \cdots)}}{1 + e^{(b_0 + b_1 X_1 + b_2 X_2 + \cdots)}}$

各个回归模型都列出了模型的 t 检验、F 检验、各个回归参数的 t 检验(最小二乘回归);如果是最大似然回归,还列出了回归参数的 wald 检验和卡方检验。

3.1.2　应收账款分析

应收账款指企业因销售商品、产品或提供劳务而形成的债权,也就是其他企业欠的货款。与货币资金、存货相比,应收账款一般占企业流动资产比例较大,对企业经营风险影响程度也很大。应收账款是企业经营的重要环节,公司形成应收账款实际上是为客户提供的一种信用形式,是企业在竞争中争取客户、扩大业务、增加经营收入和取得资源的必要手段。但应收账款占用太多,企业在应收账款上的投资增加,将影响企业资金的正常周转,从某种程度上说,企业能否有效地控制应收账款,不仅直接决定了流动资金的周转水平和最终营业利润,而且还直接影响到销售业绩和市场竞争力,增加企业的经营风险。我们认为应收账款引起企业经营风险的原因有如下 3 个。

①企业缺乏竞争和风险意识。企业为了提高市场占有率,提升销售量,大量运用商业信用进行促销。在事先对付款人的信用度未作深入调查的情况下,盲目采用赊销策略去争夺市场,忽视了大量被客户拖欠占用的流动资金能否及时收回的问题。

②企业内部控制制度不严格。一方面,某些企业实行职工工资总额与经济效益挂钩,销售人员工资与产品销售量挂钩的制度。于是只关心销售任务的完成情况,采取赊销、回扣等手段销售商品,不关心企业应收账款能否及时、完整收回,导致大量的应收账款不能按时收回,从而增加了企业的经营风险,造成企业资金周转困难,甚至无法经营。

另一方面,应收账款管理责任人不明确。到底是财务部门的责任还是销售人员的义务,有些企业没有建立起相应的管理办法,缺少必要的内部控制制度。

③管理措施不当。第一,未对应收账款进行辅助管理。许多企业仅仅是在其资产负债表的补充资料中按账龄对应收账款的数额进行了简单的分类,平时则没有对应收账款进行辅助管理。企业回款情况好时,基本能满足需求,一旦企业回款不畅,应收账款中存在的问题便会显露出来。第二,长期不对账。由于交易过程中货物与资金流动在时间上的差异,以及票据传递、记录等,都有发生误差的可能,因此债权债务的双方就经济往来的未了事项进行定期对账,可以明确双方的权利和义务。而现实中有的企业长期不对账,有的即便对了账,但并没有形成合法有效的对账依据,只是口头上承诺,起不到应有的作用,无法发现其中可能存在的问题,在以后确定诉讼时间时也不能提供充分的书面证据。第三,未对应收账款风险程度进行信用管理。第四,企业信用政策制订不合理,日常控制不规范,追讨欠款工作不得力。

针对以上因应收账款而引起的企业经营风险,BIA 系统从 5 个方面来对应收账款进行分析:账龄分析表、应收账款风险测算、信用期政策比较分析、应收账款敏感性分析、应收账款分析报告。具体如下:

1) 应收账款账龄分析

应收账款回收情况的监督主要通过编制账龄分析表进行,账龄分析是有效管理应收账款的基础,一般来讲,应收账款拖欠时间越长,款项收回的可能性越小,形成坏账的可能性就越大。通过账龄分析可以揭示每个客户的风险性和每笔应收账款产生坏账的可能性,并以此作为提取坏账准备的依据,因此对于客户众多、业务频繁的企业来说,运用 BIA 系统通过建立"应收账款账龄分析表"和"客户应收账款表",将特定日期的应收账款根据超过信用期不同时间的款项各占应收账款总额的百分比进行分类,进行应收账款账龄分析,并据此制订有效的收账政策,对加强应收账款管理,及时回笼资金,降低企业经营风险具有非常重要的意义。

对应收账款进行账龄分析,其前提条件是确定应收账款的真实账龄。在对应收账款进行评估的操作中,一般主要依据评估明细表中的账龄信息,可以简单地得出是否发生坏账的结论,表面看是最具操作性的办法。但作为主要判别依据的评估明细表中的账龄信息并不能真实反映账项的发生时间。例如,常年多次发生欠款的债务方,其评估明细表中账龄信息的发生时间有的反映的是第一笔借方额的记录时间,有的反映的是最后一笔借方额的记录时间,有的反映的是最后一笔贷方额的记录时间等。对于无争议债权,债务方偿还能力强、信用良好的情况下,发生时间不会成为结论错误的因素。但对已不发生赊销业务的情况,如果不详细了解债务方的资金、信用和经营状况,根据上述任何一种发生时间或账龄而得到的结论,都可能是错误的。

因此,在对应收账款账龄进行评估时,应详细了解企业的赊销业务和债务方的分布情况,将应收账款分为两类,一类是单笔欠款是在一次赊销业务中产生的,有准确的发生时间;另一类是明细账借方余额是多笔借方和贷方的冲减结果,也就是常年多次发生赊销、还款的债务方。对于第二类情况,应将所有应收账款的借方余额和贷方余额分别列示在明细表中,然后再划分为仍正常发生业务的债务方和已不发生业务的债务方两类,对第一类,可以将最后一笔借方额记录时间作为该款项的发生时间;对第二类,应将最后一笔贷方额记录时间作为该款项的发生时间。只有通过分析这样的账龄信息,才可以得出科学的结论。

对应收账款账龄时间段的划分一般根据客户的信用期,以及企业对坏账准备的计提标准。时间段划分得越细、间隔越短,坏账估计就越精确。一般来说,1 年以内的应收账款账龄划分较细。

从以上论述可以看出,对应收账款进行账龄分析对控制企业坏账的发生、降低企业经营风险具有重要作用,具体可以分为以下几个方面。

①应收账款账龄分析是进行应收账款管理的依据。账龄分析是确定超过合同或信用政策规定的应收账款所超出时间有多长,原因何在?可以先按不同的标准(如销售地区、销售人员、账龄区间等)计算结构比率,然后确定回收率低的应收账款及账龄区间内比例最大的应收账款。在此基础上,或按照账龄长短,或按原因分析所揭示问题的严重性,或按应收账款的地区、行业分布,提出应收账款的管理重点,并编制应收账款催收计划,有效、快捷收回应收账款。

②应收账款账龄分析是编制和实施应收账款催收计划的基础。应收账款催收计划的编制和实施主要包括下列内容:A. 核对账目,确定应收账款的数额。应根据账龄分析表上列示的购货单位,按重要性原则依次排列,核对账目,确定应收账款的数额。B. 区别对待,合理催收。对账龄时间长,困难大或有特殊问题的应收账款,应提请企业高层管理人员尽早安排时间,组织人员等进行催收;对购货方违约形成的长期未决的款项(2 年以上的金额巨大款项),应提请企业管理决策人员采用法律手段解决。

③可以对不同客户采取不同的销售策略。通过账龄分析,可以按照应收账款的流动性将客户分成 3 种:A. 流动性强的应收账款客户。如果其交易多、信誉好、能够及时付清货款,企业应保证其货源,并给予其更优厚的信用政策。B. 流动性一般的客户。他们对货款有一定的付现能力,但不能完全付清货款,时常拖欠货款。对这类客户,企业一方面应建立更完善销售制度,严格按合同供货、收款;另一方面,要加强货款的催收工作,必要时也可以给予更有利的信用政策,及早收回货款。C. 流动性差的客户。这类客户或信誉差,或付款能力弱,因此,必须限制对其供货,或实行"货款两清"的政策,除非有足够的把握可以收回货款,否则不给予赊账。

④可以加强对销售部门、销售人员的考核。通过对应收账款的账龄分析,可以看到各销售部门、各销售人员占用资金的数额,以及占用时间的长短,必要时可以实行销售承包责任制,加强应收账款的账龄分析管理。

因此,利用账龄分析表,可以分析有多少欠款尚在信用期,有多少欠款超过了信用期,超过时间长短的款项各占多少,有多少欠款会因拖欠时间太长而可能成为坏账。对不同拖欠时间的欠款,企业应采取不同的收账方法,制定出经济、可行的收账政策。对可能发生的坏账损失,应提前做好准备,充分估计这一因素对损益的影响。同时,可以根据应收账款账龄结构的分析得出的结论,深入研究企业的信用及收款政策,确定企业与原定的赊销期限及信用条件是否恰当。另外,还可以设立账龄结构的损失矩阵,计算企业应收账款的风险度。

2)应收账款风险测算

在 BIA 系统中,应收账款风险测算的评估思路是,根据应收账款的账龄分析,可以把客户的偿债能力分为 A,B,C,D,E 5 个等级(作为横坐标)和账龄结构(作为纵坐标),形成应收账款风险矩阵,这个矩阵中每个交互点可能产生的损失就是应收账款损益系数,因此,损益系数乘上应收账款风险测算表中对应矩阵交互点的应收账款余额就可以得出可能损失的金额。当然,应收账款余额和应收账款损益系数是可以根据实际情况随时进行修改的。依据得出的应收账款可能损失的金额,并根据公式:

应收账款风险率 = ($\sum$ 应收账款余额 − 可能损失的金额)/ $\sum$ 应收账款余额

从而计算出应收账款风险率。对于此过程,进行如下说明:

(1)应收账款风险测算的评估对象是风险可能损失的金额

应收账款余额反映的是已经发生的经济业务和已经形成的债权数额,无论是否事前约定偿还期,账面余额记录都是需债务方偿还的全额债务,因此,资产评估无须对应收账款余额(账面余额记录)进行估计。但应收账款余额属于"未来现金"资产,这种不确定性会直接影响应收账款风险测算评估点的价值,这是因为:一方面,应收账款的回收额具有不确定性;另一方面,由于资金的时间价值的影响,会使得未来回收的应收账款价值小于现在的应收账款账面记录。因此,应收账款风险测算的评估应该是"风险可能损失的金额的预计"和"未来回收应收账款价值的现值"的确定。尽管没有对未来应收账款回收价值进行现值的计算,但也能够说明,应收账款风险测算评估的是"风险可能损失的金额"。

(2)风险可能损失的金额主要取决于债务方未来的偿还能力

对由于债务方所形成的应收账款"风险可能损失的金额"进行专业判断,可以得出应收账款可回收金额最终取决于债务方的偿还能力和资信的结论。如果债权债务没有任何争议,在债务方经营状况良好、现金流量充足、偿还能力十分强、信用良好的前提下,完全可以得出应收账款无风险损失的评估结论,或者说,在风险测算评估点时,债权无回收风险。如果债务方未来因经营状况恶化、现金流量严重不足、偿还能力不强等发生评估点日后无法还款事项,那么再对同一债务方形成的应收账款可能损失的金额进行评估时,只要变化评估点,也完全会发生损失,从而计算出风险可能损失的金额。

(3)评估的风险可能损失的金额并非现实发生

在评估过程中,对能充分证明应收账款无回收风险的、有确切证据表明无法回收的和符合有关管理制度应予核销的应收账款,评估相对是很容易的。但是对很可能收不回部分款项的,需要进行真正的评估。对很可能因收不回部分款项而造成的损失的金额的预计,实际上是对未来的判断,其损失的金额并未在评估点时实际发生,因而并非现实发生。

运用 BIA 系统,通过"应收账款风险测算表"和"应收账款损益系数表",依据公式原

理计算出可能损失的金额,从而测算应收账款风险。对于这一测算结果,我们进行如下分析:

①依据重要性原则分析重点债务方:对应收账款逐笔分析其回收的风险,这是最准确的方法,但往往操作难度大,重点不突出。在实际中,很多企业很少有大额的应收账款,但其合计金额占应收账款总金额的比例却很大,因此,只要对很少笔大额的应收账款进行详细分析,得出符合实际的风险损失,就基本上能够整体评估所得出结论的准确性和可靠性。因此,在具体操作中,首先依据"重要性"原则,可以选取合计金额占应收账款总金额比例很大的少量债务方,逐笔进行分析判断。而对不确定的债权,应先分析企业购销业务客户分布、市场销售部署等,再分析债务方与被估企业的业务往来历史,从而得出是否是不确定的债权,这些债权往往是产生回收风险的重点。

②全面分析债务方未来的偿还能力:通过以上的分析可以知道,应收账款风险损失取决于债务方未来的偿还能力,因此,风险损失的判断应立足于债务方的偿还能力和资信情况。实际操作中,在总体掌握企业购销业务状况的基础上,以大额的、具有不确定性的债务方的生产经营状况、财务状况、偿债能力、资信状况等作为研究对象,并重点研究债务方相关债务的性质、结构,相关的还款计划,近期的现金流量情况,及其未来的经营状况。

3)应收账款信用期政策比较分析

在BIA系统中,应收账款信用期政策比较分析的思路是:对新、旧两种信用政策在利润总额、机会成本等方面进行比较分析,从而确定企业应该采用怎样的信用政策,及该信用政策对利润的影响程度有多大,为使利润最大化应该采用怎样的信用组合。

对应收账款信用期政策进行比较分析,应先制定科学合理的应收账款信用政策,并在新、旧两种信用政策所增加的利润和预计要担负的成本之间进行对比分析。只有当增加的利润超过运用新政策所增加的成本时,才能使用新的信用政策。合理的信用政策是根据企业的实际经营情况和客户的信誉情况制订的,还包括对企业未来销售前景的预测和对市场情况的预测和判断,及对未来应收账款安全性的调查。如果企业销售前景良好,应收账款安全性高,则可进一步放宽对其收款信用政策,扩大赊销量,获取更大利润,相反,则应相应严格其信用政策,或对不同客户的信用程度进行适当调整,确保企业获取最大收入的情况下,又使可能的损失降到最低点。

对应收账款信用期政策进行比较分析,首先要明确信用政策的内容。信用政策包括信用标准、信用条件和收账政策,其中最重要的是信用标准的确定。合理的信用政策就是把信用标准、信用条件和收账政策结合起来,考虑三者的综合变化对销售额、应收账款机会成本、坏账成本和收账成本的影响。下面进行详细分析。

(1)信用标准

信用标准是企业同意向用户提供商业信用而提出的基本要求,通常以预期的坏账损失率作为判别标准。如果企业的信用标准较严,只赊销给信誉很好、坏账损失率很低的用户,虽然会减少坏账损失,减少应收账款的机会成本,但可能不利于扩大销售量,甚至导致销售量减少;反之,如果信用标准较低,虽然会增加销售,但会相应地增加坏账损失和应收账款的机会成本。为了合理确定信用标准,从以下几个方面进行分析。

①信用分析。企业在为客户设定信用标准时,往往要先评估他的信用情况。通过"5C"系统来进行。"5C"系统是评估客户信用品质的 5 个方面,包括:A. 品质(Character),是指顾客的信誉,即履行偿债义务的可能性;B. 能力(Capacity),是指顾客的偿债能力,即其流动资产的数量与质量以及与流动负债的比例;C. 资本(Capital),是指顾客的财务实力和财务状况,表明顾客可能偿还债务的背景;D. 抵押(Collateral),是指顾客付款或无力支付款时能被用作抵押的资产;E. 条件(Condition),是指可能影响顾客付款能力的经济环境。

②信用分析的信息来源。"5C"系统是信用风险的判别因素,要准确判断客户的信用,关键在于能否及时掌握客户的各种信用资料。这些资料的来源主要有以下几个渠道:

A. 财务报表。指企业索取或查询预期"准信用"客户的资产负债表和利润表等报表。这是企业进行分析评估的最重要信息,企业可据此对客户的资产流动性、支付能力以及经营业绩等方面进行详尽分析并进行判断。

B. 银行证明。指根据客户要求,由客户的开户银行出具一些有关其信用状况的证明材料,如客户在银行的平均现金余额、贷款的历史信用信息等。

C. 企业间证明。每一个客户都会拥有许多供货单位,通过与同一客户有关的各供货企业交换信用资料,例如,交易往来的持续时间、提供信用的条件、数额以及支付货款的及时程度等证明,再加上必要的调查了解,可对客户的信用状况做出更准确的评价。

D. 信用评级和信用报告。公司可以从各种商业信用评级机构获取企业的信用评级资料。

③信用标准的制订。在收集、整理客户的信用资料后,采用"5C"系统分析客户的信用程度。必要时还可以对客户的信用风险进行定量分析。具体可以采用多项判断法,其具体步骤有:

A. 设立信用标准。首先查阅客户以前若干年的信用资料,找出具有代表性、能说明偿债能力和财务状况的比率,作为评判信用风险的指标,然后根据最近几年内"信用好"和"信用差"的两个客户在相同比率下的平均值,作为评价该客户的信用标准。

B. 计算客户的风险系数。利用客户的财务报表计算这些指标,并与标准值进行比较。其方法是:若某客户的某项指标等于或低于最坏信用标准,则该客户的风险系数增加 10%;若某项指标介于好的信用标准与差的信用标准之间,则该客户的风险系数增加 5%;若某客户的某项指标等于或高于好的信用标准,则该客户的风险系数为 0,即无信用风险。各项指标比较后,即可累计客户的风险系数。

C. 风险排序。企业按上述方法分别计算出各客户的累计风险系数后,即可按风险系数的大小进行排序:系数小的排在前面,系数大的排在后面,由此便可根据风险程度由小到大选择客户。

(2)信用条件

信用条件是指企业要求用户支付赊销款项的条件,包括信用期限、折扣期限和现金折扣。

A. 信用期限是企业为客户规定的最长付款时间。例如，某企业允许顾客在购货后的50天内付款，则信用期限为50天。信用期过短，不足以吸引顾客，在竞争中会使销售额下降；信用期放长，虽然会增加销售额，增加销售利润，但是增加的利润有时会被增加的费用所冲减，甚至造成利润减少。因此，企业必须合理确定客户的信用期限。

合理确定信用期限，主要是分析改变现行信用期限对收入和成本的影响。延长信用期，虽会使销售额增加，但应收账款的机会成本、管理成本和坏账损失也会增加，当前者大于后者时，可以延长信用期，否则不延长；如果缩短信用期，情况与此相反。

B. 折扣期限是为用户规定的可享受现金折扣的付款时间。

C. 现金折扣是企业对顾客在商品价格上所做的扣减。向顾客提供这种价格上的优惠，主要目的在于吸引顾客为享受优惠而提前付款，缩短企业的平均收款期。另外，现金折扣也能吸引一些视折扣为减价出售的顾客前来购货，可以扩大销售额。虽然，提供现金折扣能增加销售量，但也会带来应收账款机会成本、坏账成本、现金折扣成本等额外的成本负担。

现金折扣通常采用，如"5/10,3/20,n/30"的形式表示，其中"5/10"表示10天内付款，可享受5%的价格优惠；"3/20"表示10～20天内付款，可享受3%的价格优惠；n/30表示付款的最后期限为30天，在20～30天内按全价付款。

企业采用什么程度的现金折扣，要与信用期结合起来考虑。不论是信用期间还是现金折扣，都能给企业带来收益，但也会增加成本。当企业给予顾客某种现金折扣时，应当对比折扣所带来的收益与成本，若收益大于成本，则采用现金折扣；否则，不采用现金折扣。

（3）收账政策

收账政策是指信用条件被违反时，企业采取的收账策略。企业如果采用较积极的收账政策，可能会减少应收账款成本、坏账损失，但会增加收账成本。如果采用较消极的收账政策，则可能会增加应收账款成本、坏账损失，但会减少收账费用。因此，在制订收账政策时，应对比收账成本的增加与应收账款机会成本和坏账损失的减少之间的得失。

在 BIA 系统中，对应收账款信用期政策进行比较分析的指标主要包括：

A. 应收账款周转率。计算公式为：

$$应收账款周转率=赊销收入净额/平均应收账款余额$$

其中，　　　赊销收入净额=销售收入-现金收入-销售退回及折让

平均应收账款余额=（期初应收账款+期末应收账款）/2

应收账款周转率用来反映企业集团应收账款周转速度的指标，表明年度内应收账款转为货币资金的平均次数，体现了应收账款的变现速度与企业集团收账的速度，也反映应收账款的流动程度。企业在一定时期内周转率越高，平均每次转为现金的时间越短，收款效率就越高，反之，则相反。企业可通过该项指标，同以往实际、现计划、同行业的指标进行比较，以评价企业在应收账款管理工作中的成绩和不足。

B. 平均收账期。计算公式为：

$$平均收款期=360/应收账款周转率$$

C. 销售利润率。计算公式为:

$$销售利润率=(产品销售利润/销售收入)×100\%$$

销售利润率是产品销后利润除以销售收入所得的比率,它是测定产品销售业务活动的获利能力的指标,反映了产品销售业务活动的获利水平。

D. 应收账款机会成本。计算公式为:

$$应收账款机会成本=应收账款占用资金×资金成本率$$

其中,
$$应收账款占用资金=应收账款平均余额×变动成本率$$

$$应收账款平均余额=日销售额×平均收现期$$

根据以上各个指标的"实际值"和"预测值"的变动情况,选择利润与成本之差最大的那一种信用政策。

4) 应收账款敏感性分析

敏感性分析是指从众多不确定性因素中找出对投资项目经济效益指标有重要影响的敏感性因素,并分析、测算其对项目经济效益指标的影响程度和敏感性程度,进而判断项目承受风险能力的一种不确定性分析方法。其中,敏感系数=目标值变动百分比/参量值变动百分比。

在 BIA 系统中,我们对应收账款进行敏感性分析,设定 7 个分析指标:销售收入、销售费用、销售利润率、应收账款净额、坏账损失率、信用条件、机会成本;选择其中的一个分析指标,通过改变该指标的"变化区间"(如:-30% ~ +30%),得到该指标的一组"指标变动率",以该"指标变动率"作为坐标的横轴,在其他指标不变的情况下,以该指标的变化所引起的"利润变动率"作为坐标的纵轴,这就构成了 BIA 系统中的敏感性分析图。我们通过这种动态模拟大致可以了解不同的分析指标对利润影响的重要程度,而且通过敏感性分析并进行精确的计算,我们可以知道各个不同的分析指标到底对利润产生了怎样的影响。

进行应收账款敏感性分析,其目的是:

①找出影响利润变动率的各个敏感性指标。

②通过变动各个敏感性指标的变化区间,来分析各个敏感性指标的变动对利润的影响程度。

③比较各个敏感性指标变动对利润变动的敏感性程度的大小,确定不同敏感性指标对利润的敏感性程度的大小并进行排序。

④根据排序结果来分析敏感性程度不同的各个指标对利润产生的影响。

在 BIA 系统中,进行应收账款敏感性分析的步骤为:

A. 确定分析的敏感性指标。评价应收账款敏感性的指标主要包括销售收入、销售费用、销售利润率、应收账款净额、坏账损失率、信用条件、机会成本。

B. 选定"分析指标",并设定其"变化区间"。

C. 计算"分析指标"变动对"利润变动"的影响程度,找出敏感性因素。

D. 绘制"敏感性分析图",计算出"分析指标"变化的极限值及分析各个指标到底对利润产生怎样的影响。

5）应收账款分析报告

在 BIA 系统生成的应收账款分析报告中，主要输出"信用政策预测报告"。

3.1.3 概率盈亏分析

在 BIA 系统中，概率盈亏分析是根据折旧期和固定费用比率，自动计算和分解企业成本，计算保本点销售收入，构建标准盈亏平衡分析图以及固定成本、单位变动成本和销售单价对保本销售收入的敏感性分析及敏感性分析图。

此外，系统还包括对企业未来发展进行概率预测，自动计算风险决策指标，包括决策保险系数、错误决策概率、机会风险比、期望不确定成本、有利情况下期望利润和盈亏风险度。

盈亏平衡分析在预测收益、估计经营风险和评估收益水平方面具有重要意义；同时还可以借此考察经营杠杆、经营潜力、贡献毛利之间的关系，更深层次地分析企业经营过程。

1）盈亏平衡分析

盈亏平衡分析是研究企业固定成本、变动成本、利润及销售收入之间的关系，计算项目的盈亏平衡点，据此考察企业抗风险能力的一种工作方法。盈亏平衡分析的基本目的是让企业经营者知道，生产的最低限度是生产多少产品才不会亏损。已知：利润是销售收入与企业总成本之差，收入与成本都是产量的函数。设 Q 为产量，S 为销售收入，C 为总成本，此三者均为变量。另设 F 为企业的固定成本，V 为单位产品的可变成本，P 为产品单价，则有如下公式：

$$S=P\times Q \quad C=F+V\times Q$$

令 $S=C$，即销售收入等于总成本，如不考虑税收，企业利润为零，盈亏平衡。此时的产量称为盈亏平衡点，设以 Q^* 表示，可由下列公式求得：

$$Q^*=\frac{F}{P-V}$$

盈亏平衡分析一般采用图解法和代数法计算盈亏平衡点。采用图解法时，在盈亏平衡点上，销售收入总额与销售产品成本总额相等，企业生产经营年份中的生产经营收支平衡，不盈不亏。超过了这一平衡点就盈利，否则，就亏损。企业是以营利为目的进行经营的，因此若能事先知道完成预定利润目标的销售额或销售量，对经营者来说是非常重要的。经营管理者的一个重要任务是不断降低固定成本和变动成本，使盈亏平衡点不断向下移动，从而扩大安全经营区。如图 3-1、图 3-2 所示。

其中的计算公式用汉字表示为：

盈亏平衡点的销售收入（保本销售收入）＝固定成本/（1－变动成本/销售收入）

线性保本系数＝保本销售收入/销售收入

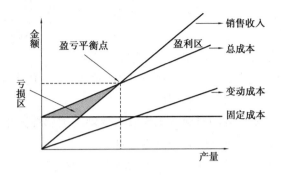

图 3-1　盈亏平衡分析图

或：

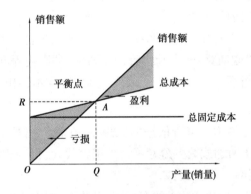

图 3-2　盈亏平衡基本模型图

2）成本设置

成本设置是指用户可以根据自己的需要在"人工模式"中选择已设置好的成本名称或者重新设置成本属性，也就是为每一项成本费用设置它的固定成本比例。设置好后，输入成本名称，然后进行"成本设置存盘"，以后就可以直接调用这次输入的数据，这样系统会从用户的成本费用表中提取数据，并根据成本设置、直接固定费用和变动费用合计计算盈亏平衡点；也可以通过删除以前设置的成本名称，时刻更新成本费用项目。

3）盈亏要素敏感性分析

盈亏要素敏感性分析是指在进行企业盈亏平衡分析时，找出对盈亏平衡点有重要影响的敏感性因素，并分析、测算其变化对盈亏平衡点上的保本销售收入的影响程度与敏感程度。进行盈亏要素敏感性分析的原因是，在企业执行或经营过程中，当不确定因素（如固定成本、变动成本和销售收入等）发生变化时，盈亏平衡点会发生改变。

在 BIA 系统中，盈亏要素敏感性分析设置了诸如固定成本、变动成本、销售收入、包装费、调剂外汇手续费等共 73 项指标，选择其中的一个敏感性指标，设置所选定的敏感性指标的"变化率区间"，通过改变其"变化步长"，把"指标变化率"分成若干个小区间，相应的"保本销售收入变化率"也分成对应的若干个小区间。这样就形成了以"指标变化率"为横坐标，"保本销售收入变化率"为纵坐标的盈亏要素敏感性分析图，通过对这些指标的敏感性分析，就可以判断敏感性指标的变化对盈亏平衡点上的"保本销售收入变化率"的影响程度的大小,从而找出最有影响的敏感性指标因素。

进行盈亏要素敏感性分析,其目的是:

①找出影响保本销售收入变动率的各个敏感性指标。

②通过变动各个敏感性指标的"变化率区间"及选择"变化步长",来分析各个敏感性指标的变动对保本销售收入的影响程度。

③比较各个敏感性指标变动对保本销售收入变动的敏感性大小,确定不同敏感性指标对保本销售收入的敏感性程度的大小并进行排序。

④根据排序结果来分析敏感性程度不同的各个指标对保本销售收入产生的影响。

在 BIA 系统中,进行盈亏要素敏感性分析的步骤为:

①确定分析的敏感性指标。评价盈亏要素敏感性的指标主要包括固定成本、变动成本、销售收入、包装费、调剂外汇手续费等共 73 项指标。

②选定"分析指标",并设定其"变化率区间"和"变化步长"。

③计算"分析指标"变动对"保本销售收入变动率"的影响程度,找出敏感性因素。

④绘制"敏感性分析图",分析出"分析指标"到底对保本销售收入产生怎样的影响。

4)盈亏概率决策

在 BIA 系统中,盈亏概率决策所依据的原理是,在计算出盈亏平衡点销售收入的基础上,按照一定的百分比增加或减少盈亏平衡点销售收入,得到相应的概率百分比(也可根据需要改变相应的概率),由公式:

$$期望销售收入 = 状态概率 \times 状态预测销售收入$$

可以计算出期望销售收入。在 BIA 系统中,系统默认了三种分布形式,包括正态分布(是指未来经营状况好坏对等)、偏好分布(是指未来经营好的概率更大一些)、偏坏分布(是指未来经营差的概率更大一些),选择其中一种分布形式,就能计算出系统默认的期望销售收入,这只是对未来某种情况的预测,结果也只是预测值。

5)概率决策指标

在 BIA 系统中,概率决策指标是在盈亏概率决策计算的基础上,计算的风险决策指标的预测值。在这里,风险决策指标包括决策保险系数、错误决策概率、机会风险比、期望不确定比、有利期望利润、盈亏风险度,具体如下:

①决策保险系数:$S = 1 - \dfrac{X_1 - X_0}{X_1}$

②错误决策概率是指为了表达某项经营决策出现错误的可能性,计算公式如下:$G = \sum \{X < X_0\}$

③机会风险比:$R = \dfrac{X_{max} \times p(X)}{X_0 \times p(X)}$

④期望不确定比:$Z_1 = \sum D(X_0 - X) \times p(X)$

作为一般性原则,不确定的期望在效用上比确定的期望的价值要小得多,即使他们的预期回报是相同的。

⑤有利期望利润是指利用概率考虑风险程度而计算出来的预测利润额,计算公式如下:

$$Z_2 = \sum D(X - X_0) \times p(X)$$

⑥盈亏风险度是指盈亏标值越大则投资风险越大。当然,风险度越大,收益率相应也会越高。计算公式如下:

$$Z = \frac{Z_1}{Z_2}$$

其中,X_0 为盈亏点销售收入;X_1 为总期望销售收入;X 为期望销售收入;X_{max} 为最大可能的销售收入;$p\{X<X_0\}$ 为期望销售收入小于盈亏点销售收入的概率;D 为单位偿付利润及销售单价减去单位变动成本;$p(X)$ 为预测概率。

3.1.4　成本费用分析

生产成本是指产品的直接成本;生产费用(又叫制造费用)是产品的间接成本,要通过一定的分配方法分配到产品;期间费用一般指财务费用、营业费用和管理费用,一般在一个会计期间内结转,期末无余额。

在 BIA 系统中,对成本费用的分析管理分为如下几个部分。

1)外购原材料和外购燃料动力

外购原材料是指项目在一定时期内(一般为一年),各生产车间、产品销售部门和企业行政管理部门为生产销售产品、组织管理企业生产经营活动而耗费的原材料、主要材料、辅助材料、外购半成品、备品备件、包装材料、物料耗费等。外购燃料是指项目建成投产后在一定时期内需耗费的各种燃料,包括煤、油、液化气、天然气等各种固体、液体和气体燃料。外购动力是指项目建成投产后在一定时期内需耗费的各种动力费用,包括水、电、汽等。

2)工资与职工福利费

工资是指应计入生产成本、费用的全部职工的工资与津贴。职工福利费是指企业按规定的工资总额的一定百分比(14%)提取的福利费。

3)制造费用

制造费用是指企业生产车间为制造产品和提供劳务而发生的各项间接费用,包括生产管理人员工资和福利费、折旧费、修理费、机物料消耗、劳动保护费等。其中,折旧费是指固定资产(包括融资租赁而租入的固定资产)在使用过程中,通过逐渐损耗而转移到产品成本中去,构成产品成本费用的那部分固定资产价值;修理费是指为恢复固定资产原有生产能力,保持其原有使用效能,对固定资产进行修理或更换零部件而发生的费用。它包括制造费、管理费和销售费中的修理费。

4)废品损失

废品损失是指在生产过程中,因质量不符合规定的技术标准而不能按其原定用途使用,或者需要加工修理后才能使用的在产品、半成品和产成品所产生的损失。包括不可

修复废品损失及可修复废品损失,是废品的净损失,用公式表达为:

$$废品损失=废品报废损失-各种赔款$$

有3种损失应区别于废品损失:①降价出售的不合格品成本,作销售费用处理;②产成品入库后,由于保管不善等原因而损坏变质的损失,作管理费用处理;③实行"三包"的企业,在产品出售以后发现的废品所发生的一切损失,计入管理费用。

5)营业费用

营业费用是指企业在销售产品、提供劳务等日常经营过程中发生的各种费用以及专设销售机构的各项费用。包括销售运输费、装卸费、包装费、广告费、展览费等。

6)管理费用

管理费用是指企业行政管理部门为管理组织经营活动而发生的各项费用,包括公司经费、工会经费、职工教育经费、劳动保险费、董事会费、咨询费、审计费、诉讼费、排污费、绿化费、税金、土地使用费、技术转让费、技术开发费、无形资产摊销、业务招待费、其他管理费用等。

7)财务费用

财务费用是指企业为筹集生产经营所需资金等而发生的费用,包括应当作为期间费用的利息支出(减利息收入)、汇兑损失(减汇兑损益)以及相关的手续费等。也包括利息收入、利息支出、汇兑收入、汇兑损失、金融机构手续费、调剂外汇手续费及其他财务费用等。其中,利息支出是指项目在生产经营期内因筹集资金所发生的利息支出,一般应计算长期负债和短期负债的利息净支出和汇兑净损失等。

对以上费用合并分类,可把外购原材料、外购燃料动力和工资福利费(计件工资)合称为"可变成本",指随着产量变化而变化的成本费用;把(计时)工资及福利费、折旧费、维简费、修理费用、摊销、利息支出和其他费用合称为"固定成本",指不随产量变化而变化的成本费用。

3.1.5　杜邦财务体系分析

杜邦财务分析体系是由美国杜邦公司首先使用,为了全面了解和评价企业的财务状况和经营成果,利用若干相互关联的指标对企业的营运能力、偿债能力及盈利能力之间的内在联系,以及财务状况进行综合分析的方法。杜邦财务分析体系的作用是解释指标变动的原因和变动趋势,为采取措施指明方向。

因此,在分析杜邦财务体系时应注意掌握以下内容:

1)杜邦财务分析体系反映的主要财务比率及其相互关系

①净资产报酬率与总资产净利润率及权益乘数之间的关系,这种关系可以用公式表述为:

$$净资产报酬率=总资产净利润率×权益乘数$$

②总资产净利润率与销售净利率及总资产周转率之间的关系,这种关系可以用公式表述为:

$$总资产净利润率=销售净利率×总资产周转率$$

③销售净利率与净利润及销售净额之间的关系,这种关系可以用公式表述为:

$$销售净利率=净利润/销售净额$$

④总资产周转率与销售净额及资产总额之间的关系,这种关系可以用公式表述为:

$$总资产周转率=销售净额/资产平均总额$$

⑤权益乘数与资产负债率之间的关系,这种关系可以用公式表述为:

$$权益乘数=1/(1-资产负债率)$$

杜邦财务分析体系在揭示上述几种财务比率之间关系的基础上,再将净利润、总资产进行层层分解,就可以全面、系统地揭示出企业的财务状况以及财务系统内部各个因素之间的相互关系。

2)杜邦财务分析

杜邦财务分析体系是对企业财务状况进行的自上而下的综合分析。它通过分析几种主要的财务指标之间的关系,直观、明了地反映出企业的偿债能力、营运能力、盈利能力及其相互之间的关系,从而提供了解决财务问题的思路和财务目标的分解、控制途径。在学习中应注意:

①自有资金利润率反映所有者投入资本的获利能力,它取决于企业的总资产净利润率和权益乘数。总资产净利润率反映企业运用资产进行生产经营活动时效率的高低,而权益乘数则主要反映企业的筹资情况,即企业资金来源结构。

②总资产净利润率是反映企业获利能力的一个重要财务比率,它揭示了企业生产经营活动的效率,综合性也极强。企业的销售收入、成本费用、资产结构、资产周转速度以及资金占用量等各种因素,都直接影响到总资产净利润率的高低。总资产净利润率是销售净利率与总资产周转率的乘积。因此,可以从企业的销售活动与资产管理两个方面来进行分析。

③销售净利率反映企业净利润与销售净额之间的关系,一般来说,销售收入增加,企业的净利润会随之增加,但是,要想提高销售净利率,必须一方面提高销售收入,另一方面降低各种成本费用,这样才能使净利润的增长高于销售收入的增长,从而使销售净利率得到提高。

④分析企业的资产结构是否合理,即流动资产与非流动资产的比例是否合理。资产结构不仅影响企业的偿债能力,也影响企业的获利能力。一般来说,如果企业流动资产中货币资金占的比重过大,就应当分析企业现金持有量是否合理,有无现金闲置现象,因为过量的现金会影响企业的获利能力;如果流动资产中的存货与应收账款过多,就会占用大量的资金,影响企业的资金周转。

⑤结合销售收入分析企业的资产周转情况。资产周转速度直接影响到企业的获利能力,如果企业资产周转较慢,就会占用大量资金,增加资金成本,减少企业的利润。对资产周转情况的分析,不仅要分析企业总资产周转率,更要分析企业的存货周转率与应收账款周转率,并将其周转情况与资金占用情况结合分析。

3）采用因素分析法进行因素分析

利用上述有关指标之间表现出的相乘或相除的关系,我们可以采用因素分析法(因素分析法不适用于相关因素表现为相加或相减的情况)进行因素分析,以确定有关因素变动的影响方向和影响数额,并据此进行奖励或惩罚。

(1)杜邦体系结构图

在 BIA 系统中,杜邦财务分析模型的公式如下:

权益收益率=净利润/所有者权益=资产利润率×权益乘数

其中,资产利润率=净利润/资产总额=销售利润率×总资产周转率

净利润=销售收入-总成本+其他利润-所得税

总成本=制造成本+管理费用+销售费用+财务费用

资产总额=长期资产+流动资产

流动资产=现金有价证券+应收账款+存货+其他流动资产

销售利润率=(净利润/销售收入)×100%

总资产周转率=(销售收入/资产总额)×100%

权益乘数=资产总额/所有者权益=1/(1-资产负债率)

资产负债率=负债总额/资产总额

所以,通过对各个指标进行分解,可以得到:

权益收益率=权益乘数×销售净利率×总资产周转率

这种财务分析方法从评价企业绩效最具综合性和代表性的指标——权益收益率出发,层层分解至企业最基本生产要素的使用、成本与费用的构成和企业风险,从而满足经营者通过财务分析进行绩效评价需要,在经营目标发生异动时能及时查明原因并加以修正。杜邦财务分析模型中的几个主要财务指标的意义如下。

①权益收益率是一个综合性最强的财务比率,是杜邦系统的核心。它反映了企业投资、筹资等各种经营活动的效率,既是公司所有者权益的投资报酬率,也是衡量企业利用资产获取利润能力的指标,具有很强的综合性。由公式可以看出,权益收益率有三个影响因素:权益乘数、销售净利率和总资产周转率。权益乘数、销售净利率和总资产周转率三个比率分别反映了企业的负债比率、盈利能力比率和资产管理比率。这样分解之后,可以把权益净利率这样一项综合性指标发生升降的原因具体化,定量地说明企业经营管理中存在的问题,比一项指标能提供更明确的,更有价值的信息。同时,权益净利率充分考虑了筹资方式对企业获利能力的影响,因此它所反映的获利能力是企业经营能力、财务决策和筹资方式等多种因素综合作用的结果。

②权益乘数主要受资产负债率影响,反映了企业的筹资状况,即企业资金来源结构如何。负债比率越大,权益乘数越高,偿还债务能力越差,财务风险程度越高,这说明企业有较高的负债程度,可能会给企业带来较多的风险。这个指标同时也反映了财务杠杆对利润水平的影响。财务杠杆具有正反两方面的作用。在收益较好的年度,它可以使股东获得的潜在报酬增加,但股东也要承担因负债增加而引起的风险;在收益不好的年度,则可能使股东潜在的报酬下降。当然,从投资者角度而言,只要资产报酬率高于借贷资

本利息率,负债比率就越高越好。企业的经营者则应审时度势,全面考虑,在制订借入资本决策时,必须充分估计预期的利润和增加的风险,在二者之间权衡,制订正确决策。

③销售利润率反映了企业净利润与销售收入的关系,可以从销售额和销售成本两个方面进行。这方面的分析是有关盈利能力的分析。这个指标可以分解为销售成本率、销售其他利润率和销售税金率。销售成本率还可进一步分解为毛利率和销售期间费用率。深入的指标分解可以将销售利润率变动的原因定量地揭示出来,如售价太低,成本过高,还是费用过大。

④总资产周转率是运用资产以产生销售收入能力的指标,反映了企业的盈利能力及偿债能力。对总资产周转率分析,可以通过对影响资产周转的各因素进行分析,还可以通过对流动资产周转率、存货周转率、应收账款周转率等有关资产组成部分使用效率进行分析,判明影响资产周转的问题出在哪里。

其结构如图 3-3 所示。

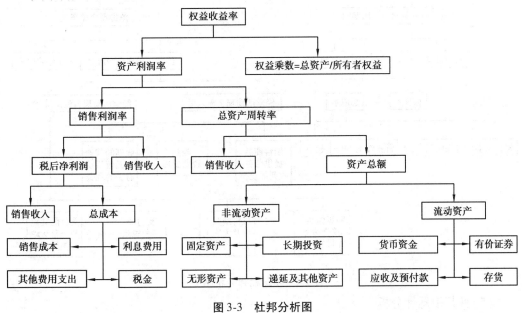

图 3-3　杜邦分析图

在 BIA 系统中,把"杜邦财务体系分析"分为了"传统杜邦体系分析"和"修正杜邦体系分析"。传统杜邦体系存在两个主要缺陷:

一是传统杜邦系统的数据资料仅来源于两大会计报表,反映问题不全面。企业的会计核算信息主要是通过资产负债表、利润表和现金流量表三大报表来反映的。这三张报表分别从不同角度反映了企业的财务状况、经营成果和现金流量。而传统的杜邦系统仅从资产负债表和利润表中取得数据,没有考虑现金流量表,所以不能反映企业在一定时期的现金流入和流出情况。

二是杜邦系统虽然提供了反映企业盈利能力的指标,但没有考虑收益的质量,分析结果往往带有片面性。分析盈利能力的目的是让企业的投资者、管理者及债权人了解企业获取真实利润的能力,从而做出正确的决策。但是杜邦系统中提供的权益利润率、资产净利率、销售净利率以及净利润指标并不一定能够真正反映企业的获利能力,它们只能用于评价企业盈利能力的"数量",而不能用于评价企业盈利能力的"质量"。因此,传统杜邦系统中对获利能力的分析是不客观的。

修正杜邦体系克服了这两项缺陷,引进"盈余现金比率"和"销售现金比率",更加突出了现金流量和收入、利润的质量,能够透过表象揭示出经营过程的本质。修正杜邦分析图如图3-4所示。

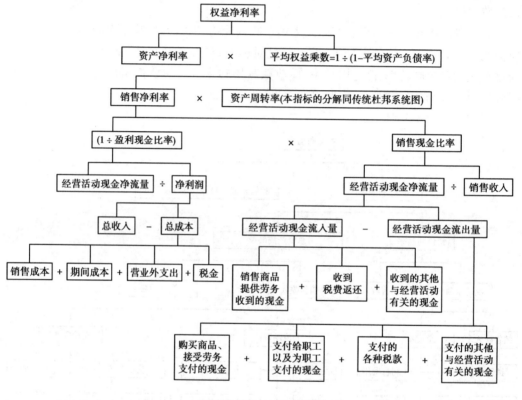

图3-4　修正杜邦分析图

（2）杜邦敏感性分析

在 BIA 系统中,杜邦敏感性分析设置了 20 个分析指标:销售收入、销售成本、经营费用、投资收益、其他净收入、财务费用、税金、流动资产合计、长期资产合计、流动负债合计、长期负债合计、股东权益合计、税后净利润、资产总计、负债合计、股东权益合计、净利润率、资产周转率、资产利润率、权益乘数。选择其中的一个指标,设置所选定指标的"变化率区间",改变其"变化步长",把"指标变化率"分成若干个小区间,相应的"权益收益率变化率"也分成对应的若干个小区间。这样就形成了以"指标变化率"为横坐标,"权益收益率变化率"为纵坐标的杜邦敏感性分析图,通过对这些指标的敏感性分析,就可以判断敏感性指标的变化对"权益收益率变化率"的影响程度,找出最有影响的敏感性指标因素并进行敏感性分析,其目的是:

①找出影响权益收益率变化率的各个敏感性指标。

②通过变动各个敏感性指标的"变化率区间"及选择"变化步长",来分析各个敏感

性指标的变动对权益收益率变化率的影响程度。

③比较各个敏感性指标的变动对权益收益率变化率的敏感性大小,确定不同敏感性指标对权益收益率变化率的敏感性程度的大小并进行排序。

④根据排序结果来分析敏感性程度不同的各个指标对权益收益率产生的影响。

在 BIA 系统中,进行杜邦敏感性分析的步骤为:

①确定分析的敏感性指标。评价杜邦敏感性的指标主要包括销售收入、销售成本、经营费用、投资收益、其他净收入、财务费用、税金、流动资产合计、长期资产合计、流动负债合计、长期负债合计、股东权益合计、税后净利润、资产总计、负债合计、股东权益合计、净利润率、资产周转率、资产利润率、权益乘数。

②选定"选择指标",并设定其"变化率区间"和"变化步长"。

③计算"选择指标"变动对"权益收益率变化率"的影响程度,找出敏感性因素。

④绘制"敏感性分析图",分析出"选择指标"到底对权益收益率产生怎样的影响。

3.1.6　可持续发展分析

可持续发展按国际通行的解释,是既要满足当代人的需求又不损害满足后代人需求的能力。也就是说,既要达到发展经济目的,又要保护好人类赖以生存的大气、淡水、海洋、土地和森林等自然资源和环境;既要安排好当前的发展,又要为子孙后代着想,使我们子孙后代能够永续发展和安居乐业,而绝不能吃祖宗饭,断子孙路。可持续发展的核心是发展,但要求在保持资源和环境永续利用的前提下实现经济和社会的发展。

因此,企业要实现可持续发展,必须在销售额目标与经营效率和财务资源方面搞好平衡,才能保持健康的发展,而不应一味追求增长,结果因为受财务资源的限制而破产。保持公司健康增长的窍门在于确定与公司现实和金融市场状况相符合的销售额增长率,以及在营销、财务和制造方面做出更有根据、更明确的决策。可持续发展模型为决策制订过程提供了一个强有力的计划工具。

可持续增长率(SGR)表示根据经营比率、负债比率和股利支付比率的目标值而得出的企业销售额的最大年增长率。如果实际增长率超过可持续增长率,必定有一些变量脱离目标值,通常是负债比率。

在 BIA 系统中,从静态可持续发展模型、动态可持续发展模型、动态模拟、可持续发展敏感性分析、资金链分析 5 个方面对企业可持续发展进行分析。

1)静态可持续发展模型

模型中假设:未来与过去在资产负债表和经营效果比率方面是精确相似的;企业无外部股权融资;股东权益账户只能通过保留盈余的累计而增加。在静态可持续发展模型中,决定可持续增长率所需的变量有:

$$\frac{A}{S} = \frac{资产总额}{销售额}比率的目标值$$

$$\frac{NP}{S} = 销售净利率的目标值$$

$b=$ 盈利保留比率（$1-b$ 就是股利支付比率）的目标值

$$\frac{D}{Eq}=\frac{\text{负债}}{\text{股东权益比率的目标值}}$$

$S_0=$ 上年度销售收入（基期销售额）

静态可持续发展模型下的可持续增长率（SGR）的计算如下：

$$SGR=\frac{b\left(\frac{NP}{S}\right)\left(1+\frac{D}{Eq}\right)}{\frac{A}{S}-b\left(\frac{NP}{S}\right)\left(1+\frac{D}{Eq}\right)}$$

该公式称为"范·霍恩模型"。其中，SGR 为目标比率相一致的最大销售增长率。通过改变 b 的值来改变预测值。

这就是与目标比率相一致的最大销售额增长率。

2）动态可持续发展模型

模型中假设：变量每年都会发生变化；股东权益的增长和销售额的增长是不平衡的；用股利发放的绝对数来表示股利政策而不是使用股利支付比率；允许在给定年度出售普通股。在模型中引入基期销售额 S_0 和基期股东权益 Eq_0，并将其作为建模基础。

动态可持续发展模型中的下一年的可持续增长率（SGR）的计算如下：

$$GR=\frac{\left(Eq_0+NEWEq-Div\right)\left(1+\frac{D}{Eq}\right)\left(\frac{S}{A}\right)}{1-\frac{NP}{S}}\left(1+\frac{D}{Eq}\right)\left(\frac{S}{A}\right)\left(\frac{1}{S_0}\right)-1$$

其中，$NEWEq$ 是新筹集的权益资本，Div 是年内支付股利的绝对值，$\frac{S}{A}$ 是 $\frac{\text{销售额}}{\text{资产总额}}$ 比率。

模型是在一个变化的环境中一年接一年地产生出可持续增长率，某一年较高的可持续增长率不一定意味着该比率将来也会同样高。实际上，除非其他变量也在向同一方向进一步变化，否则这种高增长率不可能持久。

3）动态模拟

动态模拟除了计算可持续增长率（SGR）、资产/销售收入（A/S）、销售净利润率（NP/S）、负债/股东权益（D/Eq）和盈利保留比率（b）这 5 个指标的模拟值，还可以进行可持续发展比率的因素分析，通过调整"自变量变动率"，可得到对应的因变量变动率。从而可以比较各个指标的重要程度。

4）可持续发展敏感性分析

敏感性分析是指从众多不确定性因素中找出对投资项目经济效益指标有重要影响的敏感性因素，并分析、测算其对项目经济效益指标的影响程度和敏感性程度，进而判断项目承受风险能力的一种不确定性分析方法。其中，敏感系数=目标值变动百分比/参量值变动百分比。

在 BIA 系统中，我们对可持续发展进行敏感性分析，设定 4 个分析指标：资产/销售收入、销售净利润率、负债/股东权益、盈利保留比率,选择其中的一个指标进行敏感性分析,通过改变该指标的"变化率区间"(如:-30% ~ +30%),设定其"变化步长",得到一组随"指标变化率"的变动而变动的"权益收益率变化率"数据,以"指标变化率"作为坐标的横轴,因该指标的变化所引起的"权益收益率变化率"作为坐标的纵轴,这就构成了BIA 系统中的可持续发展敏感性分析图。我们通过这种动态模拟大致可以了解不同的分析指标对可持续发展影响的重要程度,并可对其原因进行进一步分析。

进行可持续发展敏感性分析,其目的是:

①找出影响权益收益率变动率的各个敏感性指标。

②通过变动各个敏感性指标的变化区间及变化步长,来分析各个敏感性指标的变动对可持续发展的影响程度。

③比较各个敏感性指标变动对可持续发展变动的敏感性大小,确定不同敏感性指标对可持续发展的敏感性程度的大小并进行排序。

④根据排序结果来分析敏感性程度不同的各个指标对可持续发展产生的影响,及对原因进行进一步分析。

在 BIA 系统中,进行可持续发展敏感性分析的步骤为:

①确定分析的敏感性指标。评价可持续发展敏感性的指标主要包括资产/销售收入、销售净利润率、负债/股东权益、盈利保留比率。

②选定"选择指标",并设定其"变化率区间"和"变化步长"。

③计算"指标变化率"变动对"权益收益率变动率"的影响程度,找出敏感性因素。

④绘制"敏感性分析图",分析出"选择指标"中各个指标对可持续发展产生怎样的影响。

5) 资金链分析

由于宏观调控、利率因素和企业高速发展都会出现资金链问题,而资金的筹集、资产出售、资产重组等都需要时间,产生时滞。因此资金链一旦出现问题,可能引起资金链断裂、生产经营停滞,这都将直接威胁股东和债权人权益,甚至导致企业崩溃。所以对企业资金链进行分析,防微杜渐,提前预警,是债权人和股东保护自身利益的重要基础。企业资金链分析是将企业可持续发展率和企业实际增长率进行比较,分析企业资金净逆差(顺差)。同时预测企业融资力和资产流动性,全方位分析企业资金链状况。

在 BIA 系统中,通过选择"年度数据"或"全部数据",可以计算出以下指标的数值:

①可持续发展比率

②实际销售收入增长率

③可持续发展比率与实际销售收入增长率的差额

④货币资金与销售收入比

⑤销售收入

⑥现金逆差或现金顺差(现金逆/顺差)

⑦累计现金逆差或累计现金顺差(累计现金逆/顺差)

其中,现金逆/顺差金额=(可持续发展比率-销售收入增长率)×(货币资金/销售收

入)×销售收入

可持续发展率是指企业在现有财务资源的情况下最大可能的增长率,也就是理论上的最大可能增长率。在 BIA 系统中,资金链分析包括资金链分析一和资金链分析二。资金链分析一是可持续发展比率和实际销售收入增长率的比较分析,从两条曲线中可以看出其差额程度及可调节的增长率。如果企业实际销售收入增长率超过可持续增长率,就会透支企业现有的财务资源,出现现金逆差,出现现金逆差并不意味着企业资金链出现问题,主要是企业资金可以在不同会计周期间调节。所以在这里设定资金链分析二也就是当期现金逆/顺差与累计现金逆/顺差的比较分析。当累计逆差达到一定程度,一般情况下(经验数据)累计逆差金额/销售收入大于货币资金/销售收入时,或者累计逆差/销售收入达到50%时,我们就认为企业资金链出现了较大问题。解决资金链问题主要是增加现金流入,包括融资,因此累计现金逆差也可以作为企业需要融资的上限。

6)希金斯可持续发展模型

希金斯可持续增长模型,是制订财务增长战略目标较为有效的方法。它是利用模型寻找一个适当的销售增长平衡点,据此来控制财务增长速度,他们的思路是:负债和权益资本决定了资产所能扩张的速度,而资产扩张的速度反过来又限制规模的增长率,因为规模的扩张必然会引起应收项目、存货、固定资产等的增长。

罗伯特·希金斯从规模的增加等于负债和所有者权益的增加这一角度出发,并假定:①公司可以按照市场条件下允许的增长率进行发展;②管理者不打算发售新股;③公司的资本结构和股利政策保持不变。其建立的模型如下:

$$可持续增长率(g)=股东权益变动值/期初股东权益=P×R×A×T$$

即 $$可持续增长率=利润率×留存收益比率×资产周转率×资产权益比率$$

其中,P——利润率;R——留存收益比率;A——资产周转率;T——资产与期初权益比。

在稳健的财务政策下,可持续增长率与资产收益率呈现线性变动,被希金斯称为"平衡增长线",在平衡增长线上企业增长所需的资金可以通过内部股东权益融资解决,偏离之外的或出现逆差或出现顺差。因此,在计算出可持续增长率之后,就可以利用增长模型对增长进行管理,如图3-5所示。

$$X=营业净利率×资金周全率$$

$$营业净利率=净利润/营业收入净额;资金周转率=营业收入净额/资产总计$$

$$T=X/n \quad n 为期数,为分析的报表日期总数$$

$$R=留存收益率×资产与期初权益比$$

$$留存收益率=(期末股东权益合计-期初股东权益合计)/净利润$$

$$资产与期初权益比=资产总计/期初股东权益合计$$

注:为了合理计算季度值,期初是指上年同期。

平衡增长线=$T×i×R$。i 为期数的每一期,从 1 到 n。从公式可以看出使用年度数据计算比较准确。

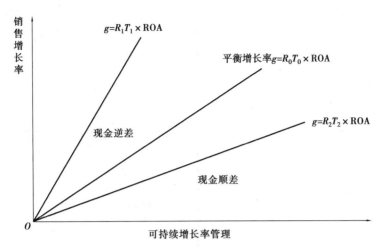

图 3-5　可持续增长率管理图

企业财务战略效果评价模型：

企业市场价值增加值（MVA）是企业全部资产的市场价值与债权人和股东投入企业的资本额之间的差额，表达形式为"MVA = 资产的市场价值 – 占用资本"。而在每个独立时期也可以用经济增加值（EVA）来替代，EVA 是投资的预期收益超过资本成本时才为其所有者创造价值，用下列公式表达：

经济附加值 EVA = 税后净营业利润 –（加权平均资本成本 × 投资资本总额）

其中，税后净营业利润 = 营业利润 + 财务费用 + 投资收益 – EVA 税收调整

这两个指标的意义在于，MVA 或 EVA 为正，表明管理活动创造了企业的价值，否则损害了企业的价值。用这一指标可以评价投资或经营管理是否为企业的价值增值做出了贡献。在 MVA 或 EVA 基础上建立的财务战略矩阵是以业务单元是否能生成资金流，以及创造的现金价值能否保证自我发展为基础建立的，根据能力预测的结果进行动态的选择，从而达成企业战略性可持续发展的目的。它以经济增加值（EVA）、销售收入增长率（g）和自我支持增长率（P）为指标分为四种可能的结果，如图 3-6 所示。

Ⅰ类，在战略管理中可称为"明星"，在此单元虽能给企业带来价值增长，但产生的资金流不足以支撑企业规模扩张增长；Ⅱ类，可称为"现金牛"，此单元不仅企业的价值增长，并且产生的资金流足以满足企业规模扩张；Ⅲ类，可称为"幼童"，此单元中企业产生的资金流虽然在一定程度上可以满足企业规模的扩张，但企业价值并没有增加，出现了下降；Ⅳ类，可称为"瘦狗"，此单元中企业价值不仅不能增加，而且企业产生的资金流不能维持企业业务的发展。相应地，可以采取的对策分别是：对Ⅰ类单元，可采用发行股票或债券进行筹资，从战略高度重视这一单元的业务发展；对Ⅱ类单元，企业可以利用充裕的现金流加大投资和扩张，并且对Ⅰ类业务予以支持；对Ⅲ类单元，应分情况进行分析，对于有市场前景的经营领域可以加大投资，使其尽快转变成为"明星"，但是如果一旦发现该单元不可能成为明星时，应及时采取放弃策略；对Ⅳ类单元，可以采取缩小规模或者直接清算、放弃的策略。

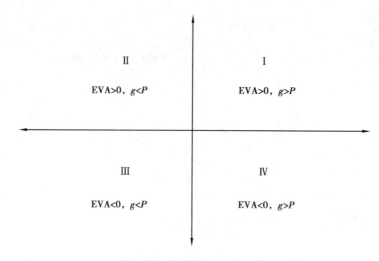

图 3-6　企业财务战略效果评价模型图

3.1.7　企业竞争力分析

企业竞争力是指企业在市场资源配置的不断变化过程中取得有利地位的能力。企业竞争力表现在多方面,如企业产品成本水平的高低、产品特异性程度的大小、企业价格承受能力、企业公关活动的水平、企业促销能力等。核心竞争力是企业生存和发展的关键,企业竞争力分析包括:

1)产品生命周期分析

产品生命周期是指从产品试制成功投入市场开始到全被市场淘汰为止所经历的全部时间过程。产品生命周期是指产品的市场寿命,即是某种产品在市场上存在的时间,其长短受消费需求变化、产品更新换代速度等多种市场因素的影响。

BIA 系统引用了国际通行的生命周期模型,对不同产品销售额、销售利润及销售利润率进行修正指数曲线模型、龚柏兹曲线模型、皮尔曲线模型和波特矩阵分析。以下进行详细的说明。

(1)修正指数曲线模型

一般将产品的生命周期描绘成一条类似 S 形的曲线,包括 4 个阶段:创建期、成长期、成熟期、衰退期,如图 3-7 所示。

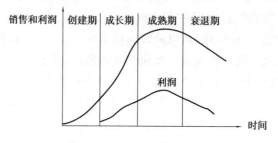

图 3-7　修正指数曲线模型

修正指数曲线模型公式为：

$$Y = b_0 + b_1 e^{b_2 X} + \varepsilon$$

其中, ε 为随机干扰项, 预测中无法估计, 因而常用的预测模型为: $\hat{Y} = L + ab^x$ (其中: L, a, b 是待定的参数, $a<0$, $0<b<1$。 $X \to +\infty$, $Y \to L$, L 是曲线的最大增长值的极限值)。

（2）龚柏兹曲线模型

龚柏兹曲线是一种右极限值的曲线, 如图 3-8 所示。

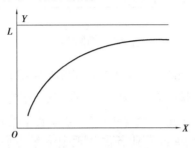

图 3-8　龚柏兹曲线模型

龚柏兹曲线模型公式为：

$$\hat{Y} = L \times a^{bx}$$

其中, L、a、b 为参数, $0<a<1$, $0<b<1$。当 $X \to -\infty$, $Y \to 0$; 当 $X \to +\infty$, $Y \to L$, L 为曲线的上限值。 $X = \dfrac{\ln a}{b}$, $Y = \dfrac{L}{e}$ 处, 曲线由上凹变为下凹, 曲线关于拐点不对称。

（3）皮尔曲线模型

如图 3-9 所示。

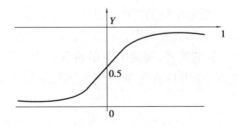

图 3-9　皮尔曲线模型

皮尔曲线模型公式为：

$$\hat{Y} = \frac{L}{1 + ae^{-bX}}$$

其中, L、a、b 是参数, $a>0$, $b>0$。当 $X \to -\infty$, $Y \to 0$; 当 $X \to +\infty$, $Y \to L$, 因此, L 是 Y 的增长上限。曲线在 $X = \dfrac{\ln a}{b}$, $Y = \dfrac{L}{2}$ 处凹向发生变化, 所以, 曲线的上半部和下半部绕拐点对称。

（4）波特矩阵分析

迈克尔波特在其《竞争战略》一书中, 将影响企业竞争力的因素, 或者影响某行业竞争状态的基本力量, 归纳为 5 个方面, 即行业内现有企业间的竞争、潜在的参加竞争者、替代产品生产者、购买者、企业供应者。这5种力量是决定行业竞争强度和行业获利能力的基本力量,5种力量的综合决定着该行业的最终利润水平和利润趋势,如图3-10所示。

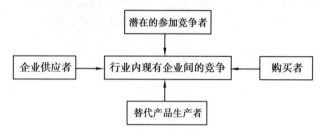

图3-10　行业竞争状态的基本力量

波士顿矩阵是美国波士顿咨询公司(BCG)在1960年为一家造纸公司而提出的一种投资组合分析方法。这种方法是把企业生产经营的全部产品或业务组合作为一个整体进行分析,常用来分析企业相关经营业务之间现金流量的平衡问题。通过这种方法,企业可以找到企业资源的产生单位和这些资源的最佳使用单位。波特矩阵横轴表示企业在产业中的相对市场占有率,是指企业某项业务的市场份额与这个市场上的竞争地位。相对市场份额的分界线为1.0—1.5,划分为高、低两个区域。纵轴表示市场增长率,是指企业所在产业某项业务前后两年市场销售额增长的百分比。这一增长率表示每项经营业务所在市场的相对吸引力。通常用10%平均增长率作为增长高、低的界限。图中纵坐标与横坐标的交叉点表示企业的一项经营业务或产品,而圆圈面积的大小表示该业务或产品的收益与企业全部收益的比值大小。根据有关业务或产品的产业市场增率和企业相对市场份额标准,波特矩阵可以把企业全部的经营业务定位在4个区域中,分别为:

第一区域高增长——强竞争地位的"明星"业务。这类业务处于迅速增长的市场,具有很大市场份额。在企业的全部业务当中,"明星"业务的增长和获利有着极好的长期机会,但它们是企业资源的主要消费者,需要大量的投资。为了保护和扩展"明星"业务在增长的四厂商中的主导地位,企业应在短期内优先供给它们所需的资源,支持它们继续发展。

第二区域高增长——低竞争地位的"问题"业务。这类业务通常处于最差的现金流量状态。一方面,所在产业的市场增长率高,企业需要大量的投资支持其生产经营活动;另一方面,其相对份额地位低,能够生成的资金少。因此,企业对于"问题"业务的进一步投资需要分析,判断使其转移到"明星"业务所需要的投资量,分析其未来盈利,研究是否值得投资等问题。

第三区域低增长——强竞争地位的"现金牛"业务。这类业务处于成熟的低速增长的市场中,市场地位有利,盈利率高,本身不需要投资,反而能为企业提供大量资金,用以支持其他业务的发展。

第四区域低速增长——低竞争地位的"瘦狗"业务。这类业务处于饱和的市场当中,竞争激烈,可获利润很低,不能成为企业资金的来源。如果这类经营业务已经彻底失败,企业应及早采取措施,清理业务或退出经营。

以上 4 个区域的分布如图 3-11 所示。

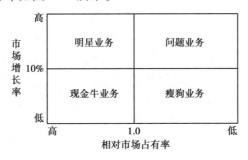

图 3-11　波士顿矩阵图

2）竞争力分析

竞争力分析是企业成长发展过程中的一种生存能力。它有长期与短期之分,只要是持续性发展、持续性生存,这个企业的竞争力肯定好。竞争力是一个过程函数。在竞争力分析的时候,它选取的是某一点,而总的竞争力分析是一个全过程,是一段时间。因此竞争力分析在选取数据的时候只选取在企业正常经营过程中某一段某一点的时间。

在 BIA 系统中,竞争力分析默认的评价指标有 8 个:资产总计、主营业务收入净额、经济增加值(EVA)、资产负债率、流动比率、权益收益率、经营资产收益率、净现金流量。当然,用户也可以根据自己的需要更改评价指标,一般情况下,财务指标是越大越好,但也有一些指标是越小越好,如资产负债率等。在 BIA 系统中,赋予各指标权重及行业最大、最小值,就可以计算出企业竞争力指标。

3）竞争力走势

在 BIA 系统中,通过对竞争力评价指标的分析,就可以计算出企业的竞争力系数。其原理为:首先运用(企业实际值-行业最小值)/(行业最大值-行业最小值)的公式计算出单指标数据,然后根据权重进行加权平均,得出总的竞争力系数。最后,在 BIA 系统中,会生成以"报表日期"为横坐标,以"竞争力指数"为纵坐标的"企业竞争力趋势图"。

4）竞争力比较

在 BIA 系统中,通过对竞争力评价指标的分析,我们可以比较同一行业中不同企业竞争力的大小,选中要比较的对象,通过两种形式进行比较:一是按企业竞争力表中的数据进行比较;二是通过计算企业竞争力指数进行比较。

3.1.8　经济增加值(EVA)分析

"经济增加值"(简称 EVA,EVA 是经济增加值英文名称的缩写,其全称为"Economic Value Added"),理论源于诺贝尔经济学奖得主默顿·米勒和弗兰克科·莫迪利亚尼1958 年至 1961 年关于公司价值经济模型的一系列论文。所谓"经济增加值"(EVA),就是指在考虑了资本投资风险的基础上,企业创造了高于资本机会成本的经济收益。EVA越高,企业为股东带来的资本收益也就越高,EVA 直接反映了企业的资本生产力和经济效益。EVA 也可以理解为企业税后营业净利减去企业现有资产经济价值的机会成本后的余额。它与传统财务指标比较,具有非常明显的优点:EVA 考虑了资本成本,从而真正以股东财富(所有者财富)的增加来衡量企业的经营业绩。

EVA 是公司业绩的一个重要的综合性评价指标,它表明了公司在稀缺资源的分配、管理和再分配以实现公司的净现值,进而使股东财富实现最大化方面取得了怎样的成功。同时,它也表明了公司长期发展趋势是怎样的,因为市值反映的是对公司未来盈亏状况的预期,好的公司管理者能够使公司的经济增加值持续增长。

利用 EVA 评价企业,可有效地衡量企业经营过程中财富的增量或者资本的沉积;利用 EVA 解析企业财富,可以区分是财富创造还是财富损失,据此合理分配财富、激发经营者创造财富的积极性,让所有者不担心财富流失;EVA 观念的树立可改善公司治理结构,有利于克服我国企业不重视创新和技术进步的缺点,激发企业经济的活力。下面我们进行详细的分析:

1)结构分析

管理大师彼德·德鲁克认为,作为一种度量全要素生产率的关键指标,EVA 反映了管理价值的所有方面。从最基本的意义上说,EVA 是公司业绩度量指标。与大多数其他度量指标的不同之处在于,EVA 考虑了带来企业利润的所有资金的成本,EVA 所考虑的资金成本就是经济学家所说的机会成本(OC),而这种机会成本是指投资者由于持有现有的公司证券而放弃的,在其他风险相当的股票和债券上的投资所预期带来的回报。因此,EVA 就是真正利润的度量指标,从数字的角度来说则是 EVA=NOPAT-C%(TC)。其中,NOPAT 是税后净经营利润,C% 是资金成本系数,TC 是使用的全部资金。

在 BIA 系统中,用公式表示为:

$$EVA = 税后净营业利润 - 资本成本$$
$$= 税后净营业利润 - (资本总计 \times 加权平均资本成本)$$

其中, 税后净营业利润 = 营业收入净额 - 营业费用 - 税金

营业费用 = 营业成本 + 销售管理等费用

资本总计 = 调整债务金额 + 调整权益金额

调整债务金额 = 借款 + 其他应计债务 = 短期借款 + 长期借款 + 其他应计债务

调整权益金额 = 股东权益 + 各种准备金 + 递延税项净值

加权平均资本成本 = 税前债务资本成本 × (债务额/总资本) × (1 - 所得税税率) +

权益资本成本 × (股票额/总资本)

EVA 不仅是一种有效的公司业绩度量指标,还是一个全面财务管理的架构,是经理人和员工薪酬的激励机制,是决策与战略评估,资金运用,兼并或出售定价的基础理念。将 EVA 价值与业绩考核挂钩,就构成了 EVA 管理模式。

2)敏感性分析

EVA 敏感性分析是指分析某一指标不同的变化区间对 EVA 的影响程度。其中,敏感系数 = 目标值变动百分比/参量值变动百分比。

在 BIA 系统中,我们对 EVA 进行敏感性分析,设定 22 个分析指标:税后净营业利润、资本总计、加权资本成本、营业收入净额、营业费用、税金、调整债务金额、调整权益金额、无风险报酬率、平均利息率、营业成本、销售管理等费用、借款、其他应计债务、贝塔系数、税率、短期借款、长期负债、股东权益、各种准备金、递延税项净值和市场风险溢价,选择其中的一个指标进行敏感性分析,通过改变该指标的"变化率区间"(如:-30% ~ +30%),设定其"变化步长",得到一组随"指标变化率"的变动而变动的"EVA 变化率"数据,以"指标变化率"作为坐标的横轴,以该指标的变化所引起的"EVA 变化率"作为坐标的纵轴,这就构成了 BIA 系统中的 EVA 敏感性分析图。我们通过这种动态模拟大致可以了解不同的分析指标对 EVA 影响的重要程度,并可对其原因进行进一步分析。

进行 EVA 敏感性分析,其目的是:

①找出影响 EVA 变动率的各个敏感性指标。

②通过变动各个敏感性指标的变化区间及变化步长,来分析各个敏感性指标的变动对 EVA 的影响程度。

③比较各个敏感性指标变动对 EVA 变动的敏感性大小,确定不同敏感性指标对 EVA 的敏感性程度的大小并进行排序。

④根据排序结果来分析敏感性程度不同的各个指标对 EVA 产生的影响,及对原因进一步分析。

在 BIA 系统中,进行 EVA 敏感性分析的步骤为:

①确定分析的敏感性指标。评价 EVA 敏感性的指标主要包括税后净营业利润、资本总计、加权资本成本、营业收入净额、营业费用、税金、调整债务金额、调整权益金额、无风险报酬率、平均利息率、营业成本、销售管理等费用、借款、其他应计债务、贝塔系数、税率、短期借款、长期负债、股东权益、各种准备金、递延税项净值和市场风险溢价。

②选定"选择指标",并设定其"变化率区间"和"变化步长"。

③计算"指标变化率"变动对"EVA 变动率"的影响程度,找出敏感性因素。

④绘制"敏感性分析图",分析出"选择指标"中各个指标对 EVA 产生怎样的影响。

3)趋势分析

在 BIA 系统中,根据所选择的"报表日期",以及前面对 EVA 的结构分析指标,系统生成以"报表日期"为横坐标,以"当期 EVA"和"累计 EVA"为纵坐标,形成"EVA 趋势分析图"。通过趋势分析图,可以很容易地看出 EVA 在当期和累计值的变化情况及两者的差额情况。

4)分析报告

以 EVA 应用作为核心业务的美国思腾思特财务咨询公司提出了帮助管理人员在决策过程中运用 EVA 的两条基本财务原则。第一条原则是任何公司的财务指标必须最大程度地增加股东财富;第二条原则是一个公司的价值取决于投资者的利润是超出还是低于资本成本的预期程度。由此可见,EVA 的可持续性增长将会带来公司市场价值的增值。

因此在 BIA 系统中,我们通过"选择自变量变动率",并在对 EVA 结构分析和敏感性分析的基础上,生成"EVA 体系结构图"和"EVA 因素分析表",就可以了解全部指标在某一时点的影响程度,以及在"自变量变动率"相同的情况下,所引起的"因变量的变动率"的大小及影响程度。

5)国务院国有资产监督管理委员会(国资委)EVA

国资委经济增加值(EVA)是指企业税后净营业利润减去资本成本后的余额,其计算公式为:经济增加值=税后净营业利润-资本成本=税后净营业利润-调整后资本×平均资本成本率。其中,税后净营业利润=净利润+(利息支出+研究开发费用调整项-非经常性收益调整项×50%)×(1-25%);调整后资本=平均所有者权益+平均负债合计-平均无息流动负债-平均在建工程;资本成本率原则上定为 5.5% ,而对于承担国家政策性任务较重且资产通用性较差的企业,资本成本率定为 4.1% ;对于资产负债率在 75% 以上的工业企业和资产负债率在 80% 以上的非工业企业,资本成本率上浮 0.5% ;资本成本率确定后,三年保持不变。

其中,非经常性收益调整项包括:

①变卖主业优质资产收益:减持具有实质控制权的所属上市公司股权取得的收益(不包括在二级市场增持后又减持取得的收益);企业集团(不含投资类企业集团)转让所属主业范围内且资产、收入或者利润占集团总体 10% 以上的非上市公司资产取得的收益。

②主业优质资产以外的非流动资产转让收益:企业集团(不含投资类企业集团)转让股权(产权)收益,资产(含土地)转让收益。

③其他非经常性收益:与主业发展无关的资产置换收益、与经常活动无关的补贴收入等。

考虑财务报表的内容和国内相关研究成果。见《现代商贸工业》2011 年 10 期《国资委 EVA 考核环境下非经常性收益调整探析》,实际公式如下:

税后净营业利润=净利润+(利息支出+研究开发费用调整项+营业外支出-营业外收入-补贴收入)×(1-25%)

3.1.9 自由现金流量分析

自由现金流量等于经营活动净现金流量减去用于保持当前增长率所需的现金支出。由于有真实的现金支出,自由现金流量不受会计方法的影响,也会更少地受到企业操纵,因而具有较好的分析功能。

在 BIA 系统中,分析和计算自由现金流量时,要建立自由现金流量动因树,计算过度销售成本和过度经营费用,使用户在运用自由现金流量的同时,了解"企业脂肪"的厚度,为企业"减肥消脂"(清楚不合理的成本费用)提供可靠的数字依据。同时还建立了自由现金流量组合和乘数,并进行了组合比较、动态模拟和敏感性分析。通过动态模拟和敏感性分析确定自由现金动因的主要因素,并声称因素分析报告。主要指标也通过自定义形式建立了自定义财务比率指标,可应用系统的其他功能工具进行更深入分析。

自由现金流量要通过计算以下 12 项指标,逐层得出(a. 是指计算年,b. 是指计算年前一年,c. 是指计算年前两年):

①管理费用和销售费用比重:(a. 销售费用+a. 管理费用)/a. 主营业务收入净额

②管理费用和销售费用平均比重:(((a. 销售费用+a. 管理费用)/a. 主营业务收入净额)+((b. 销售费用+b. 管理费用)/b. 主营业务收入净额)+((c. 销售费用+c. 管理费用)/c. 主营业务收入净额))/3

③过度费用率:(case when(a. 管理费用和销售费用比重-a. 管理费用和销售费用平均比重)>0 then(a. 管理费用和销售费用比重-a. 管理费用和销售费用平均比重)else 0 end) as 过度费用率

④过度经营费用:(case when(b. 过度费用率)>1 then a. 主营业务收入净额×0.2 else(a. 主营业务收入净额×b. 过度费用率×0.2)end) as 过度经营费用

⑤过度销售成本:(case when(b. 过度销售成本率)>1 then a. 主营业务收入净额×0.2 else(a. 主营业务收入净额×b. 过度销售成本率×0.2)end) as 过度销售成本

⑥过度销售成本率:(case when(a. 销售成本比重-a. 销售成本平均比重)>0 then(a. 销售成本比重-a. 销售成本平均比重)else 0 end) as 过度销售成本率

⑦过度资本支出:(case when(b. 过度资本支出率)>1 then a. 构建固定资产无形资产和其他长期资产所支付的现金 else(a. 构建固定资产无形资产和其他长期资产所支付的现金×b. 过度资本支出率)end) as 过度资本支出

⑧过度资本支出率:(case when(a. 资本支出平均增长率-a. 销售成本平均增长率)>0 then(a. 资本支出平均增长率-a. 销售成本平均增长率)else 0 end) as 过度资本支出率

⑨销售成本比重:a. 主营业务成本/a. 主营业务收入净额

⑩管理费用和销售费用平均比重:(((a. 销售费用+a. 管理费用)/a. 主营业务收入净额)+((b. 销售费用+b. 管理费用)/b. 主营业务收入净额)+((c. 销售费用+c. 管理费用)/c. 主营业务收入净额))/3

⑪销售成本平均增长率:(((b. 主营业务成本-a. 主营业务成本)/a. 主营业务成本)+((c. 主营业务成本-b. 主营业务成本)/b. 主营业务成本))/2

⑫资本支出平均增长率:(((b. 构建固定资产无形资产和其他长期资产所支付的现金-a. 构建固定资产无形资产和其他长期资产所支付的现金)/a. 构建固定资产无形资产和其他长期资产所支付的现金)+((c. 构建固定资产无形资产和其他长期资产所支付的现金-b. 构建固定资产无形资产和其他长期资产所支付的现金)/b. 构建固定资产无形资产和其他长期资产所支付的现金))/2

⑬自由现金流量:(a. 经营活动产生的现金流量净额-b. 过度资本支出-b. 过度销售成本-b. 过度经营费用) as 自由现金流量

1)标准资产负债表

标准资产负债表反映一定时期公司的投资结构。所有者权益是资产与负债的差额,资产为股东所有,负债为债券人所有。这种报表从会计角度反映投资状况。但是对于营业主管人员,标准资产负债表不能准确地评价他们对公司业绩的贡献。比如应付账款,被列为负债,因为所有权在供应商手中。但是大多数经营主管把它们与列在资产栏中的应收账款和存货一同视为自己的责任。可见,把应付账款和存货结合起来比把它们归入负债,与长短期借款共同考虑的管理方式更具管理意义。后两者属于财务主管的责任范围。

管理资产负债表主要用于公司的流动性管理和构建、评价公司的融资战略。因为公司资产的流动性是由资产负债结构决定的,即由资产的种类、结构以及它们的筹资渠道决定。重新构造资产负债表(建立管理资产负债表)使其更强调管理者关注的营业和筹资,从而可以从资金结构、营业周期、行业特点、管理效率各方面分析和评价公司经营效率。

2)新型流动性测算方法和经营效率评价

传统的流动性分析通常是计算和分析"净营运资本""流动比率"和"速动比率"。净营运资本是指流动资产与流动负债的差额。其理论基础是:如果净营业资本需求很高,那么公司在流动负债拖欠时,就可以卖掉流动资产来补偿。但是我们要评价的是公司持续的现金偿还能力,而不是拖欠时能否补偿。因此其具有局限性。我们在这里使用了一个新的概念——"净营运资本需求",即长期融资减固定资产净额,这更具有清晰的经济意义,因为它表明净营运资本需求是长期融资决策的一个结果,而不是短期经营决策所决定的。虽然在大多数情况下它们的计算结构是一致的,但是通过财务模型构建去分析其构成因素,往往比结构更为重要(自定义财务模型构建)。

流动比率是流动资产和流动负债的比率。它的局限在于:如果客户尽可能晚地付货款;公司尽可能多地持有存货都会增加流动资产,而公司尽可能早地付款给供应商也会减少负债,这都会增加流动比率,但是公司的流动性其实并没有提高。因此在许多时候流动比率并不是一个可靠的方法。

速动比率是对流动比率的修正,它从流动资产中减去流动性并不太强的存货和预付账款。一方面,这是一个进步,但是它仍然停留在短期经营决策上,而不是从持续经营的角度考虑;另一方面,存活的流动性在很多时候并不比应收账款差。因而这也是速动比率的局限。

我们在系统中根据美国财务专家加布里埃尔和维埃里的研究,运用"管理资产负债表"的工具更好地进行流动性分析和经营效率评价①。

3)最新现金流量分析指标

表 3-1 现金流量分析指标

类别	指标	分子	分母
现金流量结构分析			
总结构分析			

---

① 哈瓦维尼,维埃里.高级经理财务管理:创造价值的过程[M].孔宁宁,译.4版.北京:机械工业出版社,2017.

类别	指标	分子	分母
	经营活动比重	经营活动净现金流量	净现金流量
	投资活动比重	投资活动净现金流量	净现金流量
	筹资活动比重	筹资活动净现金流量	净现金流量
流入结构分析			
总流入结构分析			
	经营活动流入比重	经营活动流入	总流入
	投资活动流入比重	投资活动流入	总流入
	筹资活动流入比重	筹资活动流入	总流入
流出结构分析			
总流出结构分析			
	经营活动流出比重	经营活动流出	总流出
	投资活动流出比重	投资活动流出	总流出
	筹资活动流出比重	筹资活动流出	总流出
流入流出比分析			
	经营活动流入流出比	经营活动流入	经营活动流出
	投资活动流入流出比	投资活动流入	投资活动流出
	筹资活动流入流出比	筹资活动流入	筹资活动流出
现金流量流动性分析			
	现金到期债务比	经营活动净现金流量	本期到期债务
	现金流动负债比	经营活动净现金流量	流动负债
	现金债务总额比	经营活动净现金流量	债务总额
获取现金能力分析			
	销售现金比率	经营活动净现金流量	主营业务收入
	每股经营现金	经营活动净现金流量	普通股股数
	总资产现金回收率	经营活动净现金流量	资产总计
财务弹性分析			
	现金投资比率	经营活动净现金流量	投资净支出
	利息现金保障倍数	经营活动净现金流量	利息支出
收益质量分析			
	运营指数	净利润	经营活动净现金流量

3.1.10　经营协调性分析

企业经营协调性的分析,是希望找到企业资金占用和资金来源之间相互协调的数量关系,以确保企业持续、快速、健康的发展。

企业的经营协调,从财务角度来看,是指企业经营业务的各个环节,包括投资、融资、生产、采购、销售、资金支付和结算等环节,其资金占用和资金来源之间的相互协调。这种协调,从资金的角度来看,是企业各个环节的资金占用和资金来源在时间上和数量上的相互协调。这种协调,不但要求在某一时点上保持静态的协调,而且要求在某一期间保持动态的协调。如果不协调,在日常工作中就会表现为资金紧张。那么,企业在哪个经营环节出现了资金的不协调,资金缺口为多少,通常没有一个准确的数量概念。对企业经营协调性的分析,是希望找到企业资金占用和资金来源之间相互协调的数量关系,明确了这些数量关系,便可确保企业持续、快速、健康的发展[①]。

公式为:

$$营运资本=非流动负债-非流动资产$$

营运资金需求=(应收账款+预付款+其他应收款+存货+待摊费用)-

$$(应付账款+预收账款+其他应付款+应付工资+应交税金+预提费用)$$

$$现金支付能力=营运资本-营运资金需求$$

企业经营协调的几种分类:

根据企业投资、融资和经营活动的协调情况,我们可以将企业的经营协调状态分为以下 6 种情况。

①协调且有支付能力:现金支付能力>0,营运资金需求>0,营运资本>0 并且>营运资金需要。

②资金大量富裕:现金支付能力>0,营运资金需求<0,营运资本>0。

③协调但风险较大:现金支付能力>0,营运资金需求<0,营运资本<0 并且绝对值小于营运资金需要的绝对值。

④不协调:现金支付能力<0,营运资金需求<0,营运资本<0 并且绝对值大于营运资金需要的绝对值。

⑤协调但有支付困难:现金支付能力<0,营运资金需求>0,营运资本>0 并且<营运资金需要。

⑥严重不协调:现金支付能力<0,营运资金需求>0,营运资本<0。

3.1.11　盈余质量分析

随着公司进行盈余管理,利润操纵的情况越来越普遍,盈余管理和盈余质量分析问题受到了各方的关注。

本系统提供了测量盈余管理和盈余质量分析的 4 种模型,包括琼斯(Jones)模型、扩展琼斯模型、K-S(Kang and Sivaramakrishnan)模型、边际模型。

琼斯模型和边际模型明确地将经济环境的变化引入了对应计利润的估计。琼斯模型提供了可靠的估计,并能有效地用于假设检验。琼斯模型和边际模型都有很好的预测

---

①　张金昌.企业经营协调性分析[J].会计之友,2004(5):9-11.

能力,琼斯模型在识别收入操纵和费用操纵方面能力较强,而边际模型在公司出现异常经营活动现金流量时预测的应计利润更为准确。但这两种模型对数据的要求较高,需要10年以上的时间序列数据来估计模型的参数。K-S模型是一种比较精确的预测模型,它的拟合效果最好。但K-S模型的计算比较繁琐,对数据的要求非常高,所有涉及的变量都要求有二阶滞后值作为工具。

1)琼斯(Jones)模型

$$\frac{ETA_{it}}{A_{i(t-1)}} = \frac{b_0}{A_{i(t-1)}} + \frac{b_1 \Delta REV_{it}}{A_{i(t-1)}} + \frac{b_2 PPE_{it}}{A_{i(t-1)}} + \varepsilon_{it}$$

其中,ETA_{it}为i公司经过第t年的上期期末总资产调整后的正常性应计利润;ΔREV_{it}为i公司第t年营业收入的增加额;PPE_{it}为i公司第t年固定资产总额;b_0为常数项;b_1、b_2分别为营业收入和固定资产的回归系数;$A_{i(t-1)}$为i公司第$t-1$年的资产总额。

2)扩展琼斯模型

$$\frac{ETA_{it}}{A_{i(t-1)}} = \frac{b_0}{A_{i(t-1)}} + b_1 \left(\frac{\Delta REV_{it}}{A_{i(t-1)}} - \frac{\Delta REC_{it}}{A_{i(t-1)}} \right) + b_2 \frac{FA_{it}}{A_{i(t-1)}} + b_3 \frac{IA_{it}}{A_{i(t-1)}}$$

其中,ETA_{it}为i公司经过第t年的上期期末总资产调整后的正常性应计利润;ΔREV_{it}为i公司第t年营业收入的增加额;ΔREC_{it}为i公司第t年的应收账款变动额;FA_{it}为i公司第t年的财产、厂房和设备,即固定资产;IA_{it}为i公司第年的无形资产和其他长期资产;$A_{i(t-1)}$为i公司第$t-1$年的资产总额。

3)K-S(Kang and Sivaramakrishnan)模型

$$\frac{ACCBAL_t}{A_{t-1}} = b_0 + b_1 \frac{REV_t}{A_{t-1}} \left(\frac{ART_{t-1}}{REV_{t-1}} \right) + b_2 \frac{EXP_t}{A_{t-1}} \left(\frac{OCAL_{t-1}}{EXP_{t-1}} \right) + b_3 \frac{PPE_t}{A_{t-1}} \left(\frac{DEP_{t-1}}{PPE_{t-1}} \right)$$

其中,$ACCBAL$=流动资产-现金-流动负债-折旧费用;REV_t为第t年营业收入;$OCAL$=流动资产-应收账款-现金-流动负债;DEP为损益表中的折旧费用;ART=应收账款-退税收入;EXP为成本费用,主要为经营费用,包括经营成本、销售或营业费用和管理费用;b_0为常数项;b_1,b_2,b_3为回归系数。损益表中年折旧费用按照固定资产净值的15%进行估算。

4)调整K-S模型

K-S模型看似复杂,其实思想非常简单。该模型的内在假设相当于:对每个公司来说,在当期和上一期间,其销售收入与应收款项之间、成本费用与存货及应付款项之间、折旧摊销与财产、厂房和设备之间的比率关系保持稳定。这样,公司的应计利润余额就主要由销售收入、成本费用和固定资产来决定。

根据相关研究,由于时间序列模型在中国股票市场还不适用,我们根据K-S模型的建模思想,对K-S模型进行调整,将其改为截面模型,并将其内在假设改变为:在同一行业内,不同公司具有类似的应收账款周转率、存货和应付账款周转率以及固定资产折旧率①。这样,我们就可以使用截面数据对公司的正常性应计利润进行估计,模型如下:

$$\frac{ETA_t}{A_{t-1}} = b_0 + b_1 \frac{REV_t}{A_{t-1}} + b_2 \frac{COST_t}{A_{t-1}} + b_3 \frac{PPE_t}{A_{t-1}}$$

其中,ETA 是经过上期期末总资产调整后公司 i 的正常性应计利润,REV_i 是公司 i 当期营业收入,$COST$ 是公司 i 当期营业成本,PPE 是公司 i 当期期末固定资产合计,A 是公司 i 上期期末总资产,b_0 为常数项;b_1,b_2,b_3 为回归系数是行业特征参数。这些行业特征参数的估计值根据普通最小二乘法估算(OLS),并带入各个公司数据或时间序列数据。

5)边际模型

$$\frac{ETA_t}{A_{t-1}} = b_0 + b_1 \frac{REV_t}{A_{t-1}} + b_2 \frac{CR_t}{A_{t-1}}$$

其中,ETA 为经过上期期末总资产调整后的公司 i 的正常性应计利润;REV_t 为第 t 年营业收入;CR_t 为营业收入与应收账款之差;b_0 为常数项;b_1、b_2 为回归系数。

从理论上讲,残差是回归方程的随机项,其均值应等于零,如果其值显著地异于零,则说明存在异常的操控性应计利润,即存在盈余管理行为。

以上模型除传统 K-S 模型外,都要通过计算出 $\frac{ETA_t}{A_{t-1}}$。正常性应计利润即 ETA 的计算有两种方式:一种是针对美国市场的盈余管理研究常用的,即 $GA = EBXI - CFO$,其中 GA 代表线下项目前总应计利润,$EBXI$ 为经营利润,CFO 为经营活动净现金流量;另一种将线下项目也包括在总应计利润中,即使用 $TA = NI - CFO$,其中 TA 代表线下项目的总应计利润,NI 为净利润,CFO 为经营活动净现金流量。为了表述方便,在下面估计正常性应计利润的模型表述中,我们将这两种方法计算的总应计利润,也就是 TA 和 GA 统称为 ETA。

通过以上公式,得出回归系数,再将系数带入原始数据,得出各时间序列或各企业(行业截面分析)的正常应计利润 $\frac{NDA}{A}$。然后用 $\frac{ETD}{A} - \frac{NDA}{A}$。则得出 $\frac{DA}{A}$,$\frac{DA}{A}$ 为经过上期资产总计修正的操纵性利润,如果乘以上期资产总计,则为操纵性利润。$\frac{DA}{A}$ 经过上期资产总计修正,是一个相对指标,因此各个公司之间具有可比性。通常的 DA 就是指 $\frac{DA}{A}$。很多论文都是计算出 DA 以后,再以 DA 作为变量和其他变量进行比较建模。

回归我们系统中包括两种:一是普通最小二乘多元(OLS);二是多元岭回归。多元岭回归不带有常数项 b_0,满足特定要求的计算。

---

① 夏立军. 盈余管理计量模型在中国股票市场的应用研究[J]. 中国会计与财务研究,2003,5(2):61.

3.1.12　资本结构分析

资本结构是企业各种资本的价值构成及其比例,反映企业债务与股权的比例关系,它在很大程度上决定着企业资本运作和偿债、再融资能力,是企业财务状况的一项重要指标。资本结构分析包括 3 部分。

1) 资本结构与现金流量分析

以经营现金流量衡量资本结构,动态分析不同条件下资本结构对现金流量的影响;在这里,BIA 系统采用了简化自由现金流量计算公式,即

简化自由现金流量:

((a. 净利润+a. 累计折旧/10+CASE WHEN a. 财务费用 > 0 THEN (0.8×a. 财务费用) ELSE 0 END)−(((a. 流动资产合计−a. 货币资金−a. 交易性金融资产−a. 短期投资)−(a. 流动负债合计−a. 交易性金融负债−a. 一年内到期的非流动负债))−((b. 流动资产合计−b. 货币资金−b. 交易性金融资产−b. 短期投资)−(b. 流动负债合计−b. 交易性金融负债−b. 一年内到期的非流动负债))))−(a. 固定资产合计−b. 固定资产合计)

其中,a. 是指计算年;b. 是指计算年前一年。

2) M&M 模型和 Miller 模型

系统应用 M&M 模型和 Miller 模型测算不同税收条件下资本结构与企业价值的关系,分析资本结构的价值构成。

为了推导的方便,定义如下一组符号。

r_U:无杠杆条件下的资本成本,在本例中为 10%。

r_L:杠杆条件下的资本成本,会随着资本结构而变化。

r_E:权益成本,即权益收益率,会随着资本结构而变化。

r_D:债务成本,即债务利率,在本例中为 8%。

E:权益,市场价值会随着资本结构而变化。

D:债务,市场价值等于账面价值,本例中为 5 000 万元。

T_C:公司所得税率,在本例中为 30%。

T_{PE}:个人权益所得税率,在本例中为 10%。

T_{PD}:个人利息所得税率,在本例中为 20%。

V_U:非杠杆企业价值,在本例中为 1 亿元。

V_L:杠杆企业价值,会随着资本结构而变化。

首先考虑只有公司所得税的情况。

根据 DCF 原理,企业的价值等于其自由现金流量 FCF 按资本成本 $WACC$ 贴现。

$$V_U = PV_{WACC}(FCF) = \sum_{i=1}^{\infty} \frac{FCF_i}{(1 + r_U)^i}$$

当未来 FCF 保持固定不变时,上式可以简化为:

$$V_U = \frac{FCF}{r_U}$$

在本示例中,无杠杆条件下企业的资本成本为 10% , FCF 为 1 000 万元,则企业的价值为 1 000÷10% = 1 亿元。

当企业的资本结构改变,包括 5 000 万元债务时,则企业的价值等于无杠杆时的价值加上税盾的价值,税盾的价值等于每年由税盾产生的现金流量按债务成本即利息贴现。

$$V_L = V_U + PV_{r_D}(T_C \cdot r_D \cdot D) = V_U + \sum_{i=1}^{\infty} \frac{T_C \cdot r_D \cdot D}{(1+r_D)^i} = V_U + T_C \cdot D \qquad (3.1)$$

在本示例中,公司所得税税率为 30% ,债务为 5 000 万元,则有杠杆时的企业价值 V_L 为:

10 000+30%×5 000 = 11 500 万元。在任何情况下都有下式成立:

$$V = E + D$$

由此可以得到有杠杆时权益的市场价值 E 为 11 500−5 000 = 6 500 万元。当只有公司所得税时,流向股东的现金流量为 720 万元,由此,可以计算出权益成本 r_E 为:

$$720 \div 6\ 500 = 11.08\%$$

在此基础上计算有杠杆条件下的资本成本 r_L :

$$r_L = r_E \frac{E}{D+E} + r_D \cdot (1-T_C) \cdot \frac{D}{D+E}$$

将前面的数据代入,得到 r_L 为:

11.08%×6 500÷11 500+8%×(1−30%)×5 000÷11 500 = 8.70%

将上述讨论概括一下可以得到这样的结论当存在公司所得税时,有杠杆的企业价值要高于无杠杆时的企业价值,高出部分等于税盾按照债务成本贴现的现值。在使用杠杆以后,权益成本和资本成本均有所下降。

下面不经推导给出有公司所得税条件下的权益成本计算公式,即所谓 M&M 模型:

$$r_E = r_U + (r_U - r_D) \cdot (1-T_C) \cdot \frac{D}{E} \qquad (3.2)$$

用本例中的数据验证一下:

$$r_E = 10\% + (10\% - 8\%) \times (1-30\%) \times 5\ 000 \div 6\ 500 = 11.08\%$$

用有杠杆的资本成本将自由现金流量贴现求出企业的价值为:

1 000÷8.70% = 11 500 万元

在上述分析的基础上,可以很容易的计算出无税收条件下的情况。当不存在任何税收时,由于没有税盾,所以无论有无杠杆企业的价值都是 1 000÷10% = 10 000 万元,权益和债务的价值各为 5 000 万元。企业支付利息 5 000×8% = 400 万元后,流向股东的现金流量为 600 万元,权益成本为 600÷5 000 = 12% 。有杠杆的资本成本为:12%×50% +8%×50% = 10% ,即与无杠杆时的资本成本相同。

接下来讨论同时存在公司所得税和个人所得税时的情况。

这时的情况稍复杂性一些。根据 Miller 的研究结果,当存在公司和个人所得税的情况下,因税收因素而增加的现金流量即税盾为在原有利息的基础上乘以税收因子 T ,其定义为:

$$T = (1-T_{PD}) - (1-T_C) \cdot (1-T_{PE}) \tag{3.3}$$

因此,税盾现金流量为 $T \cdot r_D \cdot D$。当计算企业价值时,税盾部分要按照 $[1+(1-T_{PD}) \cdot r_D]$ 贴现。有杠杆时的企业价值为:

$$V_L = V_U + PV_{r_D} \cdot (T \cdot r_D \cdot D) = V_U + \sum_{i=1}^{\infty} \frac{T \cdot r_D \cdot D}{\left[1 + (1-T_{PD}) \cdot r_D\right]^i}$$

$$= V_U + \frac{T \cdot r_D \cdot D}{(1-T_{PD}) \cdot r_D} = V_U + \frac{T \cdot D}{1-T_{PD}}$$

于是有:

$$V_L = V_U + \frac{T \cdot D}{1-T_{PD}} \tag{3.4}$$

在本示例中,

$V_U = 10\ 000, T = (1-T_{PD}) - (1-T_C) \times (1-T_{PE}) = (1-20\%) - (1-30\%) \times (1-10\%) = 17\%$

于是,有杠杆时的企业价值 V_L 为:

$10\ 000 + 17\% \times 5\ 000 \div (1-20\%) = 11\ 062.5$ 万元。其中的 1 062.5 万元即为税盾的价值。据此,权益价值为:

$$11\ 062.5 - 5\ 000 = 6\ 062.5 \text{ 万元}$$

流向股东的现金流量为:$1\ 000 - 5\ 000 \times 8\% \times (1-30\%) = 720$ 万元(注意:这里是从企业流出的现金流量,而非股东的税后净收益),于是,此时的权益成本 r_E 为:

$$720 \div 6\ 062.5 = 11.88\%$$

将权益成本代入资本成本的定义式:

$$r_L = r_E \cdot \frac{E}{E+D} + r_D \cdot (1-T_C) \cdot \frac{D}{E+D}$$

得到有杠杆时的资本成本 r_L 为:

$11.88\% \times 6\ 062.5 \div 11\ 062.5 + (1-30\%) \times 8\% \times 5\ 000 \div 11\ 062.5 = 9.04\%$

前面给出了只有公司所得税条件下的 M&M 模型。在同时考虑个人所得税的情况下,对应地有称作 Miller 的模型的计算式:

$$r_E = r_U + \cdot \left[r_U \left(1 - \frac{T}{1-T_{PD}}\right) - r_D(1-T_C) \right] \cdot \frac{D}{E} \tag{3.5}$$

其中,T 是税收因子。

将本例数据代入上式进行验证,得到权益成本 r_E 为:

$10\% + \{10\% \times [1-17\% \div (1-20\%)] - 8\% \times (1-30\%)\} \times 5\ 000 \div 6\ 062.5 = 11.88\%$

用此时的资本成本贴现 FCF 得到企业的价值为:

$$1\ 000 \div 9.04\% = 11\ 062.5 \text{ 万元}$$

如果在上述计算的基础上,对企业价值做相对于债务比例即资本结构的敏感性分析,就可以看出不同情况下财务杠杆对企业价值的影响。

从分析中可得,在无税收的条件下,企业的价值不随资本结构的变化而改变;而当考虑公司所得税因素时,企业价值会随债务比例的增加而增加;如果同时考虑公司和个人所得税,则随着债务比例的变化,企业价值可能会增加,也可能会减少,还可能性保持不变,是否变化和如何变化取决于公司所得税与个人所得税的税率。在本例给定的条件下,企业价值会随债务比例的增加而增加。读者可以检验,如果降低公司所得税税率或提高个人利息所得税税率,就可能使企业价值债务比例提高而下降或保持不变。

进一步研究资本成本对资本结构的敏感性,在本例的给定条件下,资本成本会随债务增加而降低,并且在有税收条件下的资本成本会低于无税收条件下的资本成本。不过,这只有在不考虑个人所得税的前提下才能成立。如果同时考虑个人所得税,则当公司所得税税率降低或个人利息所得税税率提高警惕时,有可能会使资本成本随债务比例提高而上升,并且有可能使资本成本高于无税收条件下的资本成本。

在同时考虑个人所得税的情况下,无论是流向投资者的现金流量,还是企业价值或资本,都会变得比较复杂,即其受资本结构的影响方式,取决于几种税率之间的对比关系。这里起决定性作用的是前面提到的税收因子 $T=(1-T_{PD})-(1-T_{PE}) \cdot (1-T_C)$。当 T 为正值时,债务增加会使企业的价值提高,资本成本下降;反之如果特定的税收条件使 T 出现负值时,债务增加就会使企业的价值降低,资本成本上升。在考虑个人所得税的条件下(即 Miller 模型下),如果 $T=0$,则有杠杆的企业价值就等于无杠杆的企业价值,有杠杆的资本成本也等于无杠杆的资本成本,即税收的综合因素使得杠杆效应被抵消;如果 $T>0$,则杠杆作用依然存在,但杠杆效应的作用程度要比不考虑个人所得税时小;如果 $T<0$,则杠杆作用呈现负效应——随债务比例增加,企业价值降低,资本成本上升。

根据 M&M 模型和 Miller 模型的公式(式3.2 和式3.5)可以看出,在任何一种税收条件下,权益成本都是随着债务比例的增加而增加,这是由于应用杠杆后产生了财务风险,所以股东必然要求相应的风险溢酬。

3)最佳资本结构测算

系统根据杠杆风险系数、权益成本、加权资本成本等自动测算企业最佳资本结构,系统采用了滨田公式,衡量财务杠杆与企业风险系数之间的关系。

前面比较详细地讨论了资本结构的核心理论——M&M 模型和 Miller 模型,并简要介绍了交替理论和信号理论的基本思想。下面将结合示例介绍如何应用这些理论来测算企业的最佳资本结构。需要说明的是,这里的示例仍然是处在经过简化的环境下,即满足 M&M 模型的基本假设。

所谓最佳资本结构就是使企业价值最大化的债务/权益比。根据前面介绍的资本理论,由于资本结构问题的复杂性,使得人们无法从理论上准确测定企业价值随资本结构变化的规律,因此也就不能用数学的方法准确计算最佳资本结构。通常的方法是先假定一个资本结构,计算该结构下的企业价值,然后调整资本结构,再计算企业价值……如此反复测算,最终确定使企业价值最大化的债务/权益比。企业的价值等于自由现金流量按资本成本贴现的现值,而测算资本结构时为简单起见,一般假定企业的 *FCF* 是保持固定不变的。因此测算最佳资本结构的问题就转化为测算不同资本结构下的资本成本问题。根据 *WACC* 的定义,关键是要确定债务和权益的个别成本。债务成本的确定主要根据当时的经济形势和企业自身的情况来确定,通常由企业财务人员向为企业提供服务的银行和金融机构咨询来获得不同债务比例下的预期债务成本。

滨田公式及其应用:

根据前面的讨论,如果考虑公司所得税的因素,债务比例的提高会使企业的权益成本上升。当企业债务为零时,没有财务风险,企业的经营风险就是股东承担的全部风险。而随着债务比例的提高,财务风险也随之提高,于是股东们就会要求相应的风险溢酬,而导致权益成本上升。根据 CAPM 理论,权益收益的风险由风险系数 β 来表示。理论和实证两方面的证据都表明,风险系数 β 会随着财务杠杆程度的增大而增大。基于这样的考虑,罗伯特·滨田(Robert Hamada)提出了如下的滨田公式(Hamada Equation),来具体衡量财务杠杆与企业风险系数之间的关系:

$$\beta_L = \beta_U \cdot \left[1 + (1 - T_C) \frac{D}{E} \right] \tag{3.6}$$

式中,β_U 为无杠杆条件下的风险系数,即单纯衡量企业经营风险的指标;而 β_L 为有杠杆条件下的风险系数。T_C,D,E 的含义与前面相同,分别为所得税税率、债务和权益的市场价值。根据 CAPM 公式,$r_E = r_F + (r_M - r_F) \cdot \beta$,在确定权益成本的变量中,无风险利率和市场风险溢酬都属于外部条件,不受企业具体情况的影响。而企业的行为将从两个方面影响风险系数 β:企业的经营杠杆影响企业经营风险,即无财务杠杆下的风险系数 β_U;按照有财务杠杆下的风险系数 β_L。在实际应用中,通常根据企业当前的风险系数,也就是包括一定比例债务条件的风险系数 β_L,通过滨田公式反过来计算无杠杆风险系数;然后再以之为起点测算不同债务比例对风险系数的影响,下面通过示例来说明。

示例:假定某企业当前的债务为 0,因此其风险系数也就是无杠杆风险系数 β_U;假定其为 1,当前的无风险利率和市场风险溢酬均为 5%,所得税税率为 30%,企业的自由现金流量 FCF 为 1 000 万元。

根据给定的债务比例计算了债务/权益比,$\dfrac{D}{E} = \dfrac{\omega_D}{1 - \omega_D}$。然后在 D 列中计算税后债务成本:$(1 - TC) r_D$;E 列中是滨田公式计算的有杠杆风险系数 β_L;F 列中根据 CAPM 公式引用 β_L 的计算结果求出不同债务上的权益成本 r_E;最后在 G 列中计算出 WACC 并用它对现金流量贴现得到企业价值(F 列)。

根据计算成本结果,当债务比例从 0 增加时,企业的资本成本减小,企业价值增加,这种趋势当债务比例达到 30% 时开始改变,债务比例继续增加,资本成本开始增大,企业价值减小;当债务比例达到 60% 时,资本成本已经高于无杠杆的资本成本,企业价值也下降到无杠杆时的价值水平之下。据此,该企业的最佳资本结构为 30% 的债务,即债务/权益比为 42.9%,这里的债务权益均为市场价值。

3.1.13 投资组合分析

投资组合分析是建立在马科维茨投资组合理论基础上的。

该理论包含两个重要内容:均值—方差分析方法和投资组合有效边界模型。

在发达的证券市场中,马科维茨投资组合理论早已在实践中被证明是行之有效的,并且被广泛应用于组合选择和资产配置。但是,我国的证券理论界和实务界对于该理论是否适合于我国股票市场一直存有较大争议。

从狭义的角度来说,投资组合是规定了投资比例的一揽子有价证券,当然,单只证券也可以当作特殊的投资组合。

这里的投资组合仅限于上市公司(也就是股票)的投资组合。

人们进行投资,本质上是在不确定性的收益和风险中进行选择。投资组合理论用均值—方差来刻画这两个关键因素。所谓均值,是指投资组合的期望收益率,它是单只证券期望收益率的加权平均,权重为相应的投资比例。当然,股票的收益包括分红派息和资本增值两部分。所谓方差,是指投资组合的收益率的方差。我们把收益率的标准差称为波动率,它刻画了投资组合的风险。

人们在证券投资决策中应该怎样选择收益和风险的组合呢?这正是投资组合理论研究的中心问题。投资组合理论研究"理性投资者"如何选择优化投资组合。所谓理性投资者,是指这样的投资者:他们在给定期望风险水平下对期望收益进行最大化,或者在给定期望收益水平下对期望风险进行最小化。

因此把上述优化投资组合在以波动率为横坐标,收益率为纵坐标的二维平面中描绘出来,形成一条曲线。这条曲线上有一个点,其波动率最低,称之为最小方差点(英文缩写是 MVP)。这条曲线在最小方差点以上的部分就是著名的(马科维茨)投资组合有效边界,对应的投资组合称为有效投资组合。投资组合有效边界是一条单调递增的凹曲线。

如果投资范围中不包含无风险资产(无风险资产的波动率为零),曲线 AMB 是一条典型的有效边界。A 点对应于投资范围中收益率最高的证券。

如果在投资范围中加入无风险资产,那么投资组合有效边界是曲线 AMC。C 点表示无风险资产,线段 CM 是曲线 AMB 的切线,M 是切点。M 点对应的投资组合被称为"市场组合"。

如果市场允许卖空,那么 AMB 是二次曲线;如果限制卖空,那么 AMB 是分段二次曲线。在实际应用中,限制卖空的投资组合有效边界要比允许卖空的情形复杂得多,计算量也要大得多。

在波动率—收益率二维平面上,任意一个投资组合要么落在有效边界上,要么处于有效边界之下。因此,有效边界包含了全部(帕雷托)最优投资组合,理性投资者只需在有效边界上选择投资组合。

要求解马科维茨投资组合,也就是购买各个股票的比例,需要使用二次规划模型,二次规划是一种非线性规划数学模型。本系统可根据上市公司收益率的均值—方差,配合期望收益率直接计算出投资比例。

由于二次规划计算较为复杂,国内一些院校,采取简化方法,如在南开大学金融工程教材中首先确定投资比例,然后再计算投资组合整体风险和收益的方法[①]。这显然与实际情况不符,投资者需要在一系列上市公司中,选择几个公司,购买多少比例,这些是需

①　周爱民. 金融工程[M]. 北京:科学出版社,2017.

要解决的问题,而不是前提条件。

本系统前提条件是:知道各个公司在一定期限内的收益率和收益率的标准差。这个与哲睿上市公司数据库结合可以很容易计算出来。在这个基础上,计算多个上市公司相关系数,然后计算这多个公司收益率的协方差矩阵,在协方差矩阵的基础上,运用二次规划模型,求解这些公司的购买比例,一些公司购买比例为零,则为不购买,同时计算出投资组合整体收益率和风险方差。

由于收益率和方差成反比,要在收益率和风险之间寻求均衡,需要进行多次模拟计算,以形成收益率曲线和风险曲线,比较两者曲线,可以根据人的风险偏好,选择适当的收益、风险和投资比例。本系统的难点是要在模拟过程中,多次进行二次规划运算。

3.2　经营分析预测操作

经营分析预测主要包括趋势回归分析、相关因素分析、应收账款分析、利润分析、概率盈亏分析、成本费用分析、现金流量分析、杜邦财务分析、范霍恩可持续发展分析、希金斯分析与财务战略、企业竞争力分析、经济增加值(EVA)分析、企业经营协调性分析、流动性与经营效率分析、现金管理与分析、财务预测与预算、盈余质量分析、资本结构分析、投资组合分析等内容。

3.2.1　趋势回归分析

1)选择分析客户

"选择分析客户"栏位于界面的最左侧,是进行任何分析必须首先要填写的最基本的内容,属于公共栏。该栏包括 5 项内容。

①客户类型。点击下拉列表框,选择"自身分析公司"或"上市对标公司"。在这里,我们选择"上市对标公司"为例。

②左匹配。点击"左匹配"按钮。

③名称和客户代码。点击下拉列表框,选择要进行分析的公司名称,在这里,我们选择"万科 A"为例;选择了"名称"后,系统自动弹出该名称的"客户代码"。

④报表日期区间。点击上面的下拉列表框,选择分析客户的日期开始日;点击下面的下拉列表框,选择分析客户的日期结束日。选择分析客户如图 3-12 所示。

2)趋势回归分析

①点击"经营分析预测",选择"趋势回归分析",即可进入该功能的操作界面。

②在"图形类型"下拉列表中选择图形显示的类型,共有 6 中类型:柱状图、横柱状图、面积图、扇形图、曲线图、雷达图。这里,我们选择"曲线图"为例。

③在"区间类型"下拉列表框中选择区间。包括全部、一季度、半年、三季度、全年。在这里,我们选择"全部"为例。

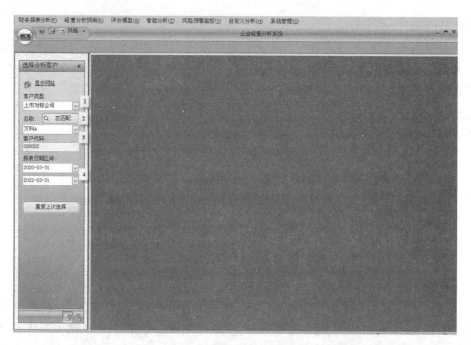

图 3-12　选择分析客户

④在"选择经济指标"栏中的"资产负债表""损益表""现金流量表""合成现金流量表"等 20 个表中选定需要的财务指标。单击该指标会看到该指标在报表日期区间内的变动趋势。在这里,我们选择"资产负债表"中的"货币资金"为例。

⑤在进行趋势回归分析时,用户主要从回归模型库中选择回归模型,系统自动弹出该回归模型的"回归公式",并在"趋势回归"中显示该指标的趋势回归图。系统回归模型库中包括"Logistic 模型""乘幂回归""对数回归""多项式回归""多元线形回归""龚柏兹模型""皮尔模型""线形回归""修正指数模型""指数回归"。

⑥选择好回归模型后,用户可以根据需要自动调节"预测值",看到预测未来的变化趋势并生成预测值。同时,"多项式回归"还可以自动调节"调节系数",变成 3 项回归、4项回归……如果系数为 1,则多项式回归变为线形回归。

⑦在"显示数据"(在下拉列表框中可以选择数据的小数点位数)、"显示图例"和"三维图形"复选框中打钩选择趋势回归图的界面显示。单击"图像输出",可以把图形输出。趋势回归分析如图 3-13 所示。

3)分析报告

①单击"分析报告"。系统自动生成分析报告,并对所选择的回归模型进行 F 检验(用来检验联合约数是否成立)、t 检验(用来检验单个约数是否成立),以检验其回归的结果是否可以接受。

②系统自动设置的"检验显著性水平"为 0.05,即系统默认检验的置信度为 95%。用户也可以根据自己的实际情况,调节置信度也即是调节检验显著性水平,显著性水平为 0.05 的置信度为 95%,即置信度＝1－检验显著水平。

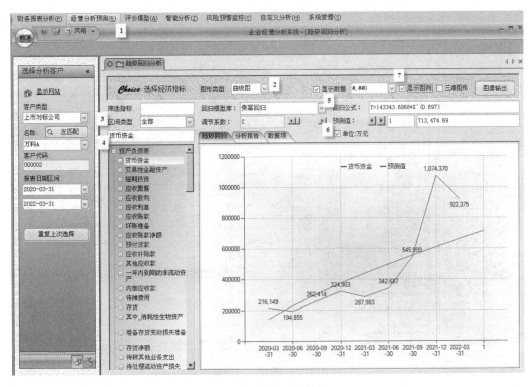

图 3-13　趋势回归分析

③选择界面最下方的分析报告类型，可以查看"一元回归报告"和"多元回归报告"。若选择"一元回归报告"，如图 3-14 所示。

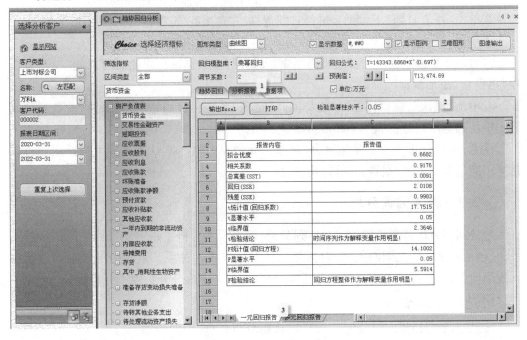

图 3-14　一元回归报告

若选择"多元回归报告",如图 3-15 所示。

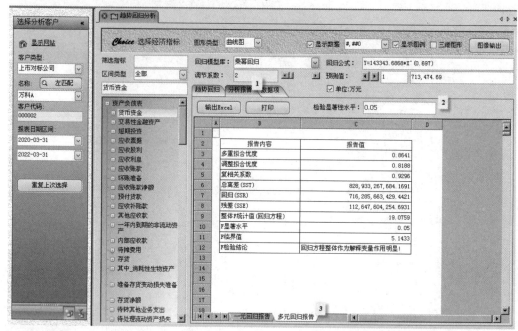

图 3-15   多元回归报告

4）数据项

①单击"数据项"。

②在"行业数据项"中进行行业选择。在这里我们选择"金融"为例。

③单击"报表日期"下拉列表进行日期选择,在这里我们选择"2022-03-31"为例。

④单击"添加数据"或 按钮,"行业数据项"将添加到数据表中。

⑤可以将数据表输出、打印,当需要重新选择行业数据进行对比时可以先"清空数据项"再重新"添加数据"。

⑥单击"确认",窗口将返回"趋势回归"选项,系统会自动将所对比的行业数据列入图示中。趋势回归分析如图 3-16 所示。

注意:回归分析涉及大量运算,应尽量简化数据,单位:默认为万元。当然用户可以选择不同的图形类型、报告和图形,均可输出。

3.2.2　相关因素分析

趋势回归分析是指指标的时间序列分析,相关因素分析是指不同指标之间的函数关系,它包括两个指标之间的关系,包括多元线形或非线性关系。系统中的模型库包括多元线形模型,非线性则由多元统计分析来处理,可参考主成分分析因子分析等。

1）选择分析客户

详见"3.2.1 趋势回归分析"中的"1）选择分析客户"中的步骤。

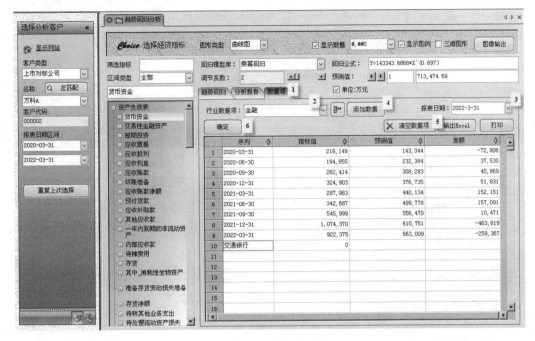

图 3-16 趋势回归分析

2) 相关分析

①单击"经营分析预测"中的"相关因素分析"。

②在"区间类型"下拉列表中选择区间。包括全部、一季度、半年、三季度、全年。在这里,我们选择"全部"为例。

③选择所需对比的行业数据。在这里,我们选择"金融"为例。

④选择报表日期。在这里,我们选择"2020-3-31"为例。

⑤单击"选择经济指标"框中的选择指标,出现对应的指标名称,选择指标,然后按住鼠标左键,拖动指标到因变量因素和自变量因素框内,要注意的是:因变量因素只能有一个,自变量因素可以有多个,因此,可以选择不同数据表的不同指标进行因素分析。

⑥选择"图形类别",系统中提供 6 种图形可供选择;在这里,我们选择"曲线图"为例。

⑦点击"回归模型库"下拉列表框,用户从回归模型库中选择回归模型,系统自动弹出该回归模型的"回归公式",并在"相关分析"中显示相关分析图。系统回归模型库中包括"Logistic 模型""乘幂回归""对数回归""多项式回归""多元线形回归""龚柏兹模型""皮尔模型""线形回归""修正指数模型""指数回归";多元线形回归支持自变量多个因素;在这里,我们选择"修正指数模型"为例。

⑧单击"显示图形"。系统自动生成图形。

⑨在"显示数据"和"显示图列"复选框中打钩进行选择,所对应数据和图例将显示在图表中。

⑩图像可以输出。相关因素分析如图 3-17 所示。

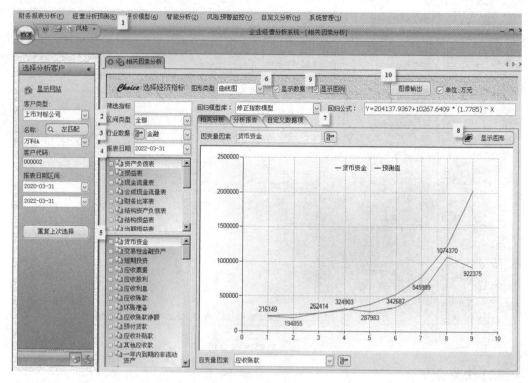

图 3-17　相关因素分析

3）生成报告

①单击"分析报告"。系统自动生成分析报告,并对所选择的回归模型进行 F 检验(用来检验联合约数是否成立)、t 检验(用来检验单个约数是否成立),以检验其回归的结果是否可以接受。

②系统自动设置"检验显著性水平"为 0.05,即系统默认检验的置信度为 95%。用户也可以根据自己的实际情况,调节置信度也即是调节检验显著性水平,显著性水平为 0.05 的置信度为 95%,即置信度＝1－检验显著水平。

③选择界面最下方的分析报告类型,可以查看"一元回归报告"和"多元回归报告"。

④生成的分析报告可以进行输出和打印。分析报告如图 3-18 所示。

3.2.3　应收账款分析

应收账款是企业经营的重要环节,其间蕴含着大量风险性因素。应收账款分析包括企业账龄结构分析、客户结构分析;应收账款风险测算,根据客户偿债能力等级和账龄结构,计算企业的风险损失率;应收账款变化率对利润的敏感性分析。

1）选择分析客户

详见"3.2.1 趋势回归分析"中的"1）选择分析客户"中的步骤。

2）账龄分析表

①单击"经营分析预测"中的"应收账款分析"。

图 3-18 分析报告

②在系统中,账龄分析表包括两表:账龄分析表、客户应收账款表;两图:账龄分析图、应收客户图。其中,账龄分析表表示的是应收账款的账龄结构,客户应收账款表则反映的是应收账款的客户结构,选择"账龄分析图"或"应收客户图"其中之一,则在界面右边显示相应的图形。

③以不同的图形类型显示账龄结构和客户结构,图形支持交互操作,单击环形图的某项结构,图形会突出显示。系统支持的图形有 4 种:数值扇形、比例扇形、数值环形和比例环形。趋势回归分析如图 3-19 所示。

3) 应收账款风险测算

应收账款到底存在多大风险,可能的损失是多少,这是由账龄结构和客户的偿债能力所决定的,客户的偿债能力分为 A、B、C、D、E 五个等级,与账龄结构形成应收账款风险矩阵,这个矩阵中每个交互点可能产生的损失就是损益系数,因此损益系数与交互点的应收账款余额相乘就是可能产生的损失。客户的偿债能力是在"系统管理"中销售客户分析中得来的,系统自动计算各项偿债能力的余额合计。

①点击"应收账款风险测算",系统会自动生成两个表:应收账款风险测算表、应收账款损益系数表。

②点击"默认系数"按钮,下表会出现系统默认的"应收账款损益系数",当然,客户可以根据自己的实际情况来修改损益系数。

③点击"风险测算"按钮,系统会自动计算出"可能损失的金额"和"应收账款风险率"。应收账款风险测算如图 3-20 所示。

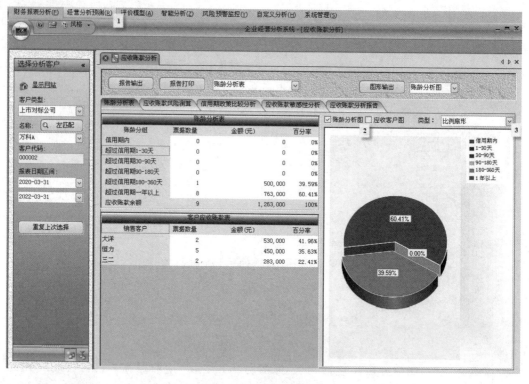

图 3-19 趋势回归分析

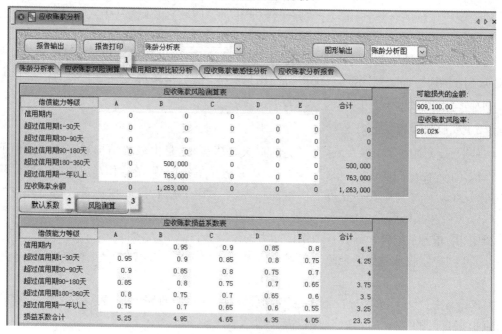

图 3-20 应收账款风险测算

4）信用期政策比较分析

企业应该采用怎样的信用政策，该信用政策对利润的影响程度有多大，应该怎样调节信用组合才能达到利润的最大化，这都是信用政策比较分析能实现的。

①在系统中，点击"信用期政策比较分析"，即可进入该功能的操作界面。

②用户可以通过拉动"动态模拟器"来改变对应指标的"预测值"，从而计算出"实际值"和"预测值"的"变动率"。也可以选择"恢复初始值"按钮，这时，各个指标的"变动率"均为 0，这样，多因素变动对利润的影响就一目了然。信用期政策比较分析如图 3-21 所示。

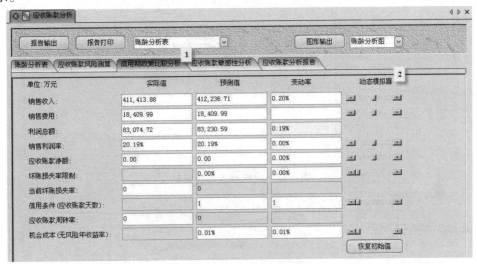

图 3-21　信用期政策比较分析

5）应收账款敏感分析

通过动态模拟大致可以了解不同指标的重要程度，但各个指标到底对利润会产生怎样的影响，还需要通过敏感性分析进行精确计算。步骤如下：

①点击"应收账款敏感性分析"，即可进入该功能的操作界面。

②选择"变化区间"，再选择"分析指标"（系统给出了 7 个分析指标），即可显示出不同指标对利润的敏感性程度。

③可分别对"三维图形""显示数据"和"显示图例"进行选择，图形随之改变。应收账款敏感分析如图 3-22 所示。

6）应收账款分析报告

①点击"应收账款分析报告"。应收账款分析报告包括：信用政策预测报告和应收账款敏感性分析报告两个部分。值得注意的是：要生成报告，必须先进行应收账款的政策比较分析，确定主要政策因素，如：机会成本、坏账损失等，才能生成报告。

②单击"生成报告"按钮，即可生成报告，点击"报告输出"或"打印报告"，即可将报告输出或将报告打印出来，成为总报告的一个组成部分。应收账款分析报告如图 3-23 所示。

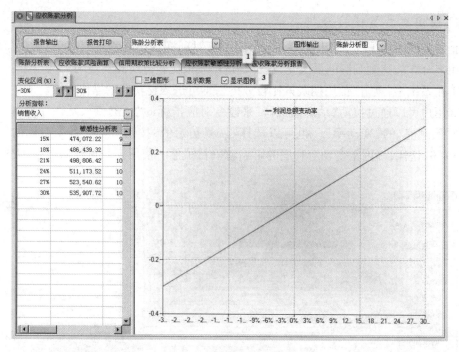

图 3-22　应收账款敏感分析

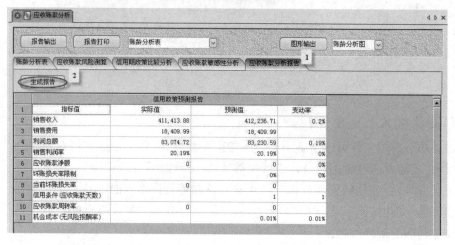

图 3-23　应收账款分析报告

3.2.4　利润分析

1）利润模型一

利润模型一主要是判别平均利率对利润的影响。平均利率的计算，平均利率＝利息／有息负债。利息主要通过财务费用估算，财务费用为零或负值，则该模型无效。有息负债主要为短期借款和长期负债之和。

预测利润公式如下。

$QtLr$＝营业收入×预测营业收入利润率−（营业收入−营业成本−资产负债比率×资产

总计×平均利率）

预测利润＝$QtLr$＋预测营业收入－预测营业成本－（预测资产负债比率×预测资产总计×
预测平均利润）

①点击右键,选择"经营分析预测"中的"利润分析",即可进入该功能的操作界面。
系统默认显示"利润模型一","利润模型一"主要针对营业收入、营业成本、负债和平均
利率等因素考察对利润的影响程度,如果企业负债较小,且利率敏感性不大,则不适用该
模型。

②在"图形类型"中选择所需要的类型,系统预先设置了 6 种图形类型。

③用户可以通过拉动各指标的"动态模拟器",来调整对应指标的"模拟预测值",并
计算各指标的"数据变动（％）",下面的图形会根据指标数据的变动而变动。也可以选
择"恢复初始值",这时"数据变动"均为 0。

④可分别在"显示数据""显示图例"和"三维图形"前的复选框中打钩,图形随之
改变。

⑤点击"图像输出",可对生成的图形进行输出,利润分析一如图 3-24 所示。

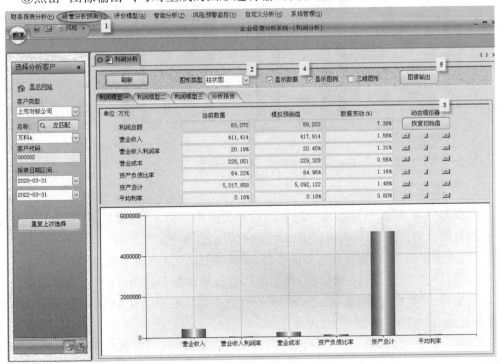

图 3-24　利润分析一

2）利润分析二

①点击"利润模型二"后,即可进入该功能的操作界面。"利润模型二"主要针对原
材料加工企业,考察原料和商品价格变化的影响。

②在"图形类型"中选择所需要的类型,系统预先设置了 6 种图形类型。

③用户可以在文字框内录入相关的数据。

④用户可以通过拉动各指标的"动态模拟器"调整对应指标的"模拟预测值",并计算各指标的"数据变动(%)",下面的图形会根据指标数据的变动而变动;也可以选择"恢复初始值",这时"数据变动"均为0。

⑤可分别在"显示数据""显示图例"和"三维图形"前的复选框中打钩,图形随之改变。

⑥点击"图像输出",可对生成的图形进行输出,利润分析二如图3-25所示。

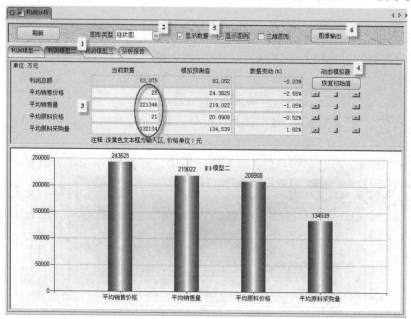

图3-25　利润分析二

3)利润分析三

①点击"利润模型三"后,即可进入该功能的操作界面。"利润模型三"主要适用于多种经营的公司,在公司利润构成中,投资收益等也占有一定的比例。

②在"图形类型"中选择所需要的类型,系统预先设置了6种图形类型。

③用户可以通过拉动各指标的"动态模拟器",来调整对应指标的"模拟预测值",并计算各指标的"数据变动(%)",下面的图形会根据指标数据的变动而变动;也可以选择"恢复初始值",这时"数据变动"均为0。

④可分别在"显示数据""显示图例"和"三维图形"前的复选框中打钩,图形随之改变。

⑤点击"图像输出",可对生成的图形进行输出,利润分析三如图3-26所示。

4)分析报告

用户完成分析和模拟之后,选择"分析报告"选项,点击"生成报告",系统会自动生成三个利润模型对应各个指标的数值,同时,所得结果会生成报告以 Excel 的形式反映出来,或直接打印。分析报告如图3-27所示。

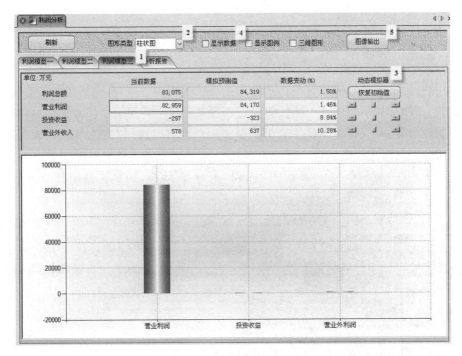

图 3-26　利润分析三

图 3-27　分析报告

3.2.5　概率盈亏分析

1）选择分析客户

详见"3.2.1 趋势回归分析"中的"1）选择分析客户"中的步骤。

2）盈亏平衡分析

①选择"经营分析与预测"中的"概率盈亏分析"，即可进入该功能的操作界面。系统默认显示"盈亏平衡分析"。

②用户可以选择"计算机智能模式"，点击该按钮后，系统将自动显示智能分析数据，并出现"计算机模式下"的"折旧期\固定费用比率"输入框，可直接输入，也可以拉动输入框下的调节器，系统将自动显示分析图形。用户也可以选择"人工模式"，人工输入各指标的数值。既可选择已经设置好的成本名称，也可以重新设置成本属性。

③可分别在"显示数据""显示图例"和"三维图形"前的复选框中打钩，图形随之改变。

④点击"图形输出"，可对生成的图形进行输出。盈亏平衡分析如图 3-28 所示。

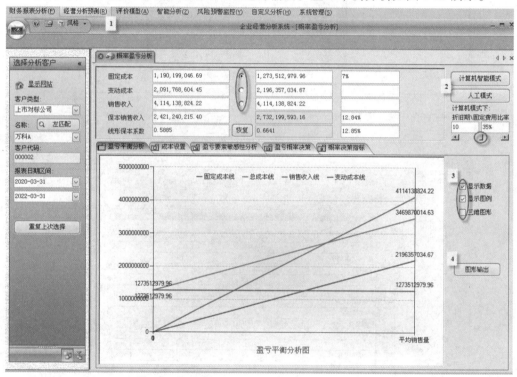

图 3-28　盈亏平衡分析

3）成本设置

①点击"成本设置"选项。

②点击"人工模式"，出现电子表。

③点击"成本名称"按钮，设置成本属性，就是为每一项成本费用项设置它的固定成本比例，以后就可以直接调用，而不用每次另行设置。这样，系统会从用户的成本费用表中提取数据，并根据成本设置，直接生成固定费用和变动费用合计，并计算盈亏平衡。

④设置好后，输入成本名称，点击"成本设置存盘"，如果删除以前设置的成本名称，可先选择需要删除的成本名称，在"删除成本设置"选项前的复选框中打钩，再单击"成本

设置存盘"即可。成本设置如图 3-29 所示。

图 3-29　成本设置

4) 盈亏要素敏感性分析

①单击"盈亏要素敏感性分析"。

②点击"人工模式"按钮；当然，用户可以根据需要修改相应的数值。

③选择指标的"变化率区间"和"变化步长"，用户可以根据需要自定义，也可以应用系统默认的数值。

④可分别在"显示数据""显示图例"和"三维图形"前的复选框中打钩。

⑤在"选择指标"下拉列表中选择"固定成本""变动成本"和"销售收入"等成本指标进行分析和图形显示。例如，选择"变动成本"，点击其下拉列表框后，系统显示如图 3-30 所示。

⑥点击 ● 按钮，图形可以进行输出。盈亏要素敏感性分析如图 3-30 所示。

5) 盈亏概率决策

①点击"盈亏概率决策"后，即可进入该功能的操作界面。

②在系统中，根据公式：期望销售收入 = 状态概率 × 状态预测销售收入。用户可以通过调节"增减模拟"来调整各个指标增加或减少的百分比。然后通过拉动"概率模拟"来调整所选定数值的概率。在这里，应该注意的是，调整后的各个指标数值的概率和为100%。接着，用户点击"期望销售收入"按钮，系统将在"期望销售收入"旁的空白框中显示期望的销售收入和概率。

③系统默认了三种分布形式，包括正态、偏好和偏差，正态是指未来经营状态好坏对等，呈正态分布；偏好是指未来经营好的概率更大一些；偏差是指未来经营差的概率更大一些。

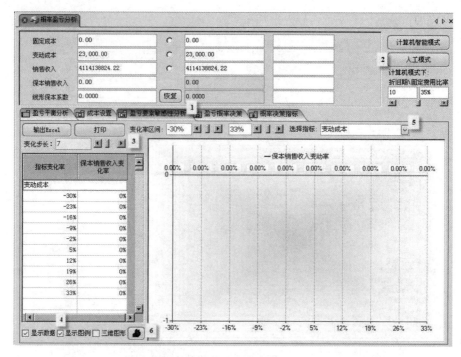

图 3-30　盈亏要素敏感性分析

④点击"概率决策指标"按钮后,如图 3-31 所示,即可进入"概率决策指标"选项,当然,用户也可以在空白框中输入对应的数据。点击"注释"按钮,系统可以显示对公式中代号的注释说明。点击"生成报告"按钮,会输出生成的报告,如图 3-32 所示。

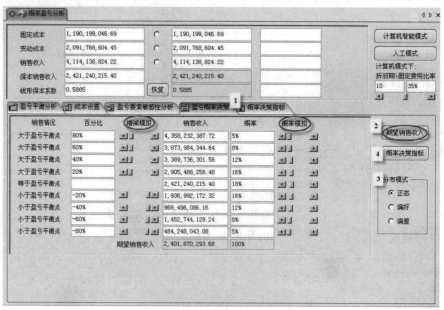

图 3-31　概率决策指标

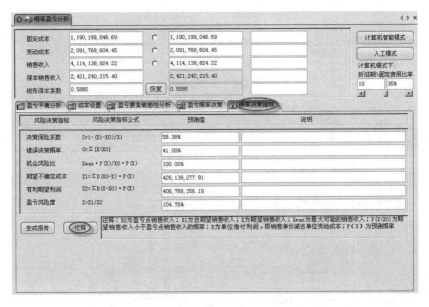

图 3-32　概率决策注释

3.2.6　成本费用分析

1）选择分析客户

详见"3.2.1 趋势回归分析"中的"1）选择分析客户"中的步骤。

2）成本费用管理

①选择"经营分析与预测"中的"成本费用分析"，即可进入该功能的操作界面。

②在"成本名称"下拉列表框中，选择成本名称即成本费用设置的名称。

③在"指标名称"中输入成本指标名称。

代表插入指标，添加新项，代表插入子指标，添加子项，子指标之和应等于父指标，代表删除指标及其子指标，代表修改指标名称，代表清除全部设置。

④单击"成本费用项存盘"，即成本费用树设置完毕，此次设置在下次打开这个成本名称时，仍可显示这个成本费用树。如果要删除该成本名称，在"是否删除"复选框中打钩，再点击"成本费用项存盘"，即可删除相关设置。成本费用管理如图 3-33 所示。

3）成本费用数值维护

①随着企业规模和经营业务的不断扩大，企业不可避免地会发生成本费用，在系统的成本费用树中，单击发生费用的项目，如果本项目有子项目，它的数值就是"合计指标值"，如果该指标没有子项目，则为指标值。要录入新的指标值，首先必须选择没有子指标的项目（有子指标的项目它是合计值，因此是不能录入的），在树形框中单击该项指标。

②再点击"添加"按键，该指标会自动出现在表格中，报表日期按照主菜单上的结束报表日期，在表格中直接录入"指标值"，若选择"父指标名称"时，可以一次录入多个不同的指标值。

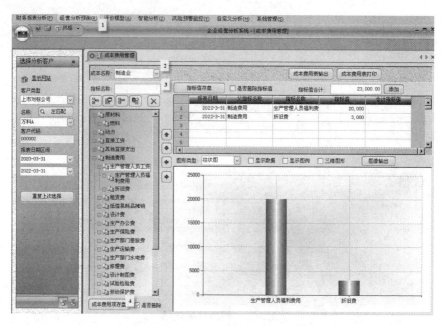

图 3-33　成本费用管理

③单击"指标值存盘"。然后点击左边的成本费用树中的该项指标,则可以在表格中看到数据库中该指标的数值。如果要删除指标值记录,首先,点击左边的成本费用树中的该项指标,则该指标出现在表格中,然后在"是否删除指标值"复选框中打钩,最后单击"指标值存盘",则表格中的指标会被全部删除,若在左边的成本费用树中点击该指标,则表格中仍会显示该指标名称,不显示该指标值。成本费用数值维护如图 3-34 所示。

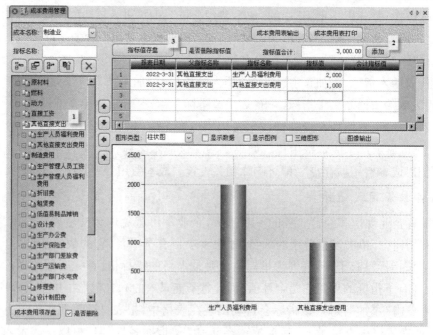

图 3-34　成本费用数值维护

4）成本费用显示

①点击树形框，选择需要显示的指标，如果这个指标是父指标，则显示其下属的所有子指标数值，并出现图形和下属指标合计值；如果不是父指标，则只显示自身数值和图形。

②用户可以在"图形类型"下拉列表框中选择所需要的图形。

③可分别在"显示数据""显示图例"和"三维图形"前的复选框中打钩，图形随之改变。

④点击"图像输出"，可以对系统中呈现的图形进行输出。成本费用显示如图 3-35 所示。

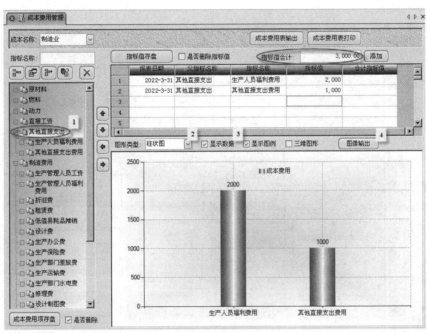

图 3-35　成本费用显示

3.2.7　现金流量分析

1）选择分析客户

详见"3.2.1 趋势回归分析"中的"1）选择分析客户"中的步骤。

2）自由现金流量分析

自由现金流量计算根据肯尼斯·汉克尔《现金流量与证券分析》一书中，关于自由现金流量最精细的定义，评估并计算了企业过度资本支出、过度销售成本、过度经营费用等因素，形成自由现金流量动因树。这是目前自由现金流量最复杂的计算之一，它同时也解决了企业不合理成本费用即过度销售成本、经营费用的评估计算问题。自由现金流量各个指标是通过自定义财务比率的方式实现的，这里可以通过动态模拟，掌握自由现金流量的结构和各影响因素的作用。步骤如下：

①点击"经营分析预测"中的"现金流量分析",即可进入该功能的操作界面,系统默认"自由现金流量分析"。

②选择"累计"或"当期"。

③用户可以选择变动指标(点击指标右边的选项框),即选定"指标初始值"。

④调节"变动百分比"选择按钮,可以看到该指标的变动百分比,同时也可以看到与之相关的指标发生变化,从而影响"自由现金流量"数值。用户如果只分析单一指标的影响程度,则在动态模拟分析后,点击"恢复初始值",再分析另一个指标;如果用户分析多指标的交互影响,则在分析完一个指标之后,点击"模拟器恢复为零"按钮,再选择其他指标,进行动态模拟分析,这样就会呈现出多指标综合变动产生的影响。自由现金流量分析如图 3-36 所示。

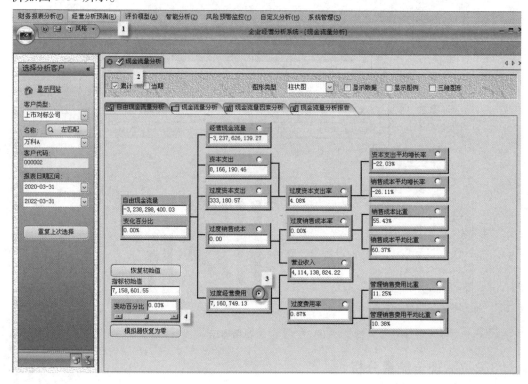

图 3-36　自由现金流量分析

3)现金流量分析

本系统中的现金流量分析,包含了目前最详细的现金流量指标。分为现金流量结构分析、现金流量流动性分析、获取现金能力分析、财务弹性分析、收益质量分析五大类 21 项指标,这是目前所见现金流量分析的指标集合。

①点击"现金流量分析",进入该功能的操作界面。

②选择"累计"或"当期"。

③选择图形类型,系统给定了 7 种图形类型。

④选择图形的显示项,在"显示数据""显示图例"和"三维图形"前的复选框中打钩。

⑤单击"计算"按键,则计算报表日期区间全部数据的现金流量指标。

⑥选择"结构图"或者"趋势图"。

⑦点击表格中结构分析各指标。选择"结构图",在表格中点击结构分析各指标(现金流量结构分析中的指标),则可以显示结构报表日期的结构比例图。选择"趋势图",在表格中点击其他类型指标,则显示报表日期区间的指标趋势图,用户可以选择不同的图形类型。

⑧点击"图形输出",可将图形输出。现金流量分析如图 3-37 所示。

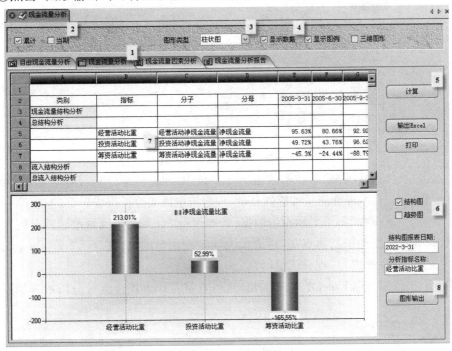

图 3-37　现金流量分析

4)现金流量因素分析

①选择"现金流量因素分析"。

②在"现金流量表"和"合成现金流量表"前的复选框中打钩,来进行选择其中之一。

③本系统以直接法和间接法呈现现金流量表各项指标,从直接法或间接法中选择需要的指标,并拖动鼠标到"选择分析指标"中,系统将把选定的指标显示在净现金流量栏下。如果要更换其他指标来进行分析,则点击已选中的指标,该指标的字体变成红色,单击█████«█████按键,则变为红色的指标会从"选择分析指标"框中取消,用户可另外拖动其他指标来进行分析。

④调节"动态模拟器"可以调整所选定指标的"预测值",从而求出指标"实际值"与"预测值"的"变化程度"。现金流量因素分析如图 3-38 所示。

5)现金流量分析报告

①点击"现金流量分析报告",进入该功能的操作界面。

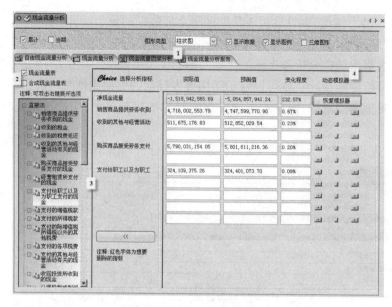

图 3-38　现金流量因素分析

②点击"选择报告类型"下拉列表框。在系统中,现金流量分析报告包括 3 种:自由现金流量分析图、自由现金流量敏感性分析、现金流量因素分析报告 3 个。

③点击"生成报告"即可显示报告数据;若要进行"自由现金流量敏感性分析",则须改变"选择自变量变动率",再点击"生成报告";特别注意的是,在显示"现金流量因素分析报告"之前,必须先进行"现金流量因素分析"。

④所有报告都可以 Excel 的方式输出,也可直接打印。现金流量分析报告如图 3-39 所示。

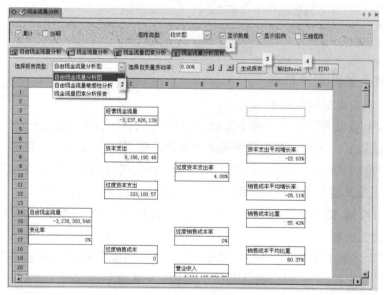

图 3-39　现金流量分析报告

3.2.8　杜邦财务分析

1）传统杜邦分析

（1）选择分析客户

详见"3.2.1 趋势回归分析"中的"1）选择分析客户"中的步骤。

（2）传统杜邦体系分析

①点击"经营分析预测"中的"杜邦财务体系分析"，再点击"传统杜邦体系分析"即可进入该功能的操作界面，系统默认为"杜邦体系结构图"；传统杜邦财务体系是企业盈利质量和盈利结构的重要反映，在管理评价、获利能力分析、盈利预测、计划、控制上意义重大。

②一般报表显示的是累计数据，不能完全反映一季度或半年的实际经营情况，因而使用当期数据，可以对不同月、季度、半年等实际发生的数据进行比较。在"累计"和"当期"前的复选框中打钩，可实现数据的切换。

③选择变动指标（点击指标右边的选项框），即选定了"指标初始值"。

④调节指标"变动百分比"，可以看到该指标的变动百分比，同时可以看到与之相关的指标发生变化，从而影响权益收益率，用户如果只分析单一指标的影响程度，则在动态模拟后，单击"恢复初始值"，再分析另一个指标；如果用户分析多指标的交互影响，则在分析完一个指标之后，单击"模拟器恢复为零"按钮，再选择其他指标，进行分析，这样多指标综合变动的影响就会显示出来。传统杜邦体系分析如图 3-40 所示。

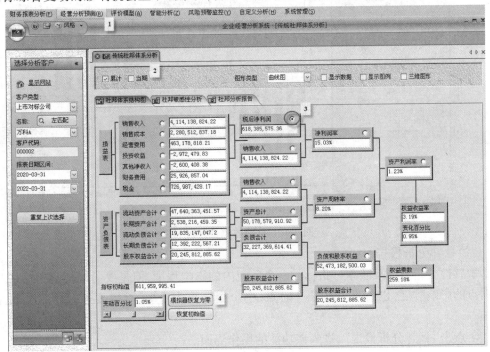

图 3-40　传统杜邦体系分析

（3）杜邦敏感性分析

这是分析某一个指标不同的变化区间对权益收益率的影响程度。

①点击"杜邦敏感性分析"，即可进入该功能的操作界面。

②用户可以选择不同类型的敏感性分析图，系统给出了7种"图形类型"。

③在"显示数据""显示图例"或者"三维图形"前的复选框中打钩，所有的图形都可以不同格式输出，作为报告的组成部分。

④用户首先选择"变化率区间"，如销售收入变化从−30%到30%时，权益收益率产生怎样的变化。用户可以调整这个变化区间。

⑤用户也可以选择"变化步长"，因为变化率区间中有许多数值，所以用户需要选择步长，如步长为1%，则−30%到30%区间就有61个数值；系统默认"自动"就为6%，这样−30%到30%之间就有11个值，便于图形展示。

⑥点击"选择指标"下拉列表框，选择所需要的指标，不同指标会生成对应的敏感性分析示意图和敏感性报告，用户可以将敏感性报告以Excel形式输出，也可以直接打印。杜邦敏感性分析如图3-41所示。

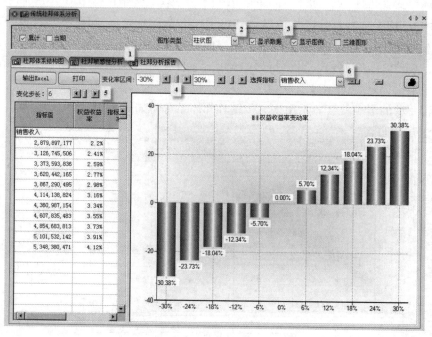

图 3-41　杜邦敏感性分析

（4）杜邦分析报告

敏感性分析只能反映单一指标在一个区间内的影响程度，但是要了解全部指标在某一时点的影响程度，也就是说在某一时点，哪个指标更为重要，就需要通过因素分析来反映。

①点击"杜邦分析报告"，进入该功能的操作界面。

②在"杜邦因素分析"和"杜邦体系结构图"前面的复选框中打钩，选择其中之一。

③通过拉动"选择自变量变动率"（系统默认为5%）按钮，可以自由选择自变量变动

率的大小。

④单击"生成报告"按键，选择"杜邦因素分析"，会形成因素分析报告，这个报告可以 Excel 形式输出，也可直接打印。选择"杜邦体系结构图"，可将动态模拟的杜邦模型以树状图形式展现，并可以输出到 Excel，或直接打印。杜邦分析报告如图 3-42 所示。

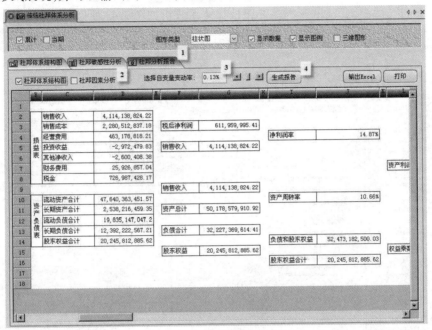

图 3-42　杜邦分析报告

2) 修正杜邦分析

传统杜邦分析存在两个主要缺陷：一是没有反映企业在一定时期的现金流入和流出情况，反映问题不全面。二是传统杜邦分析系统虽然反映了企业盈利的能力，但没有考虑收益、销售收入的质量，即反映了"数量"而忽视了"质量"，分析结果往往带有片面性，无法深入企业经营的本质。修正杜邦体系克服了这两项缺陷，引进了"盈余现金比率"和"销售现金比率"两项指标，更加突出了现金流量和收入、利润的质量，能够透过表象揭示出经营过程的本质。

（1）选择分析客户

详见"3.2.1 趋势回归分析"中的"1）选择分析客户"中的步骤。

（2）修正杜邦体系分析

①点击"经营分析预测"中的"杜邦财务体系分析"，再点击"修正杜邦体系分析"即可进入该功能的操作界面，系统默认为"修正杜邦体系图"。

②一般报表显示的是累计数据，不能完全反映一季度或半年的实际经营情况，因而使用当期数据，可以对不同月、季度、半年等实际发生数据进行比较。在"累计"和"当期"前的复选框中打钩，可以直接实现数据切换。

③选择变动指标（点击指标右边的选项框），即确定了"指标初始值"。

④调节"变动百分比",可以看到该指标的变动百分比,同时可以看到与之相关的指标发生变化,从而影响权益收益率,用户如果只分析单一指标的影响程度,则在动态模拟后,单击"恢复初始值",再分析另一个指标;如果用户分析多指标的交互影响,则在分析完一个指标之后,单击"模拟器恢复为零"按钮,再选择其他指标,进行动态分析,这样就会呈现出多指标综合变动的影响。修正杜邦体系分析如图3-43所示。

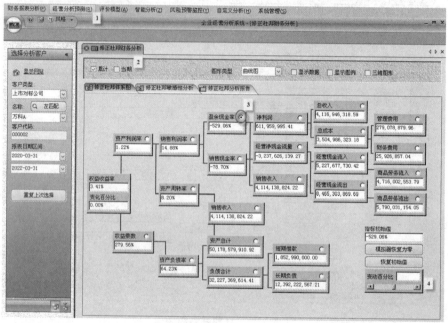

图3-43　修正杜邦体系分析

（3）修正杜邦敏感性分析

①点击"修正杜邦敏感性分析",即进入该功能的操作界面。

②用户可以选择不同类型的敏感性分析图,系统给出了7种"图形类型"。

③在"显示数据""显示图例"或者"三维图形"前的复选框中打钩,所有的图形都可以不同格式输出,作为报告的组成部分。

④用户首先选择"变化率区间",如销售收入变化从-30%到30%时,权益收益率产生怎样的变化。用户可以调整这个变化区间。

⑤用户也可以选择"变化步长",因为变化率区间中有许多数值,所以用户需要选择步长,如步长为1%,则-30%到30%区间就有61个数值;系统默认"自动"就为6%,这样-30%到30%之间就有11个值,便于图形展示。

⑥点击"选择指标"下拉列表框,选择所需要的指标,不同指标会生成对应的敏感性分析示意图和敏感性报告,用户可以将敏感性报告以Excel形式输出,也可以直接打印。修正杜邦敏感性分析如图3-44所示。

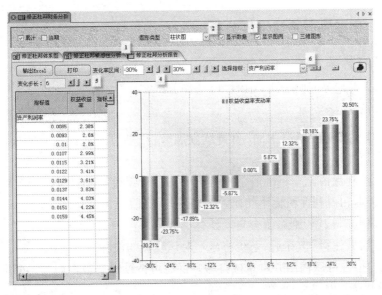

图 3-44 修正杜邦敏感性分析

(4)修正杜邦分析报告

①点击"修正杜邦分析报告"。

②在"修正杜邦因素分析"和"修正杜邦体系结构图"前的复选框中打钩,选择其一。

③调节"选择自变量变动率"(系统默认为 5%)按钮,可以自定义自变量的变动率。

④单击"生成报告"按钮,选择"修正杜邦因素分析",形成因素分析报告,这个报告以 Excel 形式输出,也可直接打印。选择"修正杜邦体系结构图",可以将动态模拟的杜邦模型以树状图形式展现,并可以输出到 Excel,或直接打印。修正杜邦分析报告如图 3-45 所示。

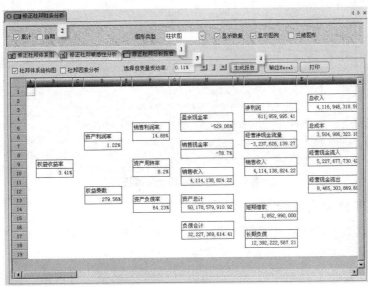

图 3-45 修正杜邦分析报告

3.2.9　范霍恩可持续发展分析

1）选择分析客户

详见"3.2.1 趋势回归分析"中的"1）选择分析客户"中的步骤。

2）静态可持续发展

①单击"经营分析预测"中的"可持续发展分析"即可进入该功能的操作界面,系统默认为"静态可持续发展模型"。

②调节"盈利保留比率目标值"中的比例。此外,系统自动计算"新筹集股本",可以和实际注入资本和盈利保留比率相比较,判定报表真假。

③点击"预测"按钮,则系统会自动计算出数值来。

④点击"模型注释"按钮后,系统将显示对该模型的注释。

⑤生成的报告可以输出并可直接打印。静态可持续发展报告如图3-46 所示。

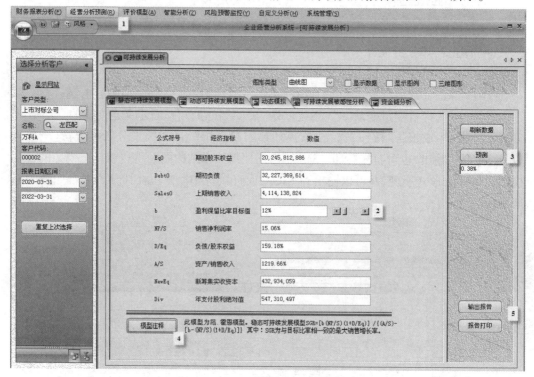

图 3-46　静态可持续发展报告

3）动态可持续发展模型

①点击"动态可持续发展模型",即可进入该功能的操作界面。

②点击"图形类型"下拉列表框,系统提供7 种图形类型。

③在"显示数据""显示图例"和"三维图形"前的复选框中打钩,表示选中,所选项会在图形中显示。

④点击"预测五年"按钮,得到未来"五年可持续销售收入增长率",点击按钮 ![按钮],形

成的图形可输出。动态可持续发展模型如图 3-47 所示。

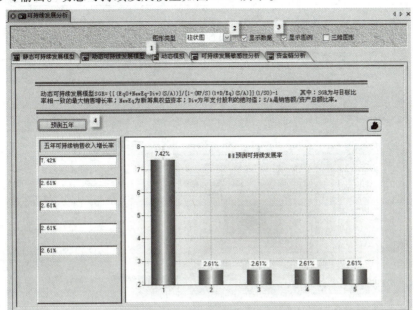

图 3-47 动态可持续发展模型

4）动态模拟

①点击 即可进入该功能的操作界面。

②点击 按钮，系统将会自动把数据导入。

③通过拉 来调整各指标的增减。

④表格中 行"可持续发展比率的因素分析"，比较各个指标的重要程度，调节"选择自变量变动率"（默认 5%）下拉按钮，可以自定义自变量的变动率。

⑤点击"生成因素分析报告"按钮，即可生成报告，并可选择"输出 Excel"或"打印"。动态模拟如图 3-48 所示。

5）可持续发展敏感性分析

可持续发展敏感性分析是分析某一个指标不同的变化区间对可持续发展比率的影响程度。

①选择"可持续发展敏感性分析"，进入该功能的操作界面。

②点击"图形类型"下拉列表框，可以选择不同类型的敏感性分析图。

③在"显示数据""显示图例"或"三维图形"前的复选框中打钩，表示选中，结果会在图形中呈现出来。

④拉动"变化率区间"的两个按钮，如"资本/销售收入"变化从-30% 到 30% 时，可持续发展比率产生怎样的变化。通过拉动按钮，用户可以调整这个变化区间。

⑤拉动按钮，选择"变化步长"，因为变化率区间中有许多数值，所以用户需要选择步长，如步长为 1%，则-30% 到 30% 区间就有 61 个数值；系统默认"自动"就为 6%，这样-30% 到 30% 之间就有 11 个值，便于图形展示。

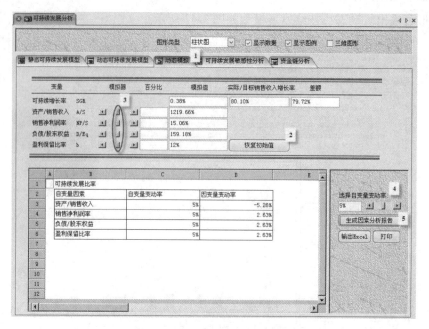

图 3-48　动态模拟

⑥点击"选择指标"下拉列表框,选择要进行分析的指标,选择不同指标就会生成不同的敏感性分析示意图和敏感性报告,用户可以将敏感性报告以 Excel 形式输出,也可以直接打印。可持续发展敏感性分析如图 3-49 所示。

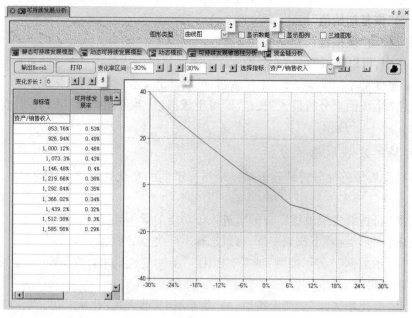

图 3-49　可持续发展敏感性分析

6)资金链分析

可持续发展比较是历史数据比较,是将可持续发展比率和企业实际销售收入增长率进行比较。由于可持续发展比率是在不完全耗尽全部财务资源的情况下,企业可能的最大增长率,因此,如果企业实际增长率超过可持续发展比率,则会出现资金逆差,企业需要补充外部资金,否则企业难以实现持续增长;如果企业实际增长率低于可持续发展比率,则会出现资金顺差,资金顺差较大也显示资金使用效率较低。

①点击"资金链分析",进入该功能的操作界面。

②在"年度数据"或"全部数据"前的复选框中打钩,表示选中。

"年度数据"是指:在报表日期区间内,每年 12 月 31 日的数据(年底累计数据)。

"全部数据"是指:在报表日期区间内,全部报表日期数据,包括季报、半年报、年报。

③点击"计算"按键,则计算出各报表日期的指标,包括可持续发展比率、实际销售收入增长率、以上两者差额、货币资金/销售收入、销售收入、现金逆/顺差、累计现金逆/顺差。

④点击"图形类型"下拉列表框,可以选择不同类型的敏感性分析图,系统提供 7 种图形类型。

⑤在"显示数据""显示图例"或"三维图形"前的复选框中打钩,表示选中,结果会在图形中呈现出来。

⑥系统中的资金链分析包括两个分析:

资金链分析一:可持续发展比率和实际销售收入增长率的差额分析,可分析差额程度和可调节的增长率。

资金链分析二:当期现金逆/顺差与累计现金逆/顺差的比较分析。如果累计值为正则可以认为资金链出现问题。

在"资金链分析一"和"资金链分析二"前的复选框中打钩,表示选中。

⑦用户可以选择添加差额线或取消差额线,单击"添加差额线"按钮,再比较图中出现的差额线。可持续发展敏感性分析如图 3-50 所示。

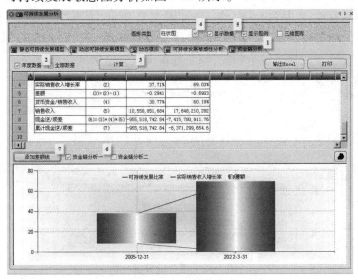

图 3-50　可持续发展敏感性分析

3.2.10 希金斯分析与财务战略

使用方法：

①打开希金斯可持续增长模型界面,系统按照选定的分析公司和报表日期自动计算希金斯模型,并通过可视化界面显示出来。可持续发展模型是通过四个指标相乘反映出来的,用户可以选择每个指标后的打钩按键,利用右边的动态模拟按键,模拟每个指标变动对希金斯可持续发展比率的影响,从而确定哪个指标更重要。

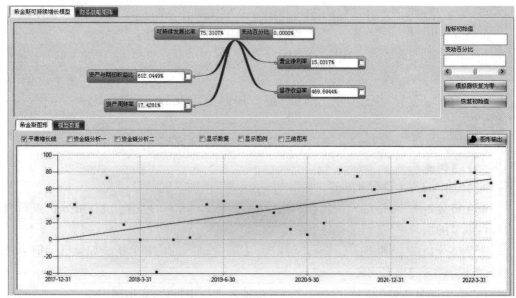

图 3-51 平衡增长线

②希金斯图形:包括三个图形,一是平衡增长线,如图 3-51 所示,反映企业实际与平衡增长线的偏离程度;二是资金链分析一,如图 3-52 所示,表明可持续发展比率和实际销售收入增长率之间差异;三是资金链分析二,如图 3-53 所示,通过计算不同时期的现金逆/顺差状态,查看企业累计现金状况,判断是否出现资金链问题。

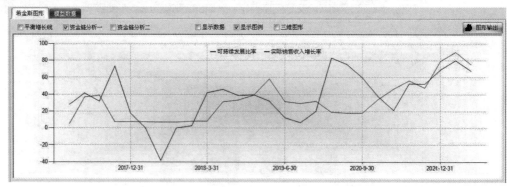

图 3-52 资金链分析一

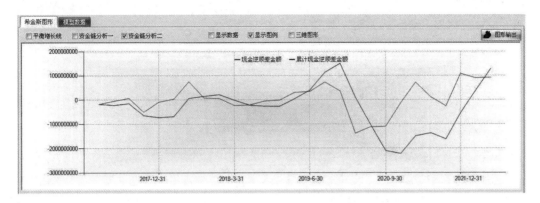

图 3-53　资金链分析二

③模型数据：也就是以上希金斯图形的计算过程，如图 3-54 所示。

报表日期		2019-12-31	2020-6-30	2020-12-31	2021-6-30	2021-12-31	2022-3-31	2022-6-30	2022-9-30
可持续发展比率	(1)	5.3065%	36.6699%	38.8515%	7.5496%	7.4975%	7.4975%	7.2102%	7.2102%
实际销售收入增长率	(2)	27.9%	41.4%	31.7%	73.18%	17.74%	0%	-36.26%	0%
差额	(3)=(2)-(1)	-0.2259	-0.0473	0.0715	-0.6563	-0.1024	0.075	0.4547	0.0721
货币资金/销售收入	(4)	26.49%	64.92%	26.32%	31.36%	18.08%	98.32%	110.78%	49.56%
销售收入	(5)	2,872,795,896	1,404,665,220	3,783,668,674	2,432,696,354	4,455,064,777	549,639,027	1,501,988,962	2,354,480,156
现金逆/顺差	(6)=(3)*(4)*(5)	-171,937,355.79	-43,134,191.57	71,219,041.97	-500,690,105.91	-82,500,849.17	40,516,871.72	756,580,191.1	84,134,408.1
累计现金逆/顺差	(7)	-171,937,355.79	-215,071,547.36	-143,852,505.39	-644,542,611.3	-727,043,461.07	-686,526,589.35	70,053,601.75	154,188,009.85
累计EVA	(8)	125951467.01	-32573692.53	160341217.42	5744897.63	207287091.65	-162701918.37	-79315455.54	-46030338.55
当期EVA	(9)	0	0	0	0	0	-18159952.96	50399431.16	-14420013.58

图 3-54　模型数据

选择"年度数据"只计算报表区间内 12 月 31 日的相关数据，选择"全部数据"则是报表区间内的全部数据，报表区间可以在主窗体中选择。

④财务战略矩阵分析：也就是通过比较可持续增长率和实际营业收入增长率差额和 EVA 之间的关系，确定以往不同时期企业在财务战略区间所处的不同位置，从而判断企业应该采取什么样的财务战略。财务战略矩阵分析如图 3-55 所示。

横坐标代表实际营业收入（销售收入）增长率减去可持续发展率的差额，用百分比表示，纵坐标表示 EVA 经济增加值，其算法与经济增加值章节算法一致，图中的点表明不同时期企业所处的战略空间，可根据本节论述判定企业应采取何种策略。由于分析数据不同，可采用累计或当期 EVA 数据，以公正反映报表期间的实际数据。

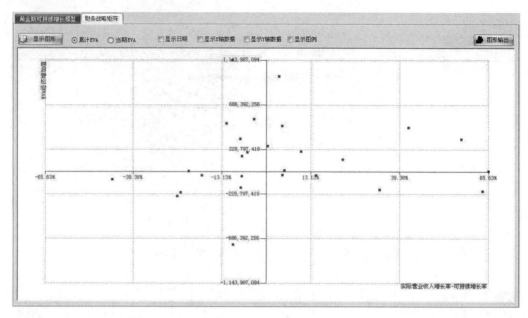

图 3-55　财务战略矩阵分析

3.2.11　企业竞争力分析

企业竞争力分析是指在同一个行业中,根据不同的指标权重,对不同的指标组合进行计算,察看企业在所处行业中的地位。在这里,系统需要计算在这个行业中指标组合的最大平均值和最小平均值,然后再确定用户所需要分析的企业的数值。竞争力接近1,表明企业在行业中处于领先地位。

1)选择分析客户

详见"3.2.1 趋势回归分析"中的"1)选择分析客户"中的步骤。

2)竞争力分析和竞争力走势

①单击"经营分析预测"中的"竞争力分析",进入该功能的操作界面,系统默认为"竞争力分析"。

②选择行业类型和选择评价行业。在下拉列表框中可以进行选择,一般在"选择分析客户"时系统默认为所选客户的行业,也可以自定义。同时,对评价日期进行选择。

③计算默认评价指标。指标的选择是评价企业竞争力的关键,点击"默认评价指标"按钮,系统为用户设定了8个指标,并确定了各自权重。当然用户可以更改评价指标,选定需要更改的指标,双击则取消了该项指标,然后用户在左边的指标框中选择需要更换的指标,双击即选中。一般情况下,财务指标是越大越好,但是也有一些指标是越小越好,如资产负债表率,这时就要选择指标左边的方框键,打钩则表示该指标越小越好。

④选择了指标后,须确定每个指标的权重系数,拉动"权重调节器"使所有权重之和达到100%。当然还要搜索每个指标在数据库中的最大平均值和最小平均值,点击每个指标右边的方块键,则系统会在现有数据库中搜寻这个行业的最大值和最小值。竞争力

分析如图 3-56 所示。

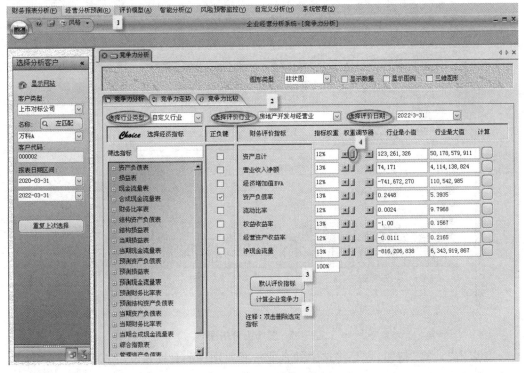

图 3-56　竞争力分析

⑤点击"计算企业竞争力"按钮,则系统会自动计算该企业的竞争力系数。原理如下:

首先运用"(企业实际值-行业最小值)/(行业最大值-行业最小值)"公式计算出单指标数据,然后根据权重进行加权平均,得出总的竞争力系数。同时系统会自动跳转到"竞争力走势"界面,对生成的 Excel 表格可以进行输出,并可以直接打印。

⑥选择不同类型的竞争力走势图,点击"图形类型"下拉列表框,选择需要的图形。

⑦在"显示数据""显示图例""三维图形"前的复选框中打钩,选中的部分会呈现在图形中。

⑧点击"生成趋势数据",显示在所选中的报表日期区间内竞争力的变化情况。

⑨点击"图形输出",可以将图形输出,作为报告的一部分。竞争力分析图如图 3-57 所示。

3)竞争力比较

同一行业中的企业竞争力是可以进行比较的,比较包括两种形式:按竞争力表中的数据进行比较;计算竞争力进行比较。

①点击"竞争力比较"。

②选择进行对比的客户指标,在客户名称前的复选框里打钩。

127

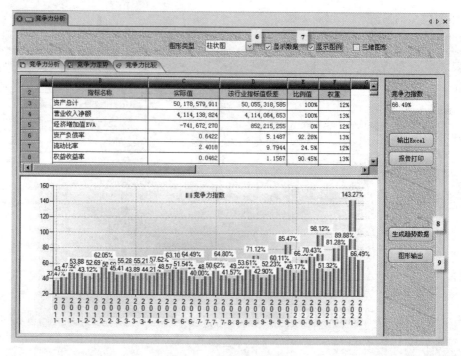

图 3-57　竞争力分析图

③点击"计算"按钮,这是将选中的企业按照所选择的日期重新计算竞争力,在这个过程中同时生成竞争力报告,显示报表日期内竞争力的比较情况。图形和报告都可以输出。竞争力比较如图 3-58 所示。

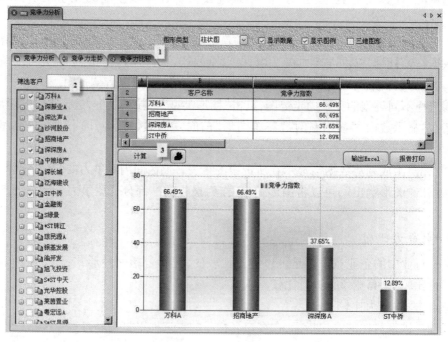

图 3-58　竞争力比较

3.2.12　经济增加值(EVA)分析

1)选择分析客户

详见"3.2.1 趋势回归分析"中的"1)选择分析客户"中的步骤。

2)结构分析

①点击"经营分析预测"中的"经济增加值分析"(也称作"EVA 分析"),进入该功能的操作界面,系统默认为"结构分析";EVA 分析有几个默认值:

无风险报酬率系统默认为2%;贝塔系数系统默认为50%;市场风险溢价系统默认为4%。

②EVA 分析包括当期值和累计值两种形式,一般财务报表为累计财务报表,为了反映企业当期的经营状况,可以选择当期。在"累计"和"当期"前的复选框中打钩,即表示选中。

③点击指标旁边的圆点按钮,则选择该指标值作为"指标初始值"。EVA 分析是将EVA 值层层分解到各个明细指标。

④拉动"变动百分比"下拉按钮,变动该指标百分比,同时,其他相关指标和 EVA 值也随之变化。这样,用户通过调节各个指标值来动态模拟不同因素变化对 EVA 的影响程度。用户如果只分析单一指标的影响程度,则在动态模拟后,单击"恢复初始值",再分析另一个指标;如果用户分析多指标的交互影响,则在分析完一个指标之后,单击"模拟器恢复为零"按钮,再选择其他指标,进行动态分析,这样就会呈现出多指标综合变动的影响。结构分析如图 3-59 所示。

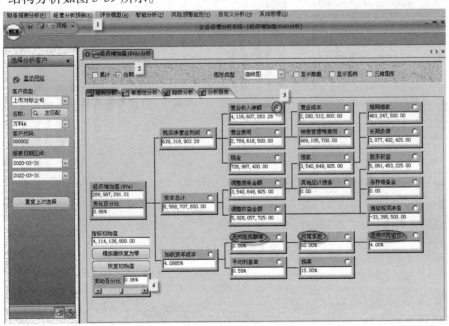

图 3-59　结构分析

3）敏感性分析

这是分析某一个指标不同的变化区间对 EVA 的影响程度。

①点击"敏感性分析"，进入该功能的操作界面。

②选择"变化率区间"，如"资本总计"变化从−30%到30%时，EVA 产生怎样的变化。用户可以调整这个变化区间。

③选择"变化步长"，因为变化率区间中有许多数值，所以用户需要选择步长，如步长为1%，则−30%到30%区间就有61个数值；系统默认"自动"就为6%，这样−30%到30%之间就有11个值，便于图形展示。

④选择不同类型的敏感性分析图，点击"图形类型"下拉列表框，系统给出了7种可供选择的图形类型。

⑤在"显示数据""显示图例""三维图形"前的复选框中打钩，表示选中，所选的内容会呈现在图形中。

⑥点击"选择指标"下拉列表框，选择要进行分析的指标，选择不同指标就会生成敏感性报告，用户可以将敏感性报告以 Excel 形式输出，也可以直接打印。敏感性分析如图3-60所示。

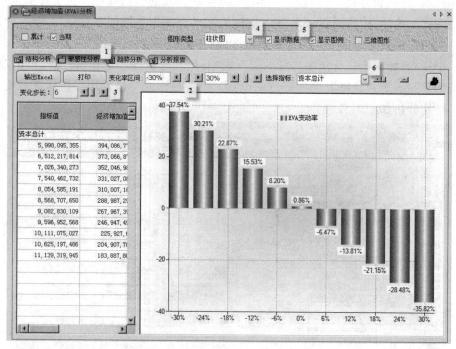

图 3-60　敏感性分析

4）趋势分析

①点击"趋势分析"，即可进入该功能的操作界面。

②选择不同类型的敏感性分析图，点击"图形类型"下拉列表框，系统给出了7种可供选择的图形类型。

③在"显示数据""显示图例""三维图形"前的复选框中打钩,表示选中,所选的内容会呈现在图形中。

④点击"趋势分析",可以看到"累计 EVA"和"当期 EVA"在报表日期内的数值,用户可以进行比较,并判定其发展趋势。形成趋势报告(单击"输出 Excel"可以进行表格的输出,并可直接打印)和趋势图(可以进行图形的输出)。趋势分析如图 3-61 所示。

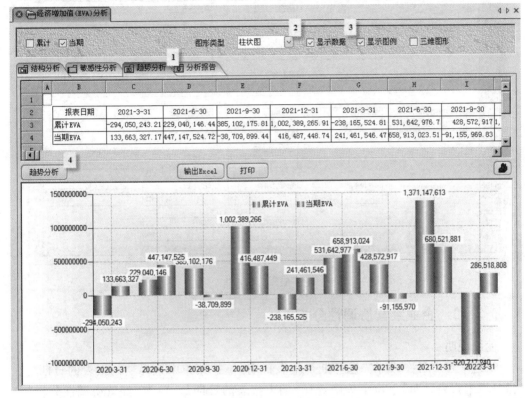

图 3-61　趋势分析

5) 分析报告

敏感性分析只能反映单一指标在一个区间内的影响程度,但是要了解全部指标在某一时点的影响程度,也就是说在某一时点,哪个指标更为重要,就需要通过因素分析来反映。

①选择"分析报告",进入该功能的操作界面。

②在"EVA 因素分析"和"EVA 体系结构图"前的复选框中打钩,表示选中。

③调节"选择自变量变动率"(系统默认为 5%),通过拉动按钮即可。

④点击"生成报告"按钮,选择"EVA 因素分析"时,则会形成因素分析报告,这个报告可以 Excel 形式输出,也可直接打印。选择"EVA 体系结构图"时,则可以将动态模拟的 EVA 模型以树状图形式展现,并可以输出到 Excel,或直接打印。分析报告如图 3-62 所示。

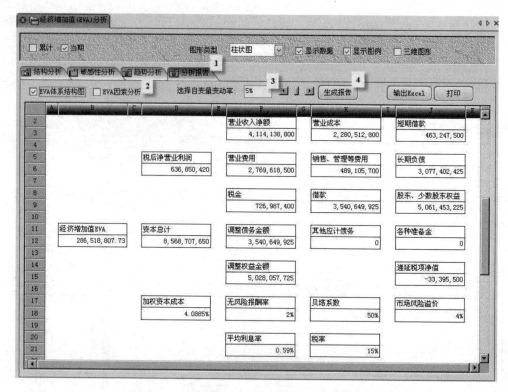

图 3-62　分析报告

3.2.13　企业经营协调性分析

使用说明:

①选中客户名称,并在"选择期初报表日期"下拉菜单中选择期初报表的日期。在"选择期末报表日期"下拉菜单中选择"期末报表的日期"。单击"经营协调性分析"菜单。系统是按照期末报表日期的数据进行计算的。自动生成经营协调分析动态归因树。经营协调性如图3-63所示。

②累计数据和当期数据:一般报表显示的是累计数据,不能完全反映一季度或半年的实际经营情况,因而使用当期数据,可以对不同月、季度、半年等实际发生数据进行比较。单击"累积数据"或"当期数据"可以直接实现数据切换。

③可以对数型归因树进行伸缩、展开。

④动态模拟:用户可以通过选择变动指标(点击指标右边的选项框),调节动态模拟,不仅可以看到该指标的变动百分比,同时还可以看到与之相关的指标发生变化,从而影响阿塔曼 Z 值,并用颜色表示风险程度,红、黄、绿色分别代表风险程度的大小,并出现风险提示。用户如果只分析单一指标的影响程度,则在动态模拟后,单击"恢复初始值",再分析另一个指标;如果用户分析多指标的交互影响,则在分析完一个指标之后,单击"模拟器恢复为零"按键,再选择其他指标,进行动态模拟,这样多指标综合变动的影响就会显示出来。

⑤协调性模型数据如图 3-64 所示。

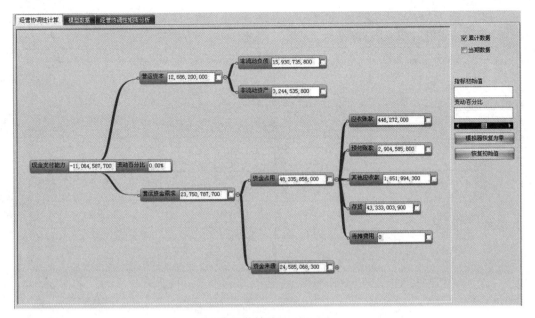

图 3-63　经营协调性

报表日期/公司名称		2014-12-31	2015-12-31	2016-12-31	2017-12-31	2018-12-31	2019-12-31	2020-12-31	2021-12-31
营运资本	(1)	-618,951,076	-465,773,216	-107,639,400	1,232,573,077	655,250,560	2,558,970,261	419,960,846	5,755,150,600
营运资金需求	(2)	1,767,058,946	2,213,204,870	3,639,486,383	4,112,280,424	6,327,624,018	6,885,345,442	7,360,542,512	15,896,526,800
现金支付能力	(3)=(1)-(2)	-2,386,010,022	-2,678,978,086	-3,747,125,783	-2,879,707,347	-5,672,373,458	-4,326,375,181	-6,940,581,666	-10,141,376,200
协调性判断	(4)	严重不协调	严重不协调	严重不协调	协调但有支付困难	协调但有支付困难	协调但有支付困难	协调但有支付困难	协调但有支付困难

图 3-64　协调性模型数据

　　协调性模型数据主要是计算一个公司在不同时期内经营协调性的发展变化。用户也可以进行行业协调性分析,选择"是否行业协调性分析",再选择"行业名称",系统会按照期末报表日期计算该行业中所有公司的经营协调性数据,并对协调性进行判断,以便使用者观察行业整体的协调性状态。行业数据不包含年度数据或全部数据,只是期末数据,单一公司可选择年度数据或报表区间内的全部数据。

　　⑥经营协调性矩阵分析,如图 3-65 所示。

　　协调性矩阵是在传统协调分析基础上的演进,它是根据前面的数据得来的。

　　横坐标代表营运资金需求,纵坐标代表营运资本,数据点分布在不同象限,表明公司出于不同的协调性状态,可以通过选择"显示判断"来查看。

　　"显示内容"表示这个数据点是某个报表日期(针对一个公司)还是某个行业中的公司名称(针对行业分布)。

　　"显示现金支付能力"是指营运资本和营运资金需要之间的差,也可以选择它来显示现金支付能力曲线。

　　"显示 X 轴数据"是显示各点营运资金需求的数值。

　　"显示 Y 轴数据"是显示各点营运资本的数值。

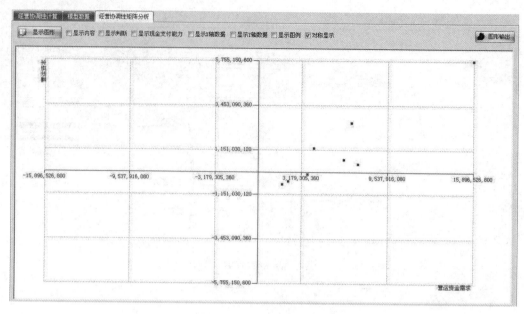

图 3-65　协调性模型数据

"显示图例"是在图形中间出现图例表示各数据点或曲线所代表的内容。

"显示对称"是指图形显示方式的对称方式是坐标轴正负相同,零点处于中间点,两边对称的,这样更加好看一些。非对称是根据数据点自动显示,没有数据点的象限可能就不显示,用户可根据美观程度进行调整。

3.2.14　流动性与经营效率分析

主要包括:①构建管理资产负债表。管理资产负债表主要用于公司的流动性管理和构建、评价公司的融资战略。因为公司资产的流动性是由资产负债结构决定的,即由资产的种类、结构以及它们的筹资渠道决定。重新构造资产负债表(即建立管理资产负债表)使其更强调管理者更关注的营业和筹资,从而可以从资金结构、营业周期、行业特点、管理效率各方面分析和评价公司经营效率。②建立新型流动性评价体系。根据美国财务专家加布里埃尔和维埃里的研究,运用"管理资产负债表"的工具更好地进行流动性分析和经营效率评价。③可以针对不同行业、客户类型,不同企业进行融资战略构建、分析、比较。④自定义管理资产负债表可以突出管理的有效性;同时用户录入新的数据后,会根据自定义的资料,自动生成管理资产负债表。

1)选择分析客户

详见"3.2.1 趋势回归分析"中的"1)选择分析客户"中的步骤。

2)流动性模拟

①点击"经营分析预测"中的"流动性与经营效率分析",进入该功能的操作界面。

②点击指标旁边的圆点按钮,则选择该指标值作为"指标初始值"。

③拉动"变动百分比"下拉按钮,变动该指标百分比,同时,其他相关指标和"易变现

率"也随之变化。这样,用户通过调节各个指标值来动态模拟不同因素变化对"易变现率"的影响程度。用户如果只分析单一指标的影响程度,则在动态模拟后,单击"恢复初始值",再分析另一个指标;如果用户分析多指标的交互影响,则在分析完一个指标之后,单击"模拟器恢复为零",再选择其他指标,进行动态分析,这样就会呈现出多指标综合变动的影响。流动性模拟如图 3-66 所示。

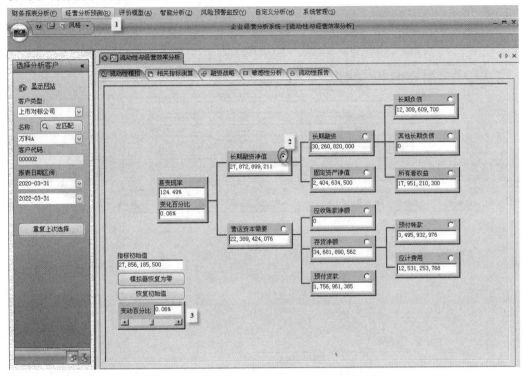

图 3-66 流动性模拟

3) 相关指标测算

在系统中,相关指标的内容包括:投入资本、占用资本(即管理资产负债表的数据)、流动性测算、传统流动性测算、管理效率影响和经营效率评价六大类指标。流动性指标克服了传统流动性指标的不足和局限性。经营效率评价指标,即营运资本需求销售比,是综合管理资产负债表工具的综合类衡量指标,可以作为企业排序的依据。计算客户相关指标可以比较客户在不同区间的指标变化程度,从而判断企业的经营效果。

①选择"相关指标测算",进入该功能的操作界面。

②不同的客户类型,可以选择不同的行业进行比较。选择行业有两种方式,可以计算出某一个行业在报表日期内的相关数据进行比较分析。在"选择行业平均"下拉框中选择某个行业即可。

③也可以将不同行业放在一起进行比较。在"是否行业比较"前的复选框中打钩,选择需要比较的行业,在各行业前面的复选框中打钩,再点击 按钮,即可将期末报表日期的行业数据进行比较,这是行业平均的指标,也可以通过企业与行业比较确定企业在行

业中的位置和不同行业特点。

④用户可以在"数值"和"三维"前的复选框中打钩,表示选中,选择的结果会呈现在图形中。

⑤点击"图示指标"下拉列表框,选择要进行分析的指标。

⑥点击 客户指标 按钮,Excel 表格呈现以前所选客户的分析数据。相关指标测算如图 3-67 所示。

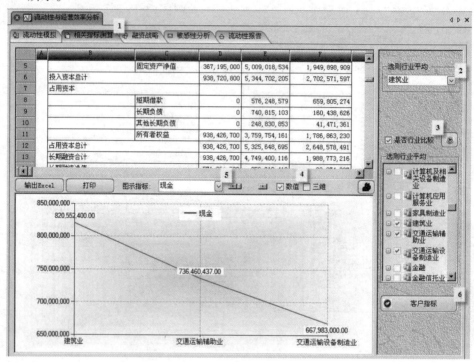

图 3-67　相关指标测算

4)融资战略

管理资产负债表作为新型管理工具,可以用来分析和评价企业融资战略。它包括两个模型,步骤如下:

①点击"融资战略",进入该功能的操作界面。

②调节"营运资本需求固定部分比率",分析图形结构,从而判断企业是稳健的融资战略,还是保守、抑或进取的融资战略。

③在"模型一"和"模型二"前的复选框中打钩,表示选中。

④在"三维"和"数值"前的复选框中打钩,表示选中,其中,"数值"是分指标显示的,在右边下拉框中选择指标,再在"数值"前的复选框中打钩即可。

⑤点击"运行",即可显示该指标数值及其图形。

若选择"模型一",如图 3-68 所示。

若选择"模型二",如图 3-69 所示。

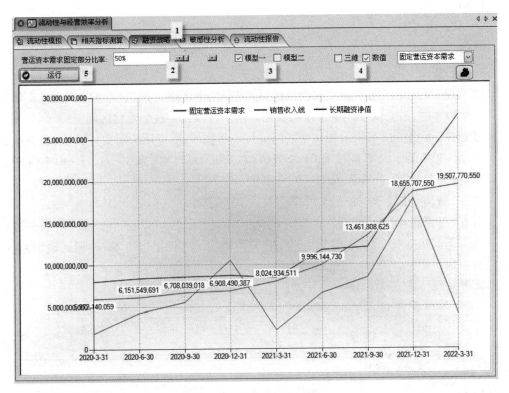

图 3-68　融资战略模型一

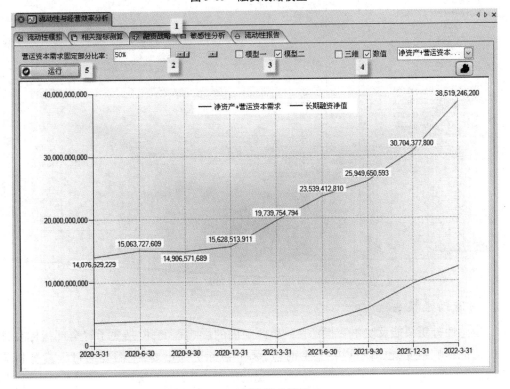

图 3-69　融资战略模型二

5）敏感性分析

这是分析某一个指标不同的变化区间对易变现率的影响程度。

①点击"敏感性分析"，进入该功能的操作界面。

②选择"变化率区间"，通过拉动按钮，呈现变化率区间。如"长期融资净值"变化从-30%到30%时，易变现率产生怎样的变化。用户可以调整这个变化区间。

③选择"变化步长"，因为变化率区间中有许多数值，所以用户需要选择步长，如步长为1%，则-30%到30%区间就有61个数值；系统默认"自动"为6%，这样-30%到30%之间就有11个值，便于图形展示。

④在"数值"和"三维"前的复选框中打钩，表示选中。

⑤在"选择指标"下拉列表框中选择要分析的指标，也可以通过按钮拉动来进行选择。选择不同指标就会生成敏感性报告，用户可以将敏感性报告以 Excel 形式输出，也可以直接打印。敏感性分析如图3-70所示。

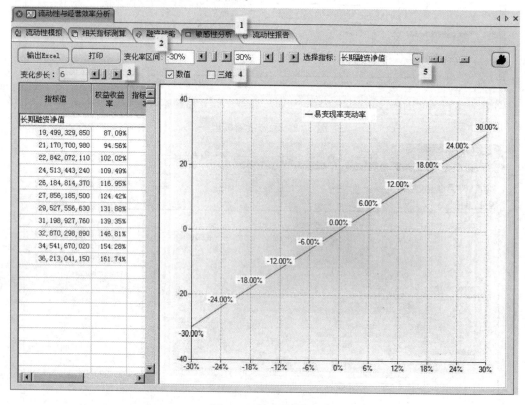

图3-70　敏感性分析

6）流动性报告

敏感性分析只能反映单一指标在一个区间内的影响程度，但是要了解全部指标在某一时点的影响程度，也就是说在某一时点，哪个指标更为重要，就需要通过因素分析来反映。

①点击"流动性报告"，进入该功能的操作界面。

②在"因素分析"和"流动性动因图"复选框前打钩,表示选中。

③调节"选择自变量变动率"(系统默认为5%),通过拉动按钮改变变动率。

④点击"生成报告"按钮,选择"因素分析",则会形成因素分析报告,选择"流动性动因图",则可以将动态模拟的易变现率模型以树状图形式展现,并可以输出到 Excel,或直接打印。流动性报告如图3-71所示。

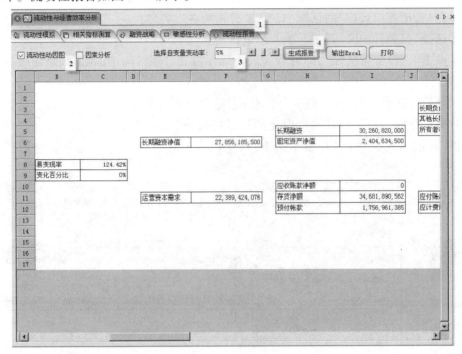

图 3-71　流动性报告

3.2.15　现金管理与分析

计算最佳现金持有量,包括确定或计算"持有现金的机会成本""现金和有价证券转换成本""短缺成本""现金管理成本"等。分为:①鲍莫模型:这是根据存货的经济订货模型建立的现金持有量模型。是在现金流入和流出比率固定的情况下,计算总成本、持有成本、交易成本等,从而计算出公司最佳的现金余额。②米勒-奥尔模型:该模型认为公司现金流量中总存在着不确定性,假定每日净现金流量呈正态分布,现金流量围绕目标现金流量上下波动,并控制在上下限之中。因此要计算出现金流量方差,进而计算现金控制的上下限。用户可根据实际现金流量状态选择模型,如果现金流入、流出稳定可选用鲍莫模型;如果现金流量不稳定,可选用米勒-奥尔模型。

1)选择分析客户

详见"3.2.1 趋势回归分析"中的"1)选择分析客户"中的步骤。

2)现金运行情况

①单击"经营分析预测"—"现金管理与分析"进入该功能的操作界面,系统默认为

"现金运行情况"。系统主要采集会计分录表中的数据,会计分录表是针对会计科目的数据记录,见《系统管理》中《业务数据平台》中的会计分录表。会计分录表一般含有以下项目:代码、日期、凭证号、科目名称、科目代码、摘要、借方金额、贷方金额、余额。现金分析主要包括分析三种现金类型:一是现金,二是银行存款,三是现金+银行存款+其他货币资金,用户可以在"选择分析指标"中进行选择。

②在"分析客户名称"对话框中输入要分析的客户名称。

③选择"报表日期区间"的起始和结束日期。

④点击"选择分析指标",即可看到该指标在报表日期区间中的借贷、余额数据和分析图。

⑤分析数据包括两种:一是按月汇总,它是针对每月数据进行借方和贷方合计。二是针对分析指标(科目)所有发生变化的记录进行分析。在"是否按月汇总"和"是否显示图例"前的复选框中打钩,表示选中,所选内容呈现在图形中。现金管理如图 3-72所示。

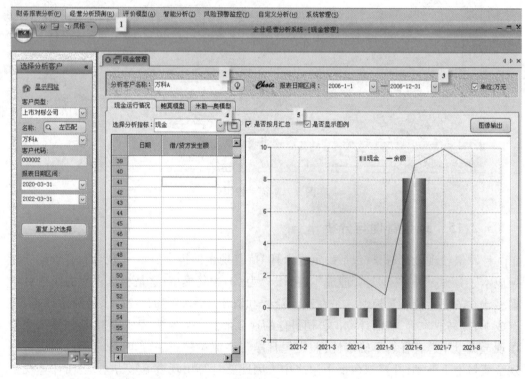

图 3-72　现金管理

3)鲍莫模型

鲍莫模型主要是计算现金持有成本、现金交易成本和现金总成本,从而确定企业应保持的最优现金余额,即最优现金余额是现金总成本最小时的余额;首先要完成现金运行情况分析,要选择按月汇总,再选择分析指标,这时系统会自动计算报表日期区间中平均"现金余额"和"经营活动所需现金总额"。

①点击"鲍莫模型",进入该功能的操作界面。

②手工输入"每次现金交易固定成本",并选择适当的持有现金机会成本。

③点击"原始值计算",计算在现有情况下企业的最优现金余额。

④可选择动态模拟器,模拟各种因素变动后,企业最优现金余额的变动情况。鲍莫模型如图 3-73 所示。

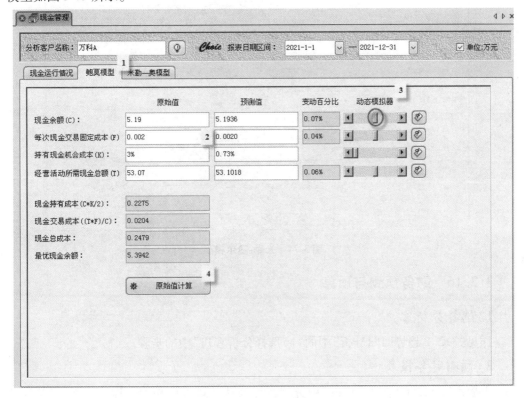

图 3-73　鲍莫模型

4）米勒-奥尔模型

米勒-奥尔模型主要是计算企业目标的现金余额和现金余额的上限,目标现金余额不一定是最优,它是根据现金流量变动的统计规律推算出来的。

①点击"米勒-奥尔模型",进入该功能的操作界面。

②首先要先计算"报表日期区间"内的"每天现金流量标准差",这是米勒-奥尔模型的基础,单击"※"即计算完毕,并计算出"每天现金流量方差"数值。

③手工输入"现金金额的下限""固定交易成本"以及选择适当的"每天机会成本",系统默认"每天机会成本"为 0.013 89%,即年机会成本 5%。这些属于企业经营的常数。

④可选择动态模拟器,拉动"动态模拟器"按钮,模拟各种因素变动后,企业目标现金余额和现金余额上限的变动情况。

⑤点击"原始值计算",计算出在现有情况下企业的"目标现金余额"和企业不能超过的"现金余额上限"。米勒-奥尔模型如图 3-74 所示。

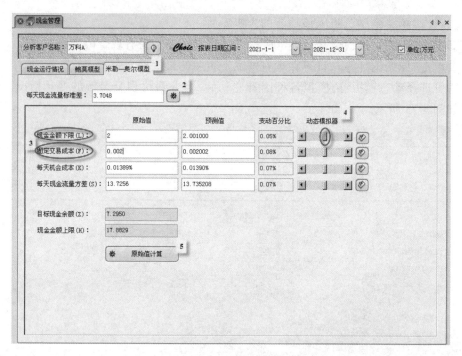

图 3-74　米勒-奥尔模型

3.2.16　财务预测与预算

1）选择分析客户

详见"3.2.1 趋势回归分析"中的"1）选择分析客户"中的步骤。

2）预测财务报表

①单击"经营分析预测"中的"财务预测与预算",进入该功能的操作界面,系统默认为"预测财务报表"。

②在"选择预测方法"下拉列表框中选择预测方法。

③在"基期财务结构方式"下拉列表框中选择财务结构方式,其中,销售收入百分比法主要是通过各财务指标与主营业务收入的比例来推算,因此该比例的选择需要斟酌。系统设置了三个模式:

A. 前三期实际或预测平均结构。

B. 前一期实际或预测财务结构。

C. 前三期实际或预测 1/2/3 加权结构(指前一期权重为 3,前二期权重为 2,前三期权重为 1,体现了离预测期越近,影响越大的设计思想)。

④在"现有预测报表日期"下拉列表框中选择现有预测报表的日期。

⑤预测三张财务报表。单击"预测"按键,则可以看见电子表中出现预测结果。

⑥调节单项指标。预测完之后,用户可以调节各个单项财务指标,以体现不同企业的特点。也可以预测主营业务收入的变化。单击需要调节的指标,拉动"模拟预测"按钮,改变指标数值,可以看到电子表中的预测数据会根据单项指标和钩稽关系而发生

变化。

⑦点击"平衡验证与调整"。预测完以后,由于比例关系和单项指标调节,可能会出现资产负债表不平衡的情况,需要根据资产和负债的变化进行调节。如增加了资产内容,则应在相应的负债方添加相应的数据。

⑧点击""按钮,保存预测报表数据。试算平衡以后,则系统会为用户生成"预测资产负债表""预测损益表"和"预测现金流量表"三张报表。

⑨验证结束平衡并保存之后,可以进行"预测合成现金流量表"和"预测财务比率表"的预测。在这里需要注意的是:资产负债表一定要调节平衡,否则预测的数据会不准确,并且一定要先存盘财务报表。因为合成现金流量表和财务比率表是根据前三张报表变化而来的,如果不存盘,则无法进行进一步预测。点击"预测合成现金流量表",并点击"预测财务比率表"按钮。

⑩在"钩稽关系维护"前复选框中打钩,钩稽关系是指"资产负债表""损益表"和"现金流量表"三张报表之间和内部存在的相互关系,是系统事先设定好的。如果这三张报表结构没有发生变化的话,则不应进行钩稽关系的维护,以免破坏了这种关系。

注意:由于合成现金流量表和财务比率表是动态可自定义的,因此预测表和实际表有可能不相同,此时系统会自动提示用户进行"维护预测财务报表"的操作,见本节以后相关章节。进行了"预测财务报表"操作以后,则不需要再进行这两项预测,因为在"预测财务报表"操作的同时也更新了数据。预测财务报表如图 3-75 所示。

图 3-75 预测财务报表

3) 预测融资需求

融资需求与企业各项财务指标息息相关,特别是主营业务收入的变化,同时也要考虑企业的增长因素对融资的需求。

①点击"预测融资需求",进入该功能的操作界面。

②点击"预测"生成结果。预测生成的 Excel 表格可以通过单击"输出 Excel"进行输出,或直接打印出来。预测财务报表如图 3-76 所示。

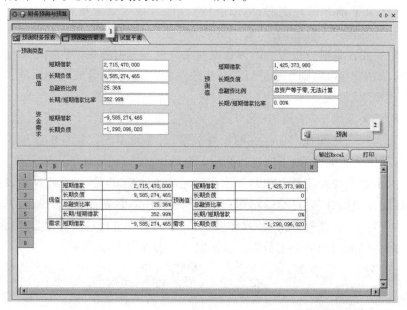

图 3-76　预测财务报表

3.2.17　盈余质量分析

随着公司进行盈余管理,利润操纵的情况越来越普遍,盈余管理和盈余质量分析问题受到了各方的关注。

本系统提供了测量盈余管理和盈余质量分析的四种模型,包括:琼斯(Jones)模型、扩展琼斯模型、K-S(Kang and Sivaramakrishnan)模型、边际模型。

琼斯模型和边际模型明确地将经济环境的变化引入了对应计利润的估计。琼斯模型提供了可靠的估计,并能有效地用于假设检验。琼斯模型和边际模型都有很好的预测能力,琼斯模型在识别收入操纵和费用操纵方面能力较强,而边际模型在公司出现异常经营活动现金流量时预测的应计利润更为准确。但这两种模型对数据的要求较高,需要10 年以上的时间序列数据来估计模型的参数。K-S 模型是一种比较精确的预测模型,它的拟合效果最好。但 K-S 模型的计算比较烦琐,对数据的要求非常高,所有涉及的变量都要求有二阶滞后值作为工具。

使用方法:

4 种模型使用方法都是一样的,主要是采集数据和运行结果的不同。4 种模型数据如图 3-77 所示。

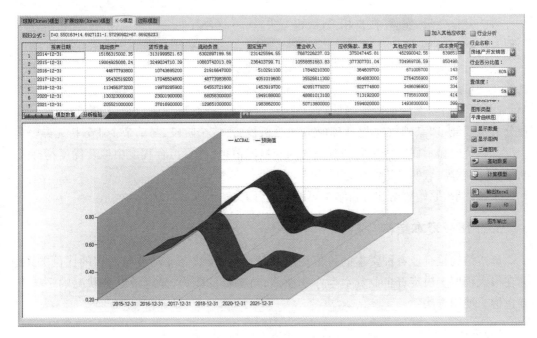

图 3-77　4 种模型数据

①对企业报表日期区间数值进行计算。

A. 基础数据:每个模型基础数据是不同的,单击"基础数据"按键,则根据企业报表区间抽取基础数据作为模型分析的依据。

B. 计算模型:根据以上各个模型的公式,回归计算各模型参数,回归以后的公式,见上方的"回归公式"。

C. 分析检验:从理论上讲,残差是回归方程的随机项,其均值应等于零,如果其值显著地异于零,则说明存在异常的操控性应计利润,即存在盈余管理行为,如图 3-78 所示。

报告内容	报告值
多重拟合优度(判定系数)	0.9953
调整拟合优度(判定系数)	0.9918
复相关系数	0.9977
总离差(SST)	23.7882
回归(SSR)	23.677
残差(SSE)	0.1112
整体F统计值(回归方程)	283.7792
F置信度	0.05
F临界值	5.4095
F检验结论	回归方程整体作为解释变量作用明显!

自变量名称	自变量回归系数	标准差	t统计值	t置信度	t临界值	t检验结论
(营业收入*上期应收账款)/(上期营业收入*上期资产总计)	1.0049	1.463535	0.686637	0.05	2.570582	变量(营业收入*上期应收账款)/(上期营业收入*上期资产总计)作为解释变量作用不明显,该变量存在盈余管理!
成本费用*OCAL/(上期成本费用*上期资产总计)	0.5108	0.340957	1.498143	0.05	2.570582	变量(成本费用*OCAL/(上期成本费用*上期资产总计)作为解释变量作用不明显,该变量存在盈余管理!
固定资产*折旧费用/(上期固定资产*上期资产总计)	43.1406	34.817611	1.239045	0.05	2.570582	变量(固定资产*折旧费用/(上期固定资产*上期资产总计)作为解释变量作用不明显,该变量存在盈余管理!

图 3-78　分析检验

分析检验原则:如果 F 检验通过,说明回归方程作为解释变量作用明显,可以用来解释盈余管理行为。在 F 检验通过的前提下,可具体检测某组指标是否通过 t 检验。如果没有达到合理的置信区间,说明该指标(组合)误差显著,存在一定的盈余管理和操纵利润行为。t 检验可以指出盈余管理可能处在某个环节和盈余管理的程度如何。

如果 F 检验没有通过,说明存在两种可能,一种是整体误差过大,存在盈余管理;另一种可能是自变量之间存在自相关性,模型失效,可结合其他分析来说明,或对数据进行处理,以减少自相关性。

②对行业报表日期区间进行计算分析。行业是否普遍存在盈余管理行为也是分析者关注的重点。用户可以选择行业的百分比数值,作为行业数据的代表进行分析。将"行业分析"打钩,然后选择适当的行业百分比作为行业数据代表,再选择某个行业。行业分析也要经过"基础数据""计算模型""分析检验"三个阶段,与单个企业分析无异。

③系统会显示回归分析后预测值与因变量原值拟合图,拟合程度由拟合优度指标反映,拟合度越高,表明分析结果越可靠。

④各图形、原始数据和分析结果可输出、打印。

3.2.18 资本结构分析

资本结构是企业各种资本的价值构成及其比例,反映企业债务与股权的比例关系,它在很大程度上决定着企业资本运作和偿债、再融资的能力,是企业财务状况的一项重要指标。使用方法:

1)选择分析客户

详见"3.2.1 趋势回归分析"中的"1)选择分析客户"中的步骤。

2)资本结构与现金流量

①单击"经营分析预测"中的"资本结构分析",进入该功能的操作界面,系统默认为"资本结构与现金流量"。

②可选择动态模拟器,拉动"动态模拟器"按钮,即可模拟各种因素变动后,企业资本结构的变动情况,了解资本结构与现金流量的关系。

③选择行业类型及数值比例。在下拉列表框中可以进行选择,一般在"选择分析客户"时系统默认为所选客户的行业,默认比例为50%,也可以自定义,拉动"动态模拟器"按钮,即可做相应的行业分析。资本结构与现金流量如图3-79所示。

3)M&M 和 Miller 模型

①单击"经营分析预测"中的"资本结构分析",点击"M&M 和 Miller 模型",即进入该功能的操作界面。

②自定义调节"非杠杆资本成本""个人所得税率权益"及"利息",系统即可自动测算出不同税收条件下的资本结构与企业价值。

③选择行业类型及数值比例。在下拉列表框中可以进行选择,一般在"选择分析客户"时系统默认为所选客户的行业,系统默认比例为50%,也可以自定义,点击计算按钮,即可进行相应的行业分析。

④各图形、原始数据和分析结果可输出、打印。M&M 和 Miller 模型如图3-80所示。

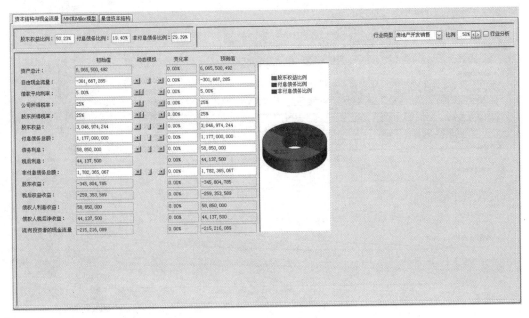

图 3-79　资本结构与现金流量

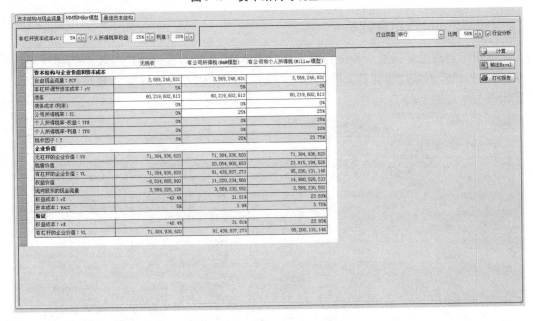

图 3-80　M&M 和 Miller 模型

4）最佳资本结构

①单击"经营分析预测"中的"资本结构分析"，点击"最佳资本结构"即进入该功能的操作界面。

②用户自定义调节"无风险利率""市场风险溢酬"等值，按计算按钮，系统自动测算不同资本结构下的企业价值，找出最佳资本结构。

③各图形、原始数据和分析结果可输出、打印。最佳资本结构如图 3-81 所示。

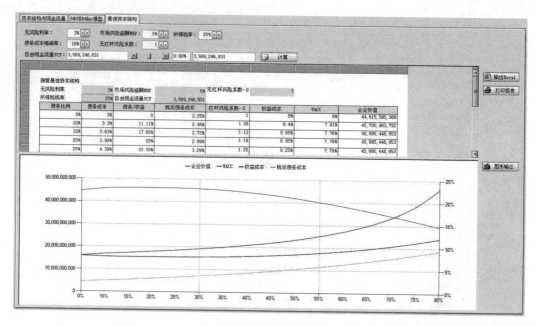

图 3-81　最佳资本结构

3.2.19　投资组合分析

投资组合理论是指若干种证券组成的投资组合,其收益是这些证券收益的加权平均数,但是其风险不是这些证券风险的加权平均风险,投资组合能降低非系统性风险。投资组合分析如图 3-82 所示。

	保利地产	北方稀土	东风汽车	海信电器	华润双鹤	宁波联合	三一重工	上汽集团	太极集团	同仁堂	中国医药	首创股份
1	0.1988	0.8403	0.0753	0.2608	0.1336	0.115	0.573	0.3256	0.026	0.1449	0.1821	0.083
2	0.0179	0.1999	0.0087	0.0477	0.0504	0.0075	0.1519	0.0829	0.0313	0.0501	0.0591	0.0098
3	0.0831	0.2198	0.021	0.083	0.0787	0.0082	0.2619	0.1538	0.0352	0.1026	0.1217	0.0257
4	0.1099	0.2189	0.011	0.1242	0.1084	0.0044	0.2809	0.2256	0.0354	0.1422	0.1583	0.0399
5	0.206	0.1759	0.0184	0.2	0.1393	0.0092	0.2649	0.2411	-0.1171	0.1687	0.1943	0.0864
6	0.0137	0.0189	-0.0034	0.0616	0.034	-0.0006	0.0669	0.0616	0.0191	0.0543	0.0568	0.0084
7	0.0714	0.0457	0.0157	0.0981	0.0732	-0.0067	0.1164	0.1142	0.0389	0.1059	0.1311	0.0208
8	0.0959	0.0669	0.0192	0.1299	0.1091	-0.0113	0.127	0.1778	0.0442	0.1282	0.1261	0.034
9	0.1914	0.0939	0.0402	0.1695	0.1739	0.023	0.1247	0.232	0.0294	0.1587	0.1736	0.0904
10	0.0137	0.0015	0.0072	0.0467	0.029	0.0166	0.0327	0.0624	0.0146	0.0502	0.0394	0.008
11	0.064	0.0074	0.0213	0.063	0.0612	0.1095	0.0556	0.1245	0.0252	0.0999	0.0844	0.0185
12	0.1005	0.0188	0.0301	0.0936	0.0811	0.1058	0.0647	0.1747	0.0134	0.1214	0.1056	0.0305
13	0.1897	0.0257	0.0224	0.1355	0.0986	0.1237	0.0303	0.2206	-0.1704	0.1521	0.1312	0.078
14	0.0205	0.0138	0.0146	0.0447	0.0292	0.0683	0.0017	0.0564	0.0274	0.0438	0.0378	0.0044
15	0.0749	0.022	0.027	0.0595	0.0579	0.0762	0.0143	0.1135	0.1027	0.0913	0.0788	0.0237
16	0.1009	0.0201	0.0378	0.0846	0.0735	0.0804	0.0024	0.1582	0.1237	0.12	0.106	0.0266
17	0.189	0.0057	0.0356	0.1315	0.1097	0.1012	0.0057	0.2024	0.1586	0.1501	0.1247	0.0715
18	0.0272	-0.0011	0.0122	0.0437	0.0296	0.0044	0.004	0.0535	0.5587	0.0413	0.0469	0.0098
19	0.0717	0.0022	0.0192	0.0609	0.0607	0.0314	0.0063	0.1045	0.5665	0.0888	0.0948	0.0265
20	0.1015	0.0023	0.0171	0.0927	0.095	0.0853	0.0087	0.1502	0.5669	0.116	0.1291	0.0373
21	0.1586	0.0081	0.009	0.1384	0.1097	0.1188	0.0069	0.1971	0.6574	0.1361	0.163	0.0508

图 3-82　投资组合分析

①选择收益率类型。投资组合分析的基础是上市公司组合中各个上市公司的在一

定期间内的收益率和收益率的标准差(方差、风险)。收益率有两种情况:一是净资产收益率,也就是财务收益率。二是市场季度收益率,也就是每季度末上市公司收盘价和上季度收盘价比较的收益情况。

②各上市公司期望收益率。它是指投资人对上市公司投资期望的收益率。一般情况选择平均收益率,也可以为近三期平均收益率或者直接选择最后一期收益率。

③选择收益风险模拟步长和模拟期数。不同的期望收益率,都会得到不同的风险值,所以需要进行多期模拟,才能在风险和收益间进行权衡。模拟步长就是指在初始期望收益率基础上,每次增长多少,系统默认为 0.1%。模拟期数就是需要模拟多少期,每一期都要进行一次二次规划运算。得出总体收益率和风险方差,以及投资比例。

④选择上市公司组合。也就是想要投资的最初上市公司组合,可以使用事先设定好的公司组合,也可以使用公司名称或代码一家一家单独添加数据,选择好后,公司组合的基础数据就出来了。基础数据就是在报表日期区间内,每个公司每季度的收益率。

⑤计算收益/风险。单击"计算收益/风险"按键,系统就会计算出各个上市公司的期望收益率和标准差,根据原始收益率计算出相关系数矩阵,再根据原始收益率和相关系数矩阵,计算出协方差矩阵。协方差矩阵是二次规划运算的基础,以 45 度线为方差,上三角可生成二次规划模型的目标函数。计算收益\风险如图 3-83 所示。

	保利地产	北方稀土	东风汽车
预期收益率:	0.1	0.0956	0.0219
标准差:	0.064	0.1825	0.0158
相关系数矩阵:			
	保利地产	北方稀土	东风汽车
保利地产	1	0.368428310163113	0.60991736235997
北方稀土	0.368428310163113	1	0.663208986993006
东风汽车	0.60991736235997	0.663208986993006	1
海信电器	0.884606940088405	0.679112838886428	0.663588395109948
华润双鹤	0.90725762264455	0.397659464109539	0.54866161415142
宁波联合	0.426763000690149	0.0729964964054386	0.476951855887303
三一重工	0.379679394736656	0.942083436738335	0.522859301799552
上汽集团	0.923282715771185	0.611761871191664	0.690878943281001
太极集团	-0.123245059430509	-0.255334848382183	-0.171559840836578
同仁堂	0.940728360502566	0.278411666793166	0.518262036073047
中国医药	0.88875751137161	0.457922343104212	0.48388107043326
首创股份	0.974448083638973	0.408648994605956	0.593334537739654
协方差矩阵:			
	保利地产	北方稀土	东风汽车
保利地产	0.00409318693877551	0.0043019053741496	0.000618327823129252
北方稀土	0.0043019053741496	0.0333084281632853	0.00191798176870748
东风汽车	0.000618327823129252	0.00191798176870748	0.000251092653061225
海信电器	0.00312688884353742	0.00684778823129252	0.000580961156462585

图 3-83 计算收益\风险

⑥二次规划投资比例。单击"二次规划投资比例"按键,系统就会生成最终结果。二次规划投资比例如图 3-84 所示。

以上结果是进行了 10 组二次规划运算后,得出的收益率曲线和风险方差曲线,以及购买上市公司的比例。购买比例为零的则为不购买,主要集中在四只股票中。由于模拟的风险方差都不高,可以选择收益率较高的组合。需要说明的是这组数据是以净资产收益率来计算的,和上市公司股价的收益率计算结果差异很大,表明股价反映经营状况的程度较低。

公司名称	投资比例									
	B	C	D	E	F	G	H	I	J	K
保利地产	0%	0%	0%	0%	0%	0%	0%	0%	0%	0%
北方稀土	0%	0%	0%	0%	0%	0%	0%	0%	0%	0%
东风汽车	20.0617%	18.9146%	17.7675%	16.6203%	15.4732%	14.326%	13.1789%	12.0317%	10.8846%	9.7375%
海信电器	0%	0%	0%	0%	0%	0%	0%	0%	0%	0%
华润双鹤	0%	0%	0%	0%	0%	0%	0%	0%	0%	0%
宁波联合	0%	0%	0%	0%	0%	0%	0%	0%	0%	0%
三一重工	0.2881%	0.355%	0.4219%	0.4888%	0.5557%	0.6225%	0.6894%	0.7563%	0.8232%	0.8901%
上汽集团	0%	0%	0%	0%	0%	0%	0%	0%	0%	0%
太极集团	5.2232%	5.2859%	5.3485%	5.4111%	5.4737%	5.5364%	5.599%	5.6616%	5.7242%	5.7869%
同仁堂	74.4269%	75.4446%	76.4622%	77.4798%	78.4974%	79.5151%	80.5327%	81.5503%	82.568%	83.5856%
中国医药	0%	0%	0%	0%	0%	0%	0%	0%	0%	0%
首创股份	0%	0%	0%	0%	0%	0%	0%	0%	0%	0%
比例合计	100%	100%	100%	100%	100%	100%	100%	100%	100%	100%
收益率	9.2428%	9.3438%	9.4449%	9.546%	9.647%	9.7481%	9.8493%	9.9504%	10.0515%	10.1527%
风险方差	0.0010075	0.00103116	0.00105517	0.00107953	0.00110427	0.00112936	0.00115482	0.00118064	0.00120682	0.00123336

图 3-84　二次规划投资比例

⑦风险收益图:实线为风险方差曲线,虚线为整体收益率曲线,可以看出风险方差斜率较小,表明风险变化不大;收益率斜率较高,表明收益率提高较多,而风险变化不大。因此可以尽量选择收益率较大的组合,二者的交会点可以作为风险收益点,差不多是第九个组合。但具体选择哪个,还要看投资者的风险承受力和期望收益状况。风险收益图如图 3-85 所示。

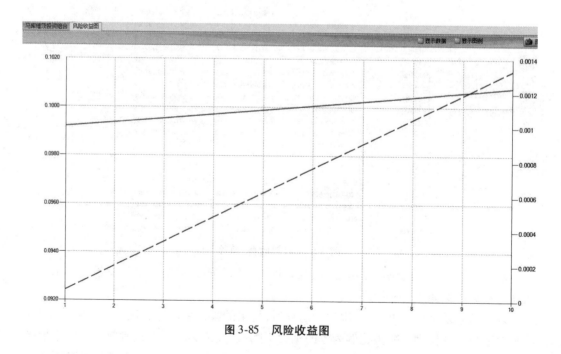

图 3-85　风险收益图

思考与练习

1. 趋势回归分析和相关因素分析有哪些?

2. 应收账款分析和利润分析如何进行?

3. 概率盈亏分析、成本费用分析、现金流量分析、杜邦财务分析有哪些?

4. 范霍恩可持续发展分析、希金斯分析与财务战略、企业竞争力分析如何查看?

5. 经济增加值(EVA)分析、企业经营协调性的分析如何计算?

6. 流动性与经营效率分析、现金管理与分析如何进行?

7. 财务预测与预算和盈余质量分析如何生成?

8. 资本结构分析和投资组合分析如何比较?

第4章　评价模型

学习目标

通过本章学习,了解评价模型的基本概念和基本约定;掌握评价模型如何使用,比如阿塔曼模型、切斯尔模型、骆驼评级模型、沃斯顿价值模型、卡普兰—厄威茨模型、沃尔信用能力模型等内容。

4.1　评价模型概述

评价模型是评价的手段,通过评价模型给评价对象一个结论。在 BIA 系统中,设计了6个模型:阿塔曼模型、切斯尔模型、骆驼评级模型、沃斯顿价值模型、卡普兰—厄威茨模型和沃尔信用能力模型,并在所有模型中都增添了用户自定义参数设置,以适应不同的需要。

系统对所有模型都进行了指标分解,建立了动态模拟机制。分析者可以针对模型结构进行因素和指标贡献度分析,模拟因素变化对投资模型和结果的影响,预测未来模型走势。

4.1.1　阿塔曼模型

阿塔曼模型,也称为 Z 值模型(Altman's Z-Score model)。阿塔曼教授在 1968 年分析了美国破产企业和非破产企业的 22 个会计变量和 22 个非会计变量,从中选取了衡量变现能力、盈利能力、财务杠杆效率、偿还能力、流动性等 5 个关键指标,建立了 Z 值模型,Z 值模型是用来预测企业是否面临破产的模型,后于 2000 年被修正。这里计算采用的是 2000 年修正后的模型,即采用 7 个指标作为企业失败和成功的变量,指标如下。

①资产报酬率,用息税前收益除以总资产来衡量。在过去许多的多变量研究及最主要的单变量研究中,这个变量在衡量公司业绩时是非常有用的。

②收益的稳定性,用 10 年资产报酬率的标准差的倒数来衡量。由围绕变量 X_1 的 10 年变化趋势所估计出的标准差给出。商业风险通常都是用收益的波动性来衡量的,而这一衡量方法是非常有效的。

③利息保障倍数,即息税前收益/总利息支出(包括资本化的租赁负债的利息支出)。

④盈利积累,由公司的留存收益/总资产来衡量。这一比率不仅反映了公司随时间累积的盈利能力,还包含了公司的经营时间长短及红利政策等因素。在过去的研究中,包括阿特曼(1968)的研究,这一比率是相当有用的。不论在单变量分析中还是在多变量分析中,这一指标无疑都是最重要的变量。

⑤流动比率。尽管以前的一些研究发现,在预测公司破产的时候,流动比率并没有其他的一些流动性指标那么有效,但是发现它比其他指标(如营运资本/总资产比率)包含更多的信息。

⑥资本化率,用 5 年的股票平均市场值/总长期资本来度量,即普通股价值除以总资本,分子和分母中的普通股价值都是用其 5 的平均市场价值来衡量。分母中还包括了优先股的清偿价值、长期债务和资本化的租赁。

⑦资产规模,由公司的总资产来衡量。这一变量和其他变量一样,也是根据最新的财务报告变化进行调整的。

这 7 个指标分别表示企业目前的盈利性、收益的风险、利息、长期的盈利性、流动性和规模等特征。

1)阿塔曼 Z 值模型

在 BIA 系统中,阿塔曼 Z 值的回归方程表示为:

$$Z = 1.2X_1 + 1.4X_2 + 3.3X_3 + 0.6X_4 + 1.0X_5$$

其中:

① X_1 指标主要是用来分析流动性和资产规模。如果一家公司面临持续性经营的困难,流动资产相对于总资产就会萎缩。计算公式如下:

X_1 =营运资本/总资产

营运资本=流动资产合计-流动负债合计

② X_2 指标是累积盈利性的指标。应该注意到留存收益会因为公司重组或股票分红而变化,因此在使用该指标预测的时候要考虑到公司的存在年限。如果公司刚成立,没有多长时间累积利润,该指标会很低,那么该类公司有可能会被误分为破产公司,但是这个比率在实际中用于预测却很准确,因为有很大一部分公司在其成立的早期阶段就已经破产了。计算公式如下:

X_2 =留存收益/总资产

留存收益=净利润×留存比例

③ X_3 指标用于衡量企业资产的盈利能力。公司的持续经营取决于资产的盈利能力,因此用该指标预测财务困境非常有效。当公司的资产盈利能力不足以偿还其债务时,就会发生破产。计算公式如下:

X_3 =资产报酬率=息税前利润/总资产

④ X_4 指标用于评估当负债超过一定限度、公司濒临破产的时候,公司资产价值下降的程度。该指标的倒数(负债/权益比率)通常被用于衡量财务杠杆。计算公式如下:

X_4 =权益市场值/总债务的账面值

权益市场值=净利润×市盈率

总债务的账面值=长期负债合计+流动负债合计

⑤ X_5 指标是一个衡量公司资产管理能力的指标。计算公式如下：

X_5=销售收入/总资产

这一模型可以用于银行的贷款评价、企业应收账款的管理、内部控制程序、投资战略等。这一模型可以作为审批贷款的一个参考，也可以作为评定客户信用价值的方法，并且具有一定的预测功能，但不能代替审批，如果公司归于破产组，并继续恶化，则必然破产。

2）阿塔曼敏感性分析

阿塔曼敏感性分析是指分析某一指标不同的变化区间对阿塔曼 Z 值的影响程度。其中，敏感系数=目标值变动百分比/参量值变动百分比。

在 BIA 系统中，我们对阿塔曼 Z 值进行敏感性分析，设定 18 个分析指标：资产总计、营运资本比率、留存收益比率、资产报酬率、市值债务比率、总资产销售率、营运资本、净利润、留存比例、市值、债务总额、营业收入净额、流动资产合计、流动负债合计、所得税、财务费用、长期负债合计、市盈率，选择其中的一个指标进行敏感性分析，通过改变该指标的"变化率区间"（如：-30% ~ +30%），设定其"变化步长"，得到一组随"指标变化率"的变动而变动的"阿塔曼 Z 值变化率"数据，以"指标变化率"作为坐标的横轴，以该指标的变化所引起的"阿塔曼 Z 值变化率"作为坐标的纵轴，这就构成了 BIA 系统中的阿塔曼 Z 值敏感性分析图。我们通过这种动态模拟大致可以了解不同的分析指标对阿塔曼 Z 值影响的重要程度，并可对其原因进行进一步分析。

进行阿塔曼 Z 值敏感性分析，目的在于：

①找出影响阿塔曼 Z 值变动率的各个敏感性指标。

②通过变动各个敏感性指标的变化区间及变化步长，来分析各个敏感性指标的变动对阿塔曼 Z 值的影响程度。

③比较各个敏感性指标变动对阿塔曼 Z 值变动的敏感性大小，确定不同敏感性指标对阿塔曼 Z 值的敏感性程度的大小并进行排序。

④ 根据排序结果来分析敏感性程度不同的各个指标对阿塔曼 Z 值产生的影响，对原因进一步分析。

在 BIA 系统中，进行阿塔曼 Z 值敏感性分析的步骤为：

①确定分析的敏感性指标。评价阿塔曼 Z 值敏感性的指标主要包括：资产总计、营运资本比率、留存收益比率、资产报酬率、市值债务比率、总资产销售率、营运资本、净利润、留存比例、市值、债务总额、营业收入净额、流动资产合计、流动负债合计、所得税、财务费用、长期负债合计、市盈率。

②选定"选择指标"，并设定其"变化率区间"和"变化步长"。

③计算"指标变化率"变动对"阿塔曼 Z 值变动率"的影响程度，找出敏感性因素。

④绘制"敏感性分析图"，分析出"选择指标"中各个指标对阿塔曼 Z 值产生怎样的影响。

4.1.2 切斯尔模型

切斯尔模型是在银行调查评价时对每笔贷款按照一定的模式进行评分,根据预先设定的标准,判断贷款质量的高低。这一模型是用来预测贷款状况与最初审批的不一致性,把这一不一致性定义为违约或进行核销。

1)切斯尔 P 值模型

在 BIA 系统中,切斯尔模型的回归方程表示为:

$$Y = -2.043\ 4 - 5.247X_1 + 0.005\ 3X_2 - 6.650\ 7X_3 + 4.400\ 9X_4 - 0.079\ 1X_5 - 0.102\ 0X_6$$

其中: X_1 =现金比率=(现金+市场化证券)/总资产

现金=货币资金+其他易变现资金

X_2 =销售现金比率=营业收入净额/(现金+市场化证券)

现金=货币资金+其他易变现资金(在系统里这样定义该指标)

X_3 =资产报酬率=息税前总利润/总资产

X_4 =资产负债率=总负债/总资产=(流动负债合计+长期负债合计)/总资产

X_5 =固定资产权益比=固定资产合计/股东权益合计

X_6 =流动资产销售比=营运资本/净销售收入

变量 Y 是一个独立变量的线性组合,采用如下公式确定不一致性的概率 P : $P = \dfrac{1}{1 + e^{-y}}$,其中:e=2.718 28;

P 值也可以看成客户不一致倾向的指数,越大不一致的概率越高,分类的原则如下:

①如果 $P \geq 0.50$,归于不一致组;

②如果 $P < 0.50$,归于一致组。

实践证明,对审批后一年内的贷款,这一模型的准确性可达 75% ,但对于审批后两年的贷款,这一模型的准确性只有 57% 。

2)切斯尔敏感性分析

切斯尔敏感性分析是指分析某一指标不同的变化区间对切斯尔 P 值的影响程度。其中,敏感系数=目标值变动百分比/参量值变动百分比。

在 BIA 系统中,我们对切斯尔 P 值进行敏感性分析,设定 19 个分析指标:现金比率、销售现金比率、资产报酬率、资产负债率、固定资产权益比、流动资产销售比、资产总计、现金、营业收入净额、流动资产合计、流动负债合计、利润总额、财务费用、长期负债合计、固定资产合计、股东权益合计、货币资金、其他易变现资金、负债合计,选择其中的一个指标进行敏感性分析,通过改变该指标的"变化率区间"(如:-30% ~ +30%),设定其"变化步长",得到一组随"指标变化率"的变动而变动的"切斯尔 P 值变化率"数据,以"指标变化率"作为坐标的横轴,以该指标的变化所引起的"切斯尔 P 值变化率"作为坐标的纵轴,这就构成了 BIA 系统中的切斯尔 P 值敏感性分析图。我们通过这种动态模拟大致可以了解不同的分析指标对切斯尔 P 值影响的重要程度,并可对其原因进行进一步分析。

进行切斯尔 P 值敏感性分析,目的在于:

①找出影响切斯尔 P 值变动率的各个敏感性指标。

②通过变动各个敏感性指标的变化区间及变化步长,分析各个敏感性指标的变动对切斯尔 P 值的影响程度。

③比较各个敏感性指标变动对切斯尔 P 值变动的敏感性大小,确定不同敏感性指标对切斯尔 P 值的敏感性程度的大小并进行排序。

④根据排序结果来分析敏感性程度不同的各个指标对切斯尔 P 值产生的影响,以及对原因进一步分析。

在 BIA 系统中,进行切斯尔 P 值敏感性分析的步骤为:

①确定分析的敏感性指标。评价切斯尔 P 值敏感性的指标主要包括:现金比率、销售现金比率、资产报酬率、资产负债率、固定资产权益比、流动资产销售比、资产总计、现金、营业收入净额、流动资产合计、流动负债合计、利润总额、财务费用、长期负债合计、固定资产合计、股东权益合计、货币资金、其他易变现资金、负债合计。

②选定"选择指标",并设定其"变化率区间"和"变化步长"。

③计算"指标变化率"变动对"切斯尔 P 值变动率"的影响程度,找出敏感性因素。

④绘制"敏感性分析图",分析出"选择指标"中各个指标对切斯尔 P 值产生怎样的影响。

4.1.3　骆驼评级模型

1)基本概念原理

骆驼评级模型是目前美国金融管理当局对商业银行及其他金融机构的业务经营、信用状况等进行的一整套规范化、制度化和指标化的综合等级评定制度,"CAMEL"分类检查制度把商业银行检查的范围分为五大类:资本充足性(Capital Adequacy)、资产质量(Asset Quality)、管理水平(Management)、盈利状况(Earning)和流动性(Liquidity),每一类按稳健、满意、中等、勉强和不及格 5 个等级来评价商业银行的经营及管理水平(一级最高、五级最低)。主要指标和考评标准是:

①资本充足率(资本/风险资产),要求这一比率达到 6.5% ~7% 。

②有问题贷款与基础资本的比率,一般要求该比率低于 15% 。

③管理者的领导能力和员工素质、处理突发问题应变能力和董事会决策能力、内部技术控制系统的完善性和创新服务吸引顾客的能力。

④净利润与盈利资产的比率在 1% 以上为第一、二级,若该比率在 0 ~1% 为第三、四级,若该比率为负数则评为第五级。

⑤随时满足存款客户的取款需要和贷款客户的贷款要求的能力,流动性强为第一级,流动性资金不足以在任何时候或明显不能在任何时候满足各方面的需要的分别为第三级和第四级。在此基础上若综合评价很满意或比较满意为第一级或第二级,银行监管当局应对其今后发展提出希望性的建议;不太满意为第三级,银行监管当局要发出正式协议书并由被考评银行签署具体计划和措施;不满意为第四级,不合格为第五级,对这两级银行监管当局发出"勒令书",命令银行应该做什么、必须做什么和停止做什么,这是一

种最严厉的管理措施。

骆驼评级模型的特点是以评价风险管理能力为导向,充分考虑银行的规模、复杂程度和风险层次,是分析银行运作是否健康的最有效的基础分析模型。下面对其内容进行如下详细说明:

①资本充足性(Capital Adequacy)。资本金是商业银行承担日常经营风险、保持清偿能力和体现银行实力的根本。1988 年年初,西方 12 国中央银行在巴塞尔达成了协议,对资本充足率规定了统一标准。该协议把资本金分为一级资本和二级资本两部分。一级资本由股本和从税后流利中提取的公共储备组成;二级资本由未公开储备、重估准备金、普遍呆账准备金、带有债务性质的资本券、长期资本债务所组成。该协议规定,资本对加权风险资产的目标标准比率为 8%,而其中核心资本成分不得低于 50%。对资本金的评估,主要是考察银行资本充足率的多少,核心资本所占比重多大,离《巴塞尔协议》的要求还差多远,衡量其是量力而行、稳健经营,还是盲目扩张、超负荷营运。同时,还要对存款准备金及备付金率进行评估,按中央银行规定缴存的存款准备金和最低的备付率来衡量其支付能力。

因此,资本充足性主要考察资本充足率,即总资本与总资产之比。总资本包括基础资本和长期附属债务,基础资本包括股本金、盈余、未分配利润和呆账准备金。

②资产质量(Asset Quality)。资产质量是关系商业银行利润和清偿能力及流动性的一个重要因素,是防范银行风险的关键条件。商业银行资产质量的评估内容,主要有三个方面:各种资产质量、资产的构成、资产与负债在数量和结构等方面的合理搭配程度。因此,资产质量主要考察风险资产的数量、预期贷款的数量、呆账准备金的充足状况、管理人员的素质、贷款的集中程度以及贷款出现问题的可能性。资产质量的评价标准:把全部贷款按风险程度分为四类,即正常贷款、不合标准贷款、有疑问贷款及难以收回贷款。然后按如下公式计算:

资产质量比率=加权计算后的有问题贷款/基础资本

加权计算后的有问题贷款=(不合标准贷款×20%)+

(有问题贷款×50%)+(难以收回贷款×100%)

③管理水平(Management)。风险管理是商业银行经营管理的一部分。对商业银行管理水平的评估,其内容主要体现在信息系统、计划系统、操作系统。信息系统评估的内容,主要是对资金的来源和运用、流动性需求、金融市场和商品市场的各种信息以及自身和企业的损益状况的掌握和反映是否充分、准确、及时;计划系统评估的内容,主要是资本发展计划、营业计划、审计计划、认识计划的拟订及其实施是否具有可行性、先进性和战略部署的科学性;操作系统评估的内容,主要是指银行各项经营和管理是否建立有科学、合理、规范的规章制度和操作规程,并严格按章操作;控制系统评估的内容,主要指业务控制系统、人事控制系统、财务控制系统等是否能控制自如,既放得开,又收得拢。此外,还有一个重要的系统就是要对管理人员的才能、职工的素质和人才的分布、作用等方面进行评估。

因此,管理水平主要考察银行业务政策、业务计划、管理者经历与经验及水平、职员培训情况等一些非定量因素。这方面的评价是比较难的,因为没有量化指标和比率,一般情况下,都通过其他量化指标得出相关结论。经营管理水平一般以令人满意或非常好等定性分析为标准。

④盈利状况(Earning)。在国外,通常用股权收益率模型来估价和衡量盈利能力和风险状况。股权收益率模型说明了股权收益率与股权乘数的关系,即股权收益率=净收益/股权总额=(净收益/总资产)×(总资产/股权总额)。上式前一部分是资产收益率,后一部分是股权乘数。当商业银行盈利时,股权乘数越高越有利;当商业银行亏损时,乘数越高越不利。因此,当资产收益率为正数时,提高股权乘数,就能进一步提高股权收益率。

因此,盈利状况主要考察银行在过去一两年里的净收益情况。盈利状况评价以资产收益率为标准。计算公式如下:

资产收益率=净收益/平均资产

⑤流动性(Liquidity)。流动性反映了资产变现与借入资金的能力,往往取决于资产与负债的特征以及市场的发育程度。通常,流动性越高,风险越小;反之风险越大。商业银行的资产和负债的流动性取决于资产和负债在期限上、数量上的合理搭配程度,如果存在流动性正缺口(潜在的资金需求大于潜在的资金来源),商业银行将面临着支付危机;如果存在流动性负缺口(潜在的资金需求小于潜在的资金来源),商业银行将丧失更多或更好的投资机会且蒙受损失。银行通常制订一些指标,较为近似地估计资产负债的流动性。目前,我国各银行常用的指标有:贷款与存款的比率、流动性资金与全部负债的比率、超额准备金的多少等。在国外,常用的指标有股权总额/总资产、流动资产/总资金、证券的市场价值/证券的票面价值等。

因此,流动性主要考察银行存款的变动情况、银行对借人资金的依赖程度、可随时变现的流动资产数量、资产负债的管理能力和控制能力、借入资金的频率以及迅速筹措资金的能力。流动性的评价没有确定的标准,只有与同类、同规模的银行横向比较,才能确定优劣与强弱。

对上述 5 个方面进行综合评价。方法有:一种是简单认定,也就是将上述 5 个方面简单平均,得出最后级别;另一种是加权认定,即对上述 5 个方面分别给予不同的权数,加权平均,得出最后级别。

评价完成以后,撰写检查评估报告。该报告一般分为三部分。第一部分阐述评估中发现的问题,以及对问题的看法与评价;第二部分对银行全面分析,详细列举各种数据、比率,以及对这些数据与比率的分析与评价;第三部分对银行经营管理水平及管理人员素质的评价,指出应当采取的措施。第三部分往往属于保密资料,只供监管部门内部使用和掌握。评估报告一般要分别送交银行监管部门、被评估银行董事会。

另外,美国联邦储备委员会及其他监管部门从 1991 年开始对骆驼评级模型进行了重新修订,增加了第六个评估内容,即市场风险敏感度(Sensitivity of Market Risk),以 S 为代表,主要考察利率、汇率、商品价格及股票价格的变化,对金融机构的收益或资本可能产生不良影响的程度。增加第六个评估内容以后的新体系被称为"CAMELS Rating System"。

在 BIA 系统中,骆驼评级模型的回归方程表示为:

$$Y = 4X_1 + 11X_2 + X_3$$

其中:X_1 = 利息保障倍数 = (净利润+所得税+财务费用)/财务费用;

X_2 = 速动比率 = (流动资产合计-存货净额-待摊费用)/流动负债合计;

X_3 = 已经营年限。

2)骆驼评级敏感性分析

骆驼评级敏感性分析是指分析某一指标不同的变化区间对骆驼评级值的影响程度。其中,敏感系数 = 目标值变动百分比/参量值变动百分比。

在 BIA 系统中,我们对骆驼评级值进行敏感性分析,设定 11 个分析指标:利息保障倍数、速动比率、已经营年限、净利润、流动资产合计、流动负债合计、财务费用、所得税、利润总额、存货净额、待摊费用,选择其中的一个指标进行敏感性分析,通过改变该指标的"变化率区间"(如:-30% ~ +30%),设定其"变化步长",得到一组随"指标变化率"的变动而变动的"骆驼评级值变化率"数据,以"指标变化率"作为坐标的横轴,以该指标的变化所引起的"骆驼评级值变化率"作为坐标的纵轴,这就构成了 BIA 系统中的骆驼评级值敏感性分析图。我们通过这种动态模拟大致可以了解不同的分析指标对骆驼评级值影响的重要程度,并可对其原因进行进一步分析。

进行骆驼评级值敏感性分析,目的在于:

①找出影响骆驼评级值变动率的各个敏感性指标。

②通过变动各个敏感性指标的变化区间及变化步长,分析各个敏感性指标的变动对骆驼评级值的影响程度。

③比较各个敏感性指标变动对骆驼评级值变动的敏感性大小,确定不同敏感性指标对骆驼评级值的敏感性程度的大小并进行排序。

④根据排序结果来分析敏感性程度不同的各个指标对骆驼评级值产生的影响,以及对原因进一步分析。

在 BIA 系统中,进行骆驼评级值敏感性分析的步骤为:

①确定分析的敏感性指标。评价骆驼评级值敏感性的指标主要包括:利息保障倍数、速动比率、已经营年限、净利润、流动资产合计、流动负债合计、财务费用、所得税、利润总额、存货净额、待摊费用。

②选定"选择指标",并设定其"变化率区间"和"变化步长"。

③计算"指标变化率"变动对"骆驼评级值变动率"的影响程度,找出敏感性因素。

④绘制"敏感性分析图",分析出"选择指标"中各个指标对骆驼评级值产生怎样的影响。

4.1.4 沃斯顿价值模型

沃斯顿价值模型是计算企业在未来几年的发展期的市场价值,由美国洛杉矶大学教授弗雷德·沃斯顿创立,又叫公式评估法。该模型认为,任何公司都会在不同的生命周期经历不同的成长阶段,早期的成长率高于整个经济体系的成长率;中期的成长率等于经济体系的成长率;而晚期的成长率明显低于整个经济体系的成长率。该模型建立在公司经历一个暂时的超常增长期后零增长的假设基础上,并假定销售收入与自由现金流量将按一定的比率增长,公司的主要经营变量之间也被认为存在着固定的联系。

1)沃斯顿价值分析模型

在 BIA 系统中,沃斯顿价值评估模型如下:

$$V_0 = X_0(1-T)(1-b_s)\sum_{i=1}^{n}\frac{(1+gs)^i}{(1+k)^i} + \frac{X_0(1-T)(1+gs)^{n+1}}{k(1+k)^n}$$

其中:V_0=企业评估价值,主要评估企业在发展时期的市场价值;

$\quad\quad X_0$=营业净利润=营业收入净额-营业成本-三项费用;

$\quad\quad g$=营业净利润增长率;

$\quad\quad s$=边际盈利率=利润总额/流动负债合计;

$\quad\quad k$=加权资金成本=财务费用/(流动负债合计+长期负债合计);

$\quad\quad b$=投资机会报酬率;

$\quad\quad n$=超长持续期(发展期);

$\quad\quad T$=所得税率=所得税/利润总额。

2)沃斯顿价值敏感性分析

沃斯顿价值敏感性分析是指分析某一指标不同的变化区间对沃斯顿价值的影响程度。其中,敏感系数=目标值变动百分比/参量值变动百分比。

在 BIA 系统中,我们对沃斯顿价值进行敏感性分析,设定 16 个分析指标:营业净利润、营业净利润增长率、边际盈利率、加权资金成本、投资机会报酬率、流动资产合计、流动负债合计、所得税、财务费用、所得税率、发展期、营业收入净额、利润总额、营业成本、三项费用、长期负债合计,选择其中的一个指标进行敏感性分析,通过改变该指标的"变化率区间"(如:-30% ~ +30%),设定其"变化步长",得到一组随"指标变化率"的变动而变动的"沃斯顿价值变化率"数据,以"指标变化率"作为坐标的横轴,以该指标的变化所引起的"沃斯顿价值变化率"作为坐标的纵轴,这就构成了 BIA 系统中的沃斯顿价值敏感性分析图。我们通过这种动态模拟大致可以了解不同的分析指标对沃斯顿价值影响的重要程度,并可对其原因进行进一步分析。

进行沃斯顿价值敏感性分析,目的在于:

①找出影响沃斯顿价值变动率的各个敏感性指标。

②通过变动各个敏感性指标的变化区间及变化步长,分析各个敏感性指标的变动对沃斯顿价值的影响程度。

③比较各个敏感性指标变动对沃斯顿价值变动的敏感性大小,确定不同敏感性指标对沃斯顿价值的敏感性程度的大小并进行排序。

④根据排序结果来分析敏感性程度不同的各个指标对沃斯顿价值产生的影响,以及对原因进一步分析。

在 BIA 系统中,进行沃斯顿价值敏感性分析的步骤为:

①确定分析的敏感性指标。评价沃斯顿价值敏感性的指标主要包括：营业净利润、营业净利润增长率、边际盈利率、加权资金成本、投资机会报酬率、流动资产合计、流动负债合计、所得税、财务费用、所得税率、发展期、营业收入净额、利润总额、营业成本、三项费用、长期负债合计。

②选定"选择指标"，并设定其"变化率区间"和"变化步长"。

③计算"指标变化率"变动对"沃斯顿价值变动率"的影响程度，找出敏感性因素。

④绘制"敏感性分析图"，分析出"选择指标"中各个指标对沃斯顿价值产生怎样的影响。

4.1.5 卡普兰—厄威茨模型

卡普兰—厄威茨模型主要分析企业的信用等级和财务状况，并作为企业财务预测和信用分析工具广泛应用于资本市场和财务管理，突出企业规模和利润的稳定性两个重要指标。卡普兰—厄威茨模型功能更加先进，有图形显示和动态模拟功能，同时还支持用户自定义的调整系数，用户可以根据国情，调整和确定不同的模型系数。

卡普兰—厄威茨敏感性分析是指分析某一指标不同的变化区间对卡普兰值的影响程度。其中，敏感系数＝目标值变动百分比/参量值变动百分比。

在 BIA 系统中，我们对卡普兰—厄威茨进行敏感性分析，设定 17 个分析指标：企业规模、负债从属地位、杠杆作用、盈利能力、利润风险性、利息偿付能力、资产总计、资产负债比、长期负债总资产比、净利润、净利润标准差、所得税、行业平均最大、流动负债合计、财务费用、行业平均最小、长期负债合计，选择其中的一个指标进行敏感性分析，通过改变该指标的"变化率区间"（如：-30%～+30%），设定其"变化步长"，得到一组随"指标变化率"的变动而变动的"卡普兰值变化率"数据，以"指标变化率"作为坐标的横轴，以该指标的变化所引起的"卡普兰值变化率"作为坐标的纵轴，这就构成了 BIA 系统中的卡普兰—厄威茨敏感性分析图。我们通过这种动态模拟大致可以了解不同的分析指标对卡普兰值影响的重要程度，并可对其原因进行进一步分析。

进行卡普兰—厄威茨敏感性分析，其目的是：

①找出影响卡普兰值变动率的各个敏感性指标。

②通过变动各个敏感性指标的变化区间及变化步长，分析各个敏感性指标的变动对卡普兰值的影响程度。

③比较各个敏感性指标变动对卡普兰值变动的敏感性大小，确定不同敏感性指标对卡普兰值的敏感性程度的大小并进行排序。

④根据排序结果来分析敏感性程度不同的各个指标对卡普兰值产生的影响，以及对原因进一步分析。

在 BIA 系统中，进行卡普兰—厄威茨敏感性分析的步骤为：

①确定分析的敏感性指标。评价卡普兰—厄威茨敏感性的指标主要包括：企业规模、负债从属地位、杠杆作用、盈利能力、利润风险性、利息偿付能力、资产总计、资产负债比、长期负债总资产比、净利润、净利润标准差、所得税、行业平均最大、流动负债合计、财

务费用、行业平均最小、长期负债合计。

②选定"选择指标",并设定其"变化率区间"和"变化步长"。

③计算"指标变化率"变动对"卡普兰值变动率"的影响程度,找出敏感性因素。

④绘制"敏感性分析图",分析出"选择指标"中各个指标对卡普兰值产生怎样的影响。

4.1.6 沃尔信用能力模型

1)沃尔评分法

沃尔评分法是指将选定的财务比率用线性关系结合起来,并分别给定各自的分数比重,然后通过与标准比率进行比较,确定各项指标的得分及总体指标的累计分数,从而对企业的信用水平做出评价的方法。

财务状况综合评价的先驱者之一的亚历山大·沃尔,在其出版的《信用晴雨表研究》和《财务报表比率分析》中提出了信用能力指数的概念,把若干个财务比率用线性关系结合起来,以此评价企业的信用水平。他选择了七种财务比率,即流动比率、产权比率、固定资产比率、存货周转率、应收账款周转率、固定资产周转率和自有资金周转率,分别给定各指标在总评价中所占的比重,综合为 100 分。然后确定标准比率(以行业平均数为基础),将实际比率与标准比率相比,得出相对比率,将此相对比率与各指标比重相乘,得出总评分。用户在这里也可以设置自己的标准比率,进行分析比较。

沃尔评分法从理论上讲有一个明显的问题,就是未能证明为什么要选择这 7 个指标,而不是更多或更少,或者选择别的财务比率,以及未能证明每个指标所占比重的合理性。这个问题至今仍然没有从理论上得到解决。

沃尔评分法从技术上讲也有一个问题,就是当某一个指标严重异常时,会对总评分产生不合逻辑的重大影响。这个毛病是由财务比率与其比重相乘引起的。财务比率提高一倍,评分增加100%;而财务比率缩小一倍,其评分只减少50%。

尽管沃尔评分法在理论上还有待证明,在技术上也不完善,但它还是在实践中被应用。很多理论上相当完善的经济计量模型在实践中往往很难应用,而企业实际使用并行之有效的模型却又在理论上无法证明。这说明人类对经济变量之间数量关系的认识有待进一步完善。

2)沃尔指数计算

在 BIA 系统中,沃尔指数计算的基本步骤包括:

①选择评价指标并分配指标权重。

②确定各项评价指标的标准比率。

③对各项评价指标计分并计算综合分数。

④形成评价结果。

在 BIA 系统中,沃尔指数的公式原理如下:

实际分数=实际值/标准值×权重

当实际值>标准值为理想时,此公式正确;

当实际值<标准值为理想时,实际值越小得分应越高,用此公式计算的结果却恰恰相反;另外,当某一单项指标的实际值特别高时,会导致最后总分大幅度增加,掩盖情况不良的指标,从而给管理者造成一种假象。

在 BIA 系统中,沃尔指数的详细计算公式为:

沃尔指数=0.25×流动比率/标准比率+0.25×净资产负债率/标准比率+0.15×固定资产比率/标准比率+0.1×存货周转率/标准比率+0.1×应收账款周转率/标准比率+0.1×固定资产周转率/标准比率+0.05×主权资本周转率/标准比率

其中,流动比率=流动资产合计/流动负债合计

净资产负债率=净资产/负债

固定资产比率=资产/固定资产

存货周转率=销售成本/存货

应收账款周转率=销售额/应收账款

固定资产周转率=销售额/固定资产

主权资本周转率=销售额/净资产

各个指标各自的标准比率为:

流动比率:250%

净资产负债率:150%

资产/固定资产:250%

销售成本/存货:800%

销售收入/应收账款:600%

销售收入/固定资产:400%

销售收入/净资产:300%

当然客户也可以根据不同行业、企业的特点设定不同的标准值,不同的标准值对信用指数产生不同的影响,用户可以在程序动态模拟。

3)沃尔信用能力敏感性分析

沃尔信用能力敏感性分析是指分析某一指标不同的变化区间对卡普兰值的影响程度。其中,敏感系数=目标值变动百分比/参量值变动百分比。

在 BIA 系统中,我们对沃尔信用能力进行敏感性分析,设定 17 个分析指标:流动比率、净资产负债率、资产/固定资产、销售成本/存货、销售额/应收账款、销售额/固定资产、销售额/净资产、流动资产合计、负债合计、资产合计、营业成本、应收账款、营业收入净额、流动负债合计、长期负债合计、固定资产合计、存货净额,选择其中的一个指标进行敏感性分析,通过改变该指标的"变化率区间"(如:-30% ～ +30%),设定其"变化步长",得到一组随"指标变化率"的变动而变动的"沃尔指数变化率"数据,以"指标变化率"作为坐标的横轴,以该指标的变化所引起的"沃尔指数变化率"作为坐标的纵轴,这就构成了 BIA 系统中的沃尔信用能力敏感性分析图。我们通过这种动态模拟大致可以了解不

同的分析指标对沃尔指数影响的重要程度,并可对其原因进行进一步分析。

进行沃尔信用能力敏感性分析,其目的是:

①找出影响沃尔指数变动率的各个敏感性指标。

②通过变动各个敏感性指标的变化区间及变化步长,分析各个敏感性指标的变动对沃尔指数的影响程度。

③比较各个敏感性指标变动对沃尔指数变动的敏感性大小,确定不同敏感性指标对沃尔指数的敏感性程度的大小并进行排序。

④根据排序结果来分析敏感性程度不同的各个指标对沃尔指数产生的影响,并对原因进一步分析。

在 BIA 系统中,进行沃尔信用能力敏感性分析的步骤为:

①确定分析的敏感性指标。评价沃尔信用能力敏感性的指标主要包括:流动比率、净资产负债率、资产/固定资产、销售成本/存货、销售额/应收账款、销售额/固定资产、销售额/净资产、流动资产合计、负债合计、资产合计、营业成本、应收账款、营业收入净额、流动负债合计、长期负债合计、固定资产合计、存货净额。

②选定"选择指标",并设定其"变化率区间"和"变化步长"。

③计算"指标变化率"变动对"沃尔指数变动率"的影响程度,找出敏感性因素。

④绘制"敏感性分析图",分析出"选择指标"中各个指标对沃尔指数产生怎样的影响。

4.1.7　拉巴波特价值模型

20 世纪 80 年代,美国西北大学经济学教授阿尔弗雷德·拉巴波特(Alfred Rappaport),在他的著作"Creating Shareholder Value"和多篇论文中利用现金流量贴现的方法建立了目标公司估价的一套统一的理论,被称为"拉巴波特价值模型"。这种方法把公司的评估价值分为预测期内现金流量的现值、残值折算以后的现值和有价证券价值三部分。价值评估的过程就是分别计算三部分价值的过程。

1)未来期现金流量的估计

现金流量贴现法是公司并购中目标公司估价使用最多的方法。它是根据目标公司被并购后 5～10 年内现金净流量,使用一定的贴现率(一般为资本成本率),以贴现后的数额作为目标公司价值的方法。如果用 NCF_t 表示预测年度的现金流量,S 表示销售收入,g 表示销售增长率,m 表示销售利润率,T 表示公司所得税率,f_t 为第 t 年单位销售收入的固定资产追加投资比例,v_t 为第 t 年单位销售收入的流动资本追加投资比例,则 NCF_t 可以表示为:

$$NCF_t = S_{t-1}(1 + g_t)m_t(1 - T) - (S_t - S_{t-1})(f_t + v_t) \qquad (4.1)$$

①确定预测期的长短。为了编制现金流量表,就需要确定预测期的时间长度,根据拉巴波特的研究结果,预测期限一般在 5～10 年。可采用判断用于支持销售增长的追加投资的预期报酬率,将预测期延长使得销售报酬率开始延长,并下降到等于资本成本时为止。

②计算增量临界利润率。根据拉巴波特模型原理,对现金流量的预测应只限于在所期望的追加投资报酬率超过并购公司收购目标公司最低可接受的报酬率的时期内。超过了这一时期,现金流量对目标公司价值的影响应不明显了。这个能够使并购公司保持获得最低可接受报酬率、最低增量的税前销售利润率就称为增量临界利润率,简称 ITM ,用公式表示为:

$$ITM = \frac{(f + v) \cdot i_c}{(1 - T)(1 + i_c)} \tag{4.2}$$

式中: i_c 为并购公司最低可接受报酬率,应等于加权资本成本,其他字母含义同前。临界利润率公式的推导是基于盈亏平衡原理进行的,这一分析方法对目标公司价值评估以及公司并购中并购方式的选择都是一种有效的方法。

③计算加权平均资本成本。资本成本是指公司筹集和使用资本必须支付的各种费用,包括筹资费用和用资费用,资本成本一般用资本成本率表示。公司的资本金分为借入资本(负债)和自有资本(股东权益)两部分。借入资本来源包括借款和发行债券等;自有资本来源包括发行优先股、发行普通股以及留存收益等。在目标公司价值评估中,资本成本一般使用 $CAPM$ 公式计算。使用债券或银行的利率作为无风险利率,分别是计算负债和权益资本的资本成本,然后再计算加权资本成本作为目标公司价值估算的贴现率,这一阶段要评估并购公司双方的价值,就分别用现金收购和股票收购两种方式进行对比分析。

2)计算残值和有价证券价值并确定并购估算价格

估价时首先对预测的现金净流量进行贴现,然后预计残值,进行折算后再贴现到并购年。这一阶段应重视对公司价值评价时的残值确定。残值是公司价值评估时预测期以后期限内的现金流量。这部分价值是公司整体价值的有机组成部分,以持续经营的现金来衡量评估公司的残值,可采用永续年金法,先求出从预测期后一年开始至公司终止时的现值,在经营期限无限时即为永续年金问题。残值的计算公式为:

$$W = \frac{EBIT_m(1 - T)}{i_c \cdot (1 + i_c)^m} \tag{4.3}$$

式中, $EBIT_m$ 为第 m 年的息税前利润; i_c 为加权平均资本成本; m 为现金净流量的预测期。如果公司拥有有价证券,还要根据市价计算有价证券的价值。完成对公司并购价值评估以后,还要计算最高现金支付价格、交换股票最大可接受的数量,以及比较现金并购和股票并购两种方式的经济性、未使用负债能力等,提供公司并购方式选择的分析方法。

4.2　评价模型操作

评价模型主要包括:阿塔曼模型、切斯尔模型、骆驼评级模型、沃斯顿价值模型、卡普兰—厄威茨模型、沃尔信用能力模型等内容。

4.2.1 阿塔曼模型

本书采用 7 个指标作为企业失败和成功的变量,这 7 个指标是资产报酬率、收入的稳定性(用 10 年资产报酬率的标准差的倒数来衡量)、利息保障倍数、盈利积累(用留存收益/总资产来横量)、流动比率、资本化率(用 5 年的股票平均市场值/总长期资本来度量)和规模(用公司总资产来度量),这 7 个指标分别表示企业目前的盈利性、收益的风险、利息的障碍、长期的盈利性、流动性和规模等特征。这一模型广泛用于投资评价、企业应收账款的管理、内部控制程序、投资战略等。这一模型也可以作为评定客户信用价值的方法,并且具有很强的破产预测功能。

1)选择分析客户

详见"3.2.1 趋势回归分析"中的"1)选择分析客户"中的步骤。

2)阿塔曼模型

①点击"评价模型"中的"阿塔曼模型",系统默认为"阿塔曼模型"。系统是按照期末报表日期的数据进行计算的。

②在"累计"或"当期"前的复选框中打钩,表示选中。一般报表显示的是累计数据,不能完全反映一季度或半年的实际经营情况,因而使用当期数据,可以对不同月、季度、半年等实际发生数据进行比较。

③若选择"使用原模型系数",则在"使用原模型系数"前的复选框中打钩即可,如果国外的原模型系数不能适应用户分析客户的需要,用户也可以使用自己的调整系数进行分析。在"使用调整系数"前的复选框中打钩,并点击"恢复初始值"按钮,在各个指标下方的数据框中输入用户自己的调整系数,系统就会按照调整系数计算阿塔曼 Z 值,并进行动态模拟和其他分析。

④用户可以选择变动指标,点击指标右边的选项框,此值即为"指标初始值"。

⑤拉动"变动百分比"按钮,则相关指标和阿塔曼 Z 值发生相应变化,并用颜色表示风险程度,红、黄、绿色分别代表风险程度的大小,并出现风险提示。用户如果只分析单一指标的影响程度,则在动态模拟后,单击"恢复初始值",再分析另一个指标;如果用户分析多指标的交互影响,则在分析完一个指标之后,单击"模拟器恢复为零"按键,再选择其他指标,进行动态模拟,这样多指标综合变动的影响就会显示出来。阿塔曼模型如图 4-1 所示。

3)敏感性分析

这是分析某一个指标不同的变化区间对阿塔曼 Z 值的影响程度。

①点击"敏感性分析",进入该功能的操作界面。

②在"累计"和"当期"前的复选框中打钩,可以直接实现数据切换。

③点击"图形类型"下拉列表框,用户可以选择不同类型的敏感性分析图。

④在"显示数据""显示图例""三维图形"前的复选框中打钩,表示选中,会呈现在图形中,同时,所有的图形都可以不同格式输出,作为报告的组成部分。

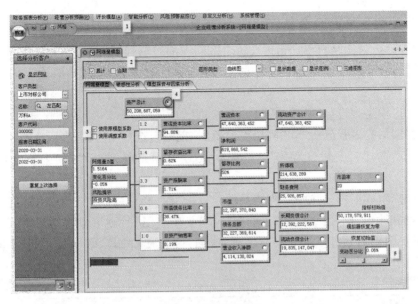

图 4-1 阿塔曼模型

⑤选择"变化率区间",如资产总计变化从-30%到30%时,阿塔曼 Z 值产生怎样的变化。用户可以调整这个变化区间。

⑥选择"变化步长",因为变化率区间中有许多数值,所以用户需要选择步长,如步长为1%,则-30%到30%区间就有61个数值;系统默认"自动"就为6%,这样-30%到30%就有11个值,便于图形展示。

⑦在"选择指标"下拉列表框中,选择不同指标,生成不同的敏感性报告,用户可以将敏感性报告以 Excel 形式输出,也可以直接打印。敏感性分析如图4-2所示。

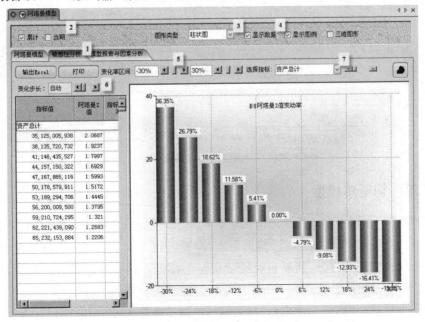

图 4-2 敏感性分析

4）模型报告与因素分析

敏感性分析只能反映单一指标在一个区间内的影响程度,但是要了解全部指标在某一时点的影响程度,也就是说在某一时点,哪个指标更为重要,就需要通过因素分析来反映。

①点击"模型报告与因素分析"。

②在"阿塔曼因素分析"和"阿塔曼模型图"前的复选框中打钩,表示选中。

③调节"选择自变量变动率"(系统默认为5%),通过拉动按钮来改变自变量变动率。

④点击"生成报告"。选择"阿塔曼因素分析"时,会形成因素分析报告,这个报告可以 Excel 形式输出,也可直接打印。选择"阿塔曼模型图"时则可以将动态模拟的阿塔曼模型以树状图形式展现,并可以输出到 Excel,或直接打印。模型报告与因素分析如图4-3 所示。

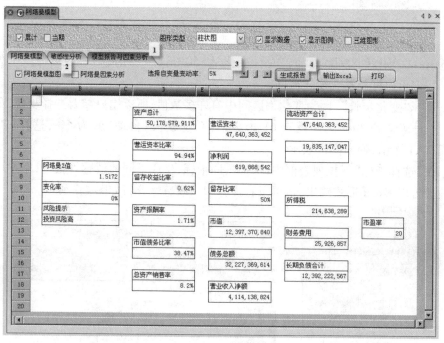

图4-3　模型报告与因素分析

4.2.2　切斯尔模型

切斯尔模型主要考察总资产市值和现金比率、市值加现金的销售净额、资产报酬率、资产负债率、固定资产/股东权益、营运资本/净销售收入6 个因素。根据预先设定的标准,按照一定模式进行打分,判断企业经营质量的高低。这一模型用来预测企业状况与最初评价的不一致性,并把这一不一致性定义为违约组。国外实践证明,对评价后(或债权、股权审批后)一年内的企业进行分析,这一模型的准确性可达75%,但对于评价后(审批后)两年的企业,这一模型的准确性只有57%。

1）选择分析客户。

详见"3.2.1 趋势回归分析"中的"1）选择分析客户"中的步骤。

2）切斯尔模型

①点击"评价模型"中的"切斯尔模型"，系统默认为"切斯尔模型"。系统是按照期末报表日期的数据进行计算的。

②在"累计"或"当期"前的复选框中打钩，表示选中。一般报表显示的是累计数据，不能完全反映一季度或半年的实际经营情况，因而使用当期数据，可以对不同月、季度、半年等实际发生数据进行比较。

③若使用"使用原模型系数"，则在"使用原模型系数"前的复选框中打钩即可，如果国外的原模型系数不能适应用户分析客户的需要，用户也可以使用自己的调整系数进行分析。在"使用调整系数"前的复选框中打钩，并点击"恢复初始值"按钮，在各个指标下方的数据框中输入用户自己的调整系数，系统就会按照调整系数计算切斯尔 P 值，并进行动态模拟和其他分析。

④用户可以选择变动指标，点击指标右边的选项框，此值即为"指标初始值"。

⑤拉动"变动百分比"按钮，相关指标和切斯尔 P 值发生相应变化，并用颜色表示风险程度，红、黄、绿色分别代表风险程度的大小，并出现风险提示。用户如果只分析单一指标的影响程度，则在动态模拟后，单击"恢复初始值"，再分析另一个指标；如果用户分析多指标的交互影响，则在分析完一个指标之后，单击"模拟器恢复为零"按键，再选择其他指标，进行动态模拟，这样多指标综合变动的影响就会显示出来。切斯尔模型如图4-4所示。

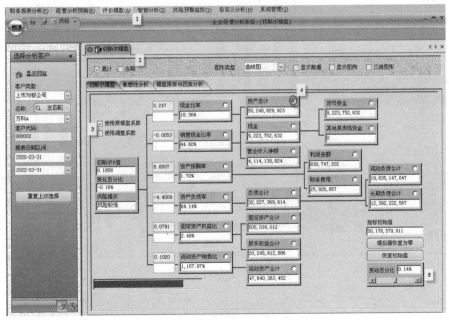

图4-4 切斯尔模型

3）敏感性分析

这是分析某一个指标不同的变化区间对切斯尔 P 值的影响程度。

①点击"敏感性分析",进入该功能的操作界面。

②在"累计"和"当期"前的复选框中打钩,可以直接实现数据切换。

③点击"图形类型"下拉列表框,用户可以选择不同类型的敏感性分析图。

④在"显示数据""显示图例""三维图形"前的复选框中打钩,表示选中,会呈现在图形中,同时,所有的图形都可以不同格式输出,作为报告的组成部分。

⑤选择"变化率区间",如现金比率变化从−30%到30%时,切斯尔 P 值产生怎样的变化。用户可以调整这个变化区间。

⑥选择"变化步长",因为变化率区间中有许多数值,所以用户需要选择步长,如步长为1%,则−30%到30%区间就有61个数值;系统默认"自动"就为6%,这样−30%到30%之间就有11个值,便于图形展示。

⑦在"选择指标"下拉列表框中,选择不同指标,生成不同的敏感性报告,用户可以将敏感性报告以 Excel 形式输出,也可以直接打印。敏感性分析如图4-5所示。

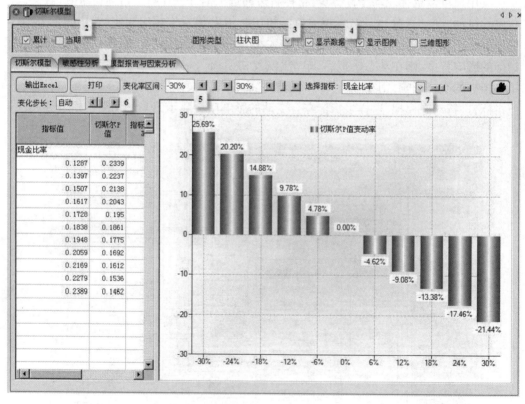

图4-5　敏感性分析

4）模型报告与因素分析

敏感性分析只能反映单一指标在一个区间内的影响程度,但是要了解全部指标在某一时点的影响程度,也就是说在某一时点,哪个指标更为重要,就需要通过因素分析来反映。

①点击"模型报告与因素分析"。

②在"切斯尔因素分析"和"切斯尔模型图"前的复选框中打钩,表示选中。

③调节"选择自变量变动率"(系统默认为5%),通过拉动按钮,改变自变量变动率。

④点击"生成报告"。选择"切斯尔因素分析"时,会形成因素分析报告,这个报告可以 Excel 形式输出,也可直接打印。选择"切斯尔模型图"时则可以将动态模拟的切斯尔模型以树状图形式展现,并可以输出到 Excel,或直接打印。模型报告与因素分析如图 4-6 所示。

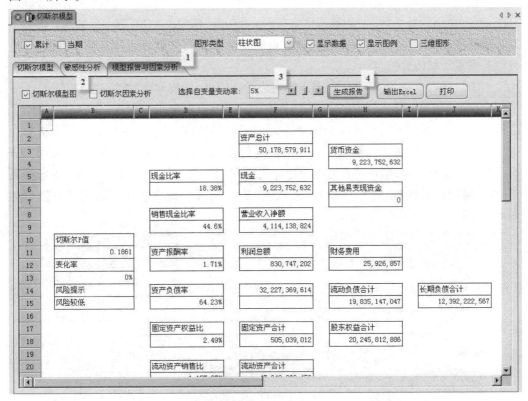

图 4-6　模型报告与因素分析

4.2.3　骆驼评级模型

骆驼评级模型包括对商业银行信用风险和企业信用评级两种类型,通过资本(Capital)、资产(Asset)、管理(Management)、收益(Earning)、流动性(Liquidity)5 大类别,按稳健、满意、中等、勉强和不及格 5 个等级进行评价。该模型侧重于稳定性,对主营业务收入敏感性最大,常用于分析上市公司财务数据,该模型比较适合中国企业分析。

1)选择分析客户

详见"3.2.1 趋势回归分析"中的"1)选择分析客户"中的步骤。

2）骆驼评级模型

①点击"评价模型"中的"骆驼评级模型"，系统默认为"骆驼评级模型"。系统是按照期末报表日期的数据进行计算的。

②在"累计"或"当期"前的复选框中打钩，表示选中。一般报表显示的是累计数据，不能完全反映一季度或半年的实际经营情况，因而使用当期数据，可以对不同月、季度、半年等实际发生数据进行比较。

③若使用"使用原模型系数"，则在"使用原模型系数"前的复选框中打钩即可，如果国外的原模型系数不能适应用户分析客户的需要，用户也可以使用自己的调整系数进行分析。在"使用调整系数"前的复选框中打钩，并点击"恢复初始值"按钮，在各个指标下方的数据框中输入用户自己的调整系数，系统就会按照调整系数计算骆驼评级值，并进行动态模拟和其他分析。

④用户可以选择变动指标，点击指标右边的选项框，此值即为"指标初始值"。

⑤拉动"变动百分比"按钮，相关指标和骆驼评级值发生相应变化，并用颜色表示风险程度，红、黄、绿色分别代表风险程度的大小，并出现风险提示。用户如果只分析单一指标的影响程度，则在动态模拟后，单击"恢复初始值"，再分析另一个指标；如果用户分析多指标的交互影响，则在分析完一个指标之后，单击"模拟器恢复为零"按键，再选择其他指标，进行动态模拟，这样多指标综合变动的影响就会显示出来。骆驼评级模型如图4-7所示。

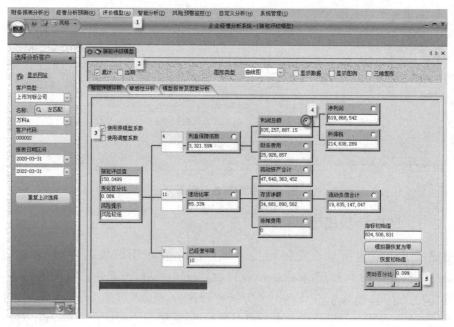

图4-7　骆驼评级模型

3）敏感性分析

这是分析某一个指标不同的变化区间对骆驼评级值的影响程度。

①点击"敏感性分析",进入该功能的操作界面。

②在"累计"和"当期"前的复选框中打钩,可以直接实现数据切换。

③点击"图形类型"下拉列表框,用户可以选择不同类型的敏感性分析图。

④在"显示数据""显示图例""三维图形"前的复选框中打钩,表示选中,会呈现在图形中,同时,所有的图形都可以不同格式输出,作为报告的组成部分。

⑤选择"变化率区间",如利息保障倍数变化从-30%到30%时,骆驼评级值产生怎样的变化。用户可以调整这个变化区间。

⑥选择"变化步长",因为变化率区间中有许多数值,所以用户需要选择步长,如步长为1%,则-30%到30%区间就有 61 个数值;系统默认"自动"就为 6%,这样-30%到30%之间就有 11 个值,便于图形展示。

⑦在"选择指标"下拉列表框中,选择不同指标,生成不同的敏感性报告,用户可以将敏感性报告以 Excel 形式输出,也可以直接打印。敏感性分析如图 4-8 所示。

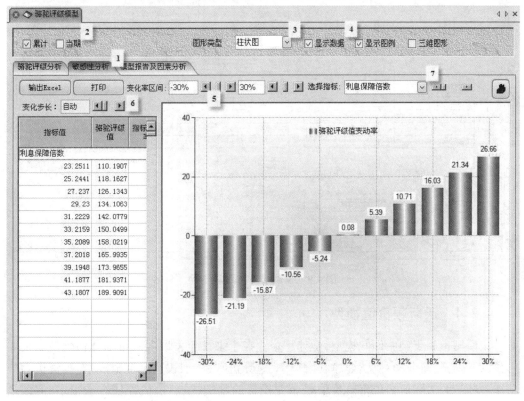

图 4-8　敏感性分析

4)模型报告与因素分析

敏感性分析只能反映单一指标在一个区间内的影响程度,但是要了解全部指标在某一时点的影响程度,也就是说在某一时点,哪个指标更为重要,就需要通过因素分析来反映。

①点击"模型报告与因素分析"。

②在"骆驼评级因素分析"和"骆驼评级图"前的复选框中打钩,表示选中。

③调节"选择自变量变动率"(系统默认为5%),通过拉动按钮改变自变量变动率。

④点击"生成报告"。选择"骆驼评级因素分析"时,会形成因素分析报告,这个报告可以 Excel 形式输出,也可直接打印。选择"骆驼评级图"时则可以将动态模拟的切斯尔模型以树状图形式展现,并可以输出到 Excel,或直接打印。模型报告与因素分析如图 4-9 所示。

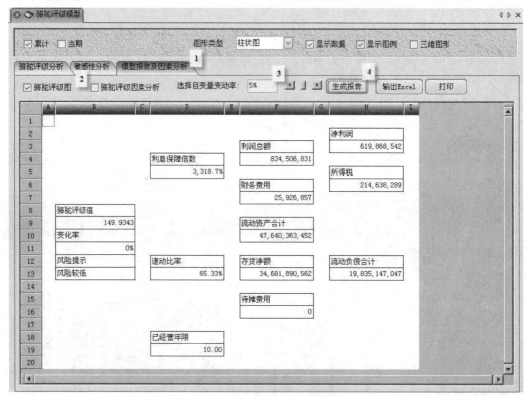

图 4-9　模型报告与因素分析

4.2.4　沃斯顿价值模型

该模型也属于经验回归模型,是计算企业在未来几年发展期的市场评估价值。主要考察以下因素:营业净利、营业净利增长率、边际盈利率、加权边际资金成本、投资机会报酬率、发展期、边际所得税率。价值是企业投资的基础,虽然价值评估方法很多,但该模型分析因素较多,考察方面较为全面,因此具备很强的适用性。

1)选择分析客户。

详见"3.2.1 趋势回归分析"中的"1)选择分析客户"中的步骤。

2)沃斯顿价值模型

①点击"评价模型"中的"沃斯顿价值模型",系统默认为"沃斯顿价值分析模型"。系统是按照期末报表日期的数据进行计算的。

②在"累计"或"当期"前的复选框中打钩,表示选中。一般报表显示的是累计数据,不能完全反映一季度或半年的实际经营情况,因而使用当期数据,可以对不同月、季度、半年等实际发生数据进行比较。

③用户可以选择变动指标,点击指标右边的选项框,此值即为"指标初始值"。

④拉动"变动百分比"按钮,相关指标和沃斯顿价值发生相应变化,并用颜色表示风险程度,红、黄、绿色分别代表风险程度的大小,并出现风险提示。用户如果只分析单一指标的影响程度,则在动态模拟后,单击"恢复初始值",再分析另一个指标;如果用户分析多指标的交互影响,则在分析完一个指标之后,单击"模拟器恢复为零"按键,再选择其他指标进行动态模拟,这样多指标综合变动的影响就会显示出来。沃斯顿价值模型如图4-10 所示。

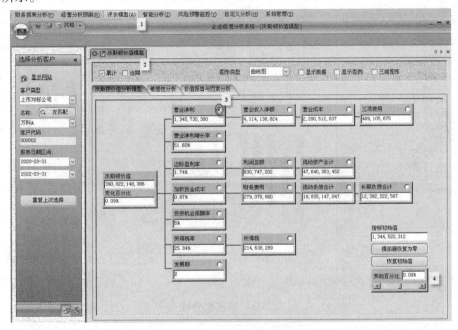

图 4-10 沃斯顿价值模型

3)敏感性分析

这是分析某一个指标不同的变化区间对沃斯顿价值的影响程度。

①点击"敏感性分析",进入该功能的操作界面。

②在"累计"和"当期"前的复选框中打钩,可以直接实现数据切换。

③点击"图形类型"下拉列表框,用户可以选择不同类型的敏感性分析图。

④在"显示数据""显示图例""三维图形"前的复选框中打钩,表示选中,会呈现在图形中,同时,所有的图形都可以不同格式输出,作为报告的组成部分。

⑤选择"变化率区间",如营业净利变化从−30%到30%时,沃斯顿价值产生怎样的变化。用户可以调整这个变化区间。

⑥选择"变化步长",因为变化率区间中有许多数值,所以用户需要选择步长,如步长为1%,则-30%到30%区间就有61个数值;系统默认"自动"就为6%,这样-30%到30%之间就有11个值,便于图形展示。

⑦在"选择指标"下拉列表框中,选择不同指标,生成不同的敏感性报告,用户可以将敏感性报告以Excel形式输出,也可以直接打印。敏感性分析如图4-11所示。

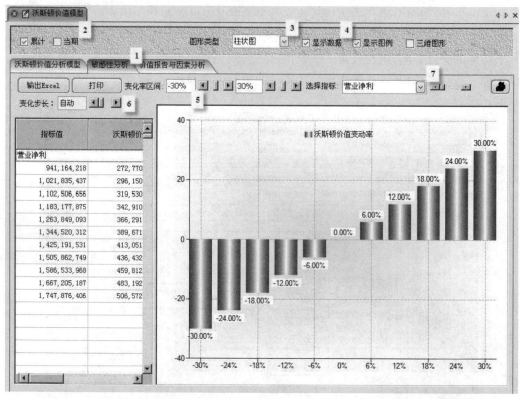

图4-11　敏感性分析

4)价值报告与因素分析

敏感性分析只能反映单一指标在一个区间内的影响程度,但是要了解全部指标在某一时点的影响程度,也就是说在某一时点,哪个指标更为重要,就需要通过因素分析来反映。

①点击"价值报告与因素分析"。

②在"沃斯顿价值因素分析"和"沃斯顿模型图"前的复选框中打钩,表示选中。

③调节"选择自变量变动率"(系统默认为5%),通过拉动按钮改变自变量变动率。

④点击"生成报告"。选择"沃斯顿价值因素分析"时,会形成因素分析报告,这个报告可以Excel形式输出,也可直接打印。选择"沃斯顿模型图"时,则可以将动态模拟的沃斯顿价值模型以树状图形式展现,并可以输出到Excel,或直接打印。价值报告与因素分析如图4-12所示。

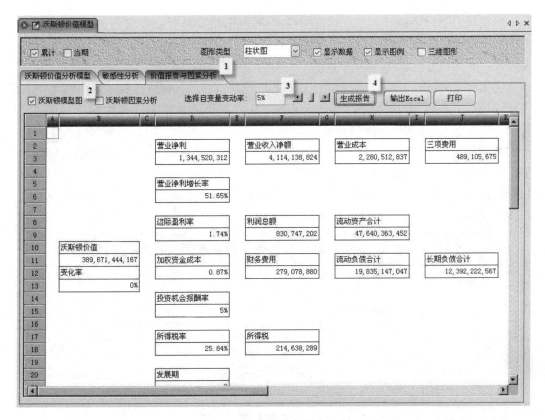

图 4-12　价值报告与因素分析

4.2.5　卡普兰—厄威茨模型

卡普兰—厄威茨模型主要侧重于资产规模、盈利能力和利润的稳定性（这里通过利润的风险指标反映）。负债的从属地位主要通过资产负债比来反映,资产负债比大于60%,则从属地位为1,表示企业很大程度上依赖负债;资产负债比小于60%,则从属地位为0,表示企业依靠自有资金。

1）选择分析客户

详见"3.2.1 趋势回归分析"中的"1）选择分析客户"中的步骤。

2）卡普兰—厄威茨模型

①点击"评价模型"中的"卡普兰—厄威茨模型",系统默认为"卡普兰—厄威茨模型"。系统是按照期末报表日期的数据进行计算的。

②在"累计"或"当期"前的复选框中打钩,表示选中。一般报表显示的是累计数据,不能完全反映一季度或半年的实际经营情况,因而使用当期数据,可以对不同月、季度、半年等实际发生数据进行比较。

③若使用"使用原模型系数",则在"使用原模型系数"前的复选框中打钩即可,如果国外的原模型系数不能适应用户分析客户的需要,用户也可以使用自己的调整系数进行

分析。在"使用调整系数"前的复选框中打钩,并点击"恢复初始值"按钮,在各个指标下方的数据框中输入用户自己的调整系数,系统就会按照调整系数计算卡普兰值,并进行动态模拟和其他分析。

④用户可以选择变动指标,点击指标右边的选项框,此值即为"指标初始值"。

⑤拉动"变动百分比"按钮,相关指标和卡普兰值发生相应变化,并用颜色表示风险程度,红、黄、绿色分别代表风险程度的大小,并出现风险提示。用户如果只分析单一指标的影响程度,则在动态模拟后,单击"恢复初始值",再分析另一个指标;如果用户分析多指标的交互影响,则在分析完一个指标之后,单击"模拟器恢复为零"按键,再选择其他指标进行动态模拟,这样多指标综合变动的影响就会显示出来。卡普兰—厄威茨模型如图 4-13 所示。

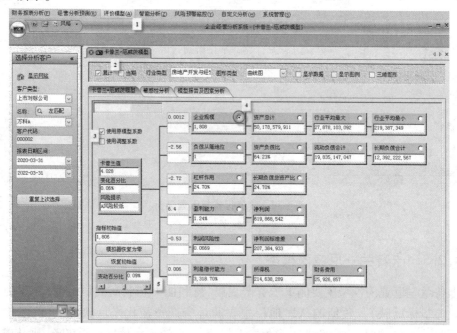

图 4-13　卡普兰—厄威茨模型

3)敏感性分析

这是分析某一个指标不同的变化区间对卡普兰值的影响程度。

①点击"敏感性分析",进入该功能的操作界面。

②在"累计"和"当期"前的复选框中打钩,可以直接实现数据切换。

③点击"图形类型"下拉列表框,用户可以选择不同类型的敏感性分析图。

④在"显示数据""显示图例""三维图形"前的复选框中打钩,表示选中,会呈现在图形中,同时,所有的图形都可以不同格式输出,作为报告的组成部分。

⑤选择"变化率区间",如企业规模变化从-30% 到 30% 时,卡普兰值产生怎样的变化。用户可以调整这个变化区间。

⑥选择"变化步长",因为变化率区间中有许多数值,所以用户需要选择步长,如步长为1%,则−30%到30%区间就有61个数值;系统默认"自动"就为6%,这样−30%到30%之间就有11个值,便于图形展示。

⑦在"选择指标"下拉列表框中,选择不同指标,生成不同的敏感性报告,用户可以将敏感性报告以 Excel 形式输出,也可以直接打印。敏感性分析如图4-14所示。

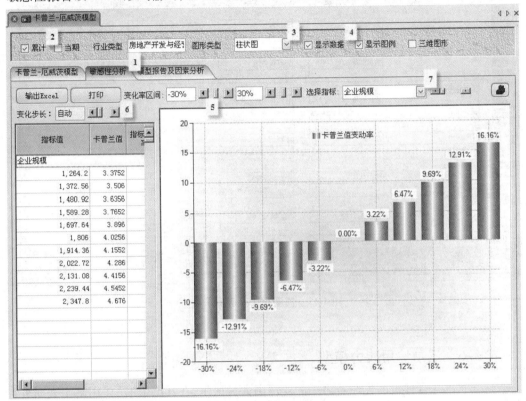

图 4-14　敏感性分析

4)模型报告及因素分析

敏感性分析只能反映单一指标在一个区间内的影响程度,但是要了解全部指标在某一时点的影响程度,也就是说在某一时点,哪个指标更为重要,就需要通过因素分析来反映。选择"卡普兰因素分析"。

①点击"模型报告与因素分析"。

②在"卡普兰因素分析"和"卡普兰模型图"前的复选框中打钩,表示选中。

③调节"选择自变量变动率"(系统默认为5%),通过拉动按钮改变自变量变动率。

④点击"生成报告"。选择"卡普兰因素分析"时,会形成因素分析报告,这个报告可以 Excel 形式输出,也可直接打印。选择"卡普兰模型图"时,则可以将动态模拟的沃斯顿价值模型以树状图形式展现,并可以输出到 Excel,或直接打印。模型报告及因素分析如图4-15所示。

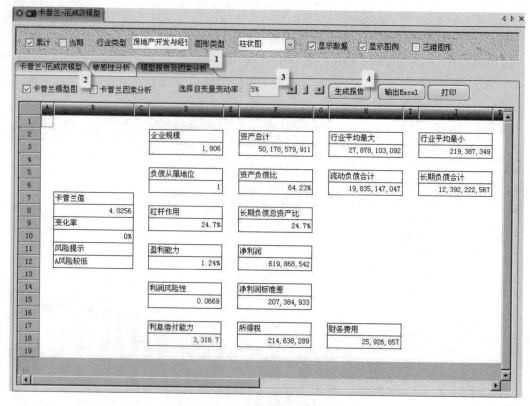

图 4-15　模型报告及因素分析

4.2.6　沃尔信用能力模型

财务状况综合评价的先驱者之一的亚历山大·沃尔,在其出版的《信用晴雨表研究》和《财务报表比率分析》中提出了信用能力指数的概念,把若干个财务比率用线性关系结合起来,以此评价企业的信用水平。他选择了 7 种财务比率,分别给定了在总评价中占的比重,综合为 100 分。然后确定标准比率,并与实际相比较,评出每项指标得分,最后求出总评分。用户在这里也可以设置自己的标准比率,进行分析比较。

1)选择分析客户

详见"3.2.1 趋势回归分析"中的"1)选择分析客户"中的步骤。

2)沃尔信用能力模型

①点击"评价模型"中的"沃尔信用能力指数",系统默认为"沃尔信用能力指数"。系统是按照期末报表日期的数据进行计算的。

②在"累计"或"当期"前的复选框中打钩,表示选中。一般报表显示的是累计数据,不能完全反映一季度或半年的实际经营情况,因而使用当期数据,可以对不同月、季度、半年等实际发生数据进行比较。

③若使用"使用原模型系数",则在"使用原模型系数"前的复选框中打钩即可,由于

沃尔模型系数是由标准比率值确定的,如果国外的原模型系数不能适应用户分析客户的需要,用户也可以使用自己的调整系数进行分析。在"使用调整系数"前的复选框中打钩,并点击"恢复初始值"按钮,在各个指标下方的数据框中输入用户自己的调整系数,系统就会按照调整系数计算沃尔指数,并进行动态模拟和其他分析。同时,用户也可以使用行业标准作为标准比率计算沃尔指数,单击"使用行业标准",注意行业标准是行业极大值减去极小值之后的百分比,如果100%就是极大标准,系统默认为50%,用户可以调整行业百分比去适应分析的需要。

④用户可以选择变动指标,点击指标右边的选项框,此值即为"指标初始值"。

⑤拉动"变动百分比"按钮,相关指标和沃尔指数发生相应变化,并用颜色表示风险程度,红、黄、绿色分别代表风险程度的大小,并出现风险提示。用户如果只分析单一指标的影响程度,则在动态模拟后,单击"恢复初始值",再分析另一个指标;如果用户分析多指标的交互影响,则在分析完一个指标之后,单击"模拟器恢复为零"按键,再选择其他指标进行动态模拟,这样多指标综合变动的影响就会显示出来。沃尔信用能力模型如图4-16 所示。

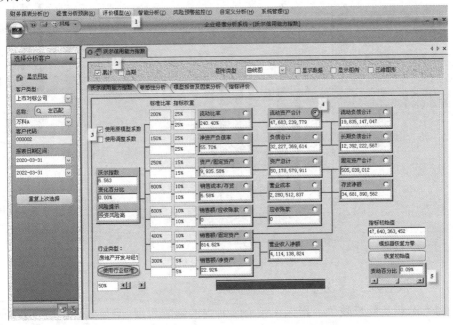

图 4-16　沃尔信用能力模型

3) 敏感性分析

这是分析某一个指标不同的变化区间对沃尔信用能力的影响程度。

①点击"敏感性分析",进入该功能的操作界面。

②在"累计"和"当期"前的复选框中打钩,可以直接实现数据切换。

③点击"图形类型"下拉列表框,用户可以选择不同类型的敏感性分析图。

④在"显示数据""显示图例""三维图形"前的复选框中打钩,表示选中,会呈现在图形中,同时,所有的图形都可以不同格式输出,作为报告的组成部分。

⑤选择"变化率区间",如流动比率变化从-30%到30%时,沃尔信用能力产生怎样的变化。用户可以调整这个变化区间。

⑥选择"变化步长",因为变化率区间中有许多数值,所以用户需要选择步长,如步长为1%,则-30%到30%区间就有61个数值;系统默认"自动"就为6%,这样-30%到30%就有11个值,便于图形展示。

⑦在"选择指标"下拉列表框中,选择不同指标,生成不同的敏感性报告,用户可以将敏感性报告以Excel形式输出,也可以直接打印。敏感性分析如图4-17所示。

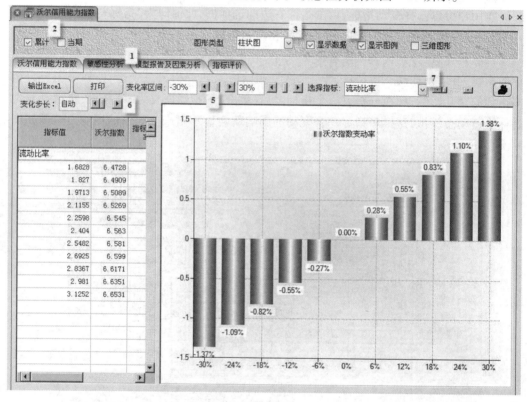

图4-17　敏感性分析

4)模型报告及因素分析

敏感性分析只能反映单一指标在一个区间内的影响程度,但是要了解全部指标在某一时点的影响程度,也就是说在某一时点,哪个指标更为重要,就需要通过因素分析来反映。

①点击"模型报告与因素分析"。

②在"沃尔指数因素分析"和"沃尔指数结构图"前的复选框中打钩,表示选中。

③调节"选择自变量变动率"(系统默认为5%),通过拉动按钮改变自变量变动率。

④点击"生成报告"。选择"沃尔指数因素分析"时,会形成因素分析报告,这个报告可以Excel形式输出,也可直接打印。选择"沃尔指数结构图"时,则可以将动态模拟的沃尔信用能力指数以树状图形式展现,并可以输出到Excel,或直接打印。模型报告及因素

分析如图 4-18 所示。

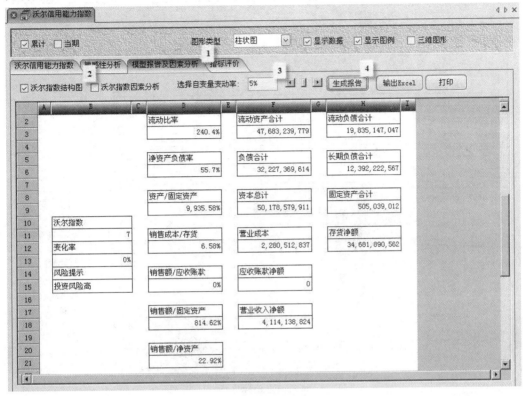

图 4-18 模型报告及因素分析

5) 指标评价

沃尔指数越大越好,但是沃尔指数有时会掩盖经营中存在的问题,如某项指标特别高则拉动指数,从而掩盖其他指标的不足。指标评价则通过对指标的结构分析,看到不同指标对指数的贡献度,从而剔除极端指标,看清经营的实质。

①点击"指标评价"。

②在"累计"和"当期"前的复选框中打钩,可以直接实现数据切换。

③点击"图形类型"下拉列表框,用户可以选择不同类型的敏感性分析图。

④在"显示数据""显示图例""三维图形"前的复选框中打钩,表示选中,会呈现在图形中,同时,所有的图形都可以不同格式输出,作为报告的组成部分。

⑤在"实际标准比较""实际值""标准值""评价值""实际得分"和"指标贡献度"前的复选框中点击选中,看到不同的图形显示。和其他分析一样,所有的分析结构和图形都可以输出。

⑥点击"指标评价",则可以看到各项指标的综合得分和指标贡献度,同时可以通过图形显示。指标评价如图 4-19 所示。

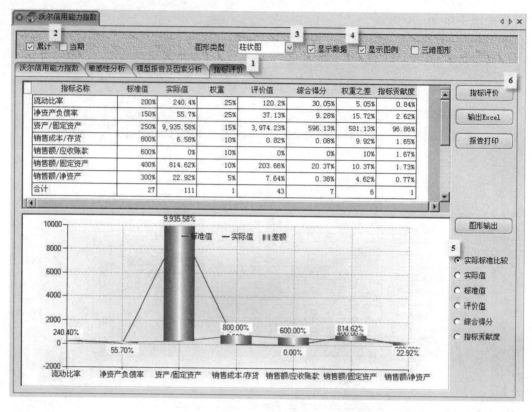

图 4-19　指标评价

思考与练习

1. 阿塔曼模型如何使用？
2. 切斯尔模型如何使用？
3. 骆驼评级模型如何使用？
4. 沃斯顿价值模型如何使用？
5. 卡普兰—厄威茨模型如何计算？
6. 沃尔信用能力模型如何使用？

第 5 章　智能分析

学习目标

通过本章学习,了解智能分析基本理论;掌握智能分析如何使用,比如灰色分析、评分评级、平衡记分卡分析、主成分分析、熵值分析、行业引力分析、状态空间分析、可拓集合分析、偏最小二乘回归分析、PLS 结构方程模型、数据包络分析等内容。

5.1　智能分析理论

智能分析是建立在数据仓库、互联网(Internet)、数据挖掘技术的基础上,进行多维数据分析的一种手段,可以对财务数据进行收集、选择、转换、筛选甚至推导,决策者可以从不同角度、不同层次分析财务数据,也就是面向矩阵数据进行多方位查询,完成对数据的多向"切片"和"旋转",可向上或向下"钻取"汇总和明细财务数据,通过多维电子表格或多维图形直观地随时切换显示出来。

在 BIA 系统中,有 6 个方面的分析:灰色分析、平衡计分卡分析、主成分分析、熵值分析、行业引力分析、状态空间分析,并在所有模型中增添了用户自定义参数设置,以适应不同的需要。下面对其原理进行详细的说明。

5.1.1　灰色分析

1)灰色关联分析

(1)灰色关联分析的概述

灰色关联分析(Grey Relational Analysis)是灰色系统分析方法的其中一种,是依据各因素数列曲线形状的接近程度进行发展态势的分析,是一种基于行为因子序列的微观或宏观几何接近,以分析和确定因子间的影响程度或因子对主行为的贡献度而进行的分析方法。它主要用于对态势发展变化的分析,即通过因素之间发展态势的相似或相异程度来衡量因素间的接近程度。一方面,灰色关联分析由于可以分析参考序列与比较序列的几何形状的接近程度,来判断变化趋势的接近,因此也常常被作为多指标体系的综合评价方法。另一方面,灰色关联分析可以通过计算因子对主行为的贡献度和灰色关联系数,来确定分析指标的权重,这也是一种客观权重测定法。灰色关联分析的优点在于对样本量大小没有太高要求,分析时不需要典型的概率分布,而且分析结果一般与定性分析相吻合,因而具有广泛实用性。

关联度是对于两个系统之间的因素而言,其随时间或不同对象而变化的关联性大小的量度。在系统发展过程中,若两个因素变化的趋势具有一致性,则同步变化程度较高,即二者关联程度较高;反之,则较低。因此,灰色关联分析方法也可以理解为是根据因素之间发展趋势的相似或相异程度,即"灰色关联度",作为衡量因素间关联程度的一种方法。灰色系统理论提出了对各子系统进行灰色关联分析的概念,意图透过一定的方法,去寻求系统中各子系统(或因素)之间的数值关系。简单来说,灰色关联分析的意义在于,在系统发展过程中如果两个因素变化的态势是一致的,即同步变化程度较高,则可以认为两者关联较大;反之,则两者关联度较小。因此,灰色关联分析为一个系统发展变化态势提供了量化的度量,非常适合动态(Dynamic)的历程分析。

(2)灰色关联分析的研究任务

①进行关联度分析。它是根据因素之间的发展趋势的相似或相异程度,来衡量因素间关联程度的方法。它对样本量的多少没有过分要求,也不需要典型的分布规律,计算量小,且不会出现关联度的量化结果与定性分析不一致的情况。对抽象系统、评估系统、体育现象等进行关联度分析,要找准数据序列,即用什么数据才能反映系统的行为特征。例如,用奥运会的团体总分反映参与国的体育竞技水平;用体育人口反映体育运动普及程度;用场馆建设总面积反映体育投入水平。

②建立系统模型。现有的其他建模方法是用离散的数据列,建立一个按时间进行逐段分析的模型,即递推的离散的模型。这种模型有较大的局限性,因此人们常常希望使用微分方程模型。微分方程的系统有助于辨识系统内部物理或化学过程的本质。

灰色关联分析理论立足于建立连续微分方程模型。灰色理论认为,任何随机过程都是在一定幅值范围、一定时区内变化的灰色量,是一个灰色过程。在处理手法上,灰色过程是通过对原始数据的整理来寻找数的规律,称为"数的生成",这是一种用数来揭示规律的途径。尽管客观系统表象复杂、数据离乱,但它总是有整体功能的,总是有序的,它必然潜藏着某中内在规律。原始数据通常是离乱的,生成的数据列一般具有较强的规律性,有可能对变化过程作较长时间的描述,因此有可能建立微分方程模型。

③灰色预测。灰色预测是用灰色模型进行的定量预测,从其功用与特征可分为:数列预测、灾变预测、拓扑预测。我们将着重讨论数列预测。

④灰色决策。它是选定一个合适的对策,去对付某个事件的发生,以取得最佳效果。例如可以用灰色系统理论模型对约束条件的值进行预测,然后按预测的约束条件,做出未来发展变化的线性规划。

⑤灰色控制。灰色控制是指对灰色参数的控制。

(3)灰色关联分析的计算步骤

李伯年提出一种利用向量夹角余弦确定指标权重的方法(以下称为余弦法)。它根据多个评价方案的指标值,构建最优序列、最劣序列;计算优偏差率矩阵、劣偏差率矩阵;

然后对每个指标,计算两个矩阵中相应向量的夹角余弦,归一化处理得到各指标权重。余弦法虽然没有提及灰色关联,但其计算过程与灰色关联评价法有许多相似之处。将两种方法结合起来将得到一种更加有效的方法。基于这样的思想,下面给出一种改进的灰色关联法,它可以同时确定指标权重和评价结果。

在 BIA 系统中,灰色关联分析的具体计算步骤如下:

①确定参考数列和比较数列。反映系统行为特征的数据序列,称为参考数列。比较数列是指影响系统行为的因素组成的数据序列。

②进行无量纲化处理。由于系统中各因素的物理意义不同,或因计算单位的不同,导致数据的量纲也不一定相同,不便于比较,或在比较时难以得到正确的结论,因此在进行灰色关联度分析时,一般都要进行无量纲化(标准化)的数据处理。

③生成评价矩阵。设置指标体系共有 m 项指标,有 n 方案(或评价对象),则评价矩阵为:

$$A = (a_{ij})_{m \times n}(i = 1, 2, 3, \cdots, m, j = 1, 2, 3, \cdots, n)$$

其中, a_{ij} 表示第 j 个方案关于第 i 个评价指标的指标值,它是初始数据无量纲处理后得到的指标(参见熵值分析中标准矩阵的生成)。评价矩阵中的每一列又称为一个比较数据列。

④选取参考序列(最优序列 $\bar{U}$ 和最劣序列 $\bar{L}$)。由于给出的评价矩阵是经过无量纲化处理的,全部为正指标(越大越好),选取某一指标的最优(劣)值时,不必区分指标性质,可以直接选取该指标的最大(小)值,或者该指标的理想最优(劣)值。

$$\bar{U} = (u_i)_{1 \to m} = (u_1, u_2, \cdots, u_m)^T, \bar{L} = (l_i)_{1 \to m} = (l_1, l_2, \cdots, l_m)^T$$

⑤确定偏差值矩阵。

优偏差值矩阵 $UA = (ua_{ij})_{m \times n}$,劣偏差值矩阵 $LA = (la_{ij})_{m \times n}$ 。

其中 $ua_{ij} = |u_j - a_{ij}|$, $la_{ij} = |l_j - a_{ij}|$

⑥确定偏差率矩阵。

优偏差率矩阵: $R = (r_{ij})_{m \times n}$;劣偏差率矩阵: $S = (S_{ij})_{m \times n}$ 。

其中:

$$r_{ij} = \frac{ua_{ij}}{\max_j \{a_{ij}\} - \min_j \{a_{ij}\}}$$

$$S_{ij} = \frac{la_{ij}}{\max_j \{a_{ij}\} - \min_j \{a_{ij}\}}$$

⑦确定两极偏差极值。

分别确定优偏差的两极最大值 Δ_{max}^u ,两极最小值 Δ_{min}^u ,劣偏差的两极最大值 Δ_{max}^l 和两极最小值 Δ_{min}^l 。其中 $\Delta_{max}^u = \max_j \max_i ua_{ij}$, $\Delta_{min}^u = \min_j \min_i ua_{ij}$, $\Delta_{max}^l = \max_j \max_i la_{ij}$, $\Delta_{min}^l = \min_j \min_i la_{ij}$

⑧计算指标权重。对于第 i 个指标,在 R 中取对应的行向量 r_i ,在 S 中取对应的行向量 S_i ,然后求两个向量的夹角余弦:

$$c_i = \frac{\sum\limits_{j=1}^{n} r_{ij} \cdot S_{ij}}{\sqrt{\sum\limits_{j=1}^{n} r_{ij}^2} \sqrt{\sum\limits_{j=1}^{n} S_{ij}^2}}$$

最后将 c_i 归一化得到指标的权向量 $\vec{\omega} = (\omega_1, \omega_2, \cdots, \omega_m)$，其中

$$\omega_i = \frac{c_i}{\sum\limits_{i=1}^{m} c_i}$$

⑨计算灰关联系数。灰关联系数是比较数列与参考数列在各个时刻（即曲线中的各点）的关联程度值。其矩阵如下：

优关联系数矩阵 $\boldsymbol{\xi}_u = (\xi_{uj}(i))_{m \times n}$，劣关联系数矩阵 $\boldsymbol{\xi}_l = (\xi_{lj}(i))_{m \times n}$。其中 $\xi_{uj}(i)$，$\xi_{lj}(i)$ 分别为第 j 个方案向量 $\vec{x_j}$ 中的第 i 个指标值 x_{ij} 与参考向量 $\vec{U}$，$\vec{L}$ 中第 i 个指标值 u_i，l_i 的关联系数。

$$\xi_{uj}(i) = \frac{\Delta^u_{\min} + \rho \Delta^u_{\max}}{ua_{ij} + \rho \Delta^u_{\max}}, \xi_{lj}(i) = \frac{\Delta^l_{\min} + \rho \Delta^l_{\max}}{la_{ij} + \rho \Delta^l_{\max}}$$

公式中 $\rho \in (0, \infty)$ 为分辨系数，其主要作用是提高数值间的差异性，它越小，得到的系数的分辨力就越大，一般取 0.5。

⑩计算灰关联度。因为灰关联系数是比较数列与参考数列在各个时刻（即曲线中的各点）的关联程度值，所以它的关联系数不止一个，而信息过于分散不便于进行整体性比较。因此有必要将各个时刻（即曲线中的各点）的关联系数集中为一个值，即求其平均值，作为比较数列与参考数列间关联程度的数量表示，关联度公式如下：

方案 j 的优关联度（与 $\vec{U}$ 的关联度）为：

$$D(u, j) = \sum_{k=1}^{n} \xi_{uj}(k) \omega(k)$$

方案 j 的劣关联度（与 $\vec{L}$ 的关联度）为：

$$D(l, j) = \sum_{k=1}^{n} \xi_{lj}(k) \omega(k)$$

⑪综合关联度。因素间的关联程度，主要是用关联度的大小次序描述，而不仅是关联度的大小。可以利用优关联度（越大越好），或劣关联度（越小越好）进行方案排序。也可以利用以下综合评判法，方案 j 的综合关联度为：

$$V_j = \frac{1}{1 + \left[\dfrac{D(l, j)}{D(u, j)}\right]^2}$$

这种方法同时考虑优关联度和劣关联度，提高评价的准确性。

2）灰色 GM(1, 1) 模型

灰色 GM(1, 1) 模型是灰色系统分析最常用的模型，它比传统预测和决策方法都具有优越性，是对一定范围内变化的，与时间数据或不确定因素相关的灰色过程，用指数曲线

拟合原始点列,从而对原始点列进行预测。在 BIA 系统中,它包括计算"发展灰数""内生控制灰数"等参数,并进行残差检验、关联度检验、后验差检验等。如果检验不合格,则可以进行灰色 GM(1,1)残差模型的计算,用残差模型的计算结果去修正原预测模型,并比较修正前后的各统计量,以确定最终结果。用户可以根据预测模型或修正模型对相关数据进行预测,本模型支持时间序列数据和分布数据的计算与分析。

下面介绍灰色 GM(1,1)模型的原理,如下:

GM(1,1)模型由一个单变量的一阶微分方程构成。设原始数据列 $x^{(0)} = (x^{(0)}(1), x^{(0)}(2), \cdots, x^{(0)}(n))$,其一次累加序列 $x^{(1)} = (x^{(1)}(1), x^{(1)}(2), \cdots, x^{(1)}(n))$。

其中,$x^{(1)}(k) = \sum_{i=1}^{k} x^{(0)}(i)$,$k = 1, 2, \cdots, n$。

对 $x^{(1)}$ 建立 GM(1,1)模型,对应的微分方程为:

$$\frac{\mathrm{d}x^{(1)}(t)}{\mathrm{d}t} + ax^{(1)}(t) = u$$

记参数列为 $\hat{a}$,$\hat{a} = [a, u]^{\mathrm{T}}$,令

$$B = \begin{pmatrix} -\frac{1}{2}(x^{(1)}(1) + x^{(1)}(2)) & \cdots & 1 \\ -\frac{1}{2}(x^{(1)}(2) + x^{(1)}(3)) & \cdots & 1 \\ \vdots & \ddots & \vdots \\ -\frac{1}{2}(x^{(1)}(n-1) + x^{(1)}(n)) & \cdots & 1 \end{pmatrix}$$

$$y_n = [x^{(0)}(2), x^{(0)}(3), \cdots, x^{(0)}(n)]^{\mathrm{T}},$$

由最小二乘法得:

$$\hat{a} = (B^{\mathrm{T}}B)^{-1}B^{\mathrm{T}}y_n$$

因此,GM(1,1)模型的指数响应形式为:

$$\hat{x}^{(1)}(t+1) = [x^{(0)}(1) - \frac{u}{a}]\mathrm{e}^{-m} + \frac{u}{a}$$

对模型值进行累减运算得到原始序列的预测值:

$$\hat{x}^{(0)}(t+1) = [x^{(0)}(1) - \frac{u}{a}](\mathrm{e}^{-n} - 1)\mathrm{e}^{-a(t-1)}$$

由此可以看出,在建立 GM(1,1)模型时,是用 $x^{(0)}(t+1) = x^{(1)}(t+1) - x^{(1)}(t)$ 代替 $t+1$ 时刻的灰导数 $\frac{\mathrm{d}x^{(1)}}{\mathrm{d}t}$,用均值生成 $z^{(1)}(t+1) = \frac{1}{2}[x^{(1)}(t+1) + x^{(1)}(t)]$ 代替背景值 $ax^{(1)}(t+1)$ 中的 $x^{(1)}(t+1)$,设:

$$\hat{z}^{(1)}(t+1) = a\hat{x}^{(1)}(t) + (1-a)\hat{x}^{(1)}(t+1) \tag{5.1}$$
$$\hat{x}^{(0)}(t+1) = -a\hat{z}^{(1)}(t+1) + u$$

$$\hat{x}^{(1)}(t+1) = [x^{(0)}(1) - \frac{u}{a}]\mathrm{e}^{-m} + \frac{u}{a} \tag{5.2}$$

从建立 GM(1,1) 模型的过程得到,建模方法有效的条件是式(5.1)、式(5.2)同时成立,由文献[3]的结果,此时 $\alpha = \dfrac{1}{a} - \dfrac{1}{e^a - 1}$ 可以证明,当 $a \to 0$ 时,α 的极限值为 $\dfrac{1}{2}$,即当 $|a|$ 较小时,α 非常接近 $\dfrac{1}{2}$;当 $|a|$ 较大时,α 与 $\dfrac{1}{2}$ 偏离较大。由此得出结论:当 GM(1,1) 模型的参数 a 满足 $|a|$ 非常小时,用 $z^{(1)}(t+1) = \dfrac{1}{2}(x^{(1)}(t+1) + x^{(1)}(t))$ 代替 $ax^{(1)}(t+1)$ 中的 $x^{(1)}(t+1)$ 才合理,这样建立的模型预测精度才高。在实际中,由于原始点列的不同,建立的 GM(1,1) 模型的参数 a 不可能都满足 $|a|$ 非常接近 0。

5.1.2 平衡计分卡分析

1992 年,罗伯特·卡普兰(哈佛商学院的领导力开发课程教授)和大卫·诺顿(复兴全球战略集团创始人兼总裁)对在绩效测评方面处于领先地位的 12 家公司进行为期一年的研究后,发明了一种绩效管理模式,后来在实践中扩展为一种战略管理工具,这就是平衡计分卡(the Balanced Score card,BSC)。BSC 是一种战略管理和业绩评估工具,主要通过测量企业的四个基本方面:财务业绩指标、客户方面业绩指标、内部经营过程业绩指标、学习与增长业绩指标,提供一种全面评价系统,向企业各层次的人员传达公司的战略以及每一步骤的内涵。平衡计分卡不仅保留了传统的财务目标和指标,还增加了作为财务目标的业绩驱动因素的非财务指标。

BSC 中的 4 个基本方面中每一部分都包括目标(Objective)、指标(Measure)、目标值(Target)和行动方案(Initiative),如图 5-1 所示。

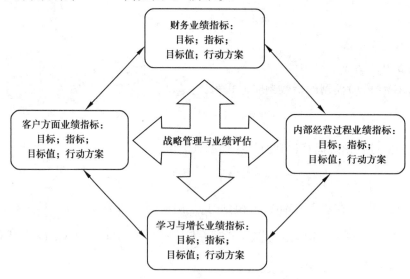

图 5-1 平衡计分卡的框架图

除提出了 4 大类指标外,平衡计分卡还涉及平衡的概念,体现在以下 5 个方面。

1）财务指标和非财务指标的平衡

目前企业考核的一般是财务指标,而对非财务指标(客户、内部流程、学习与成长)的考核很少,即使有对非财务指标的考核,也只是定性的说明,缺乏量化的考核,缺乏系统性和全面性,而平衡计分卡是从四个维度全面地考察企业。这四个维度是财务、客户、内部业务流程和学习与创新,它体现了财务指标(财务)与非财务指标(客户、内部业务流程和学习成长)之间的平衡。

2）企业长期目标和短期目标的平衡

平衡计分卡主要是一种战略管理工具,如果以系统理论的观点考虑平衡计分卡的实施过程,战略是输入,财务是输出口。由此可以看出,平衡计分卡是从企业的战略开始,也就是从企业的长期目标开始,逐步分解到企业的短期目标。在关注企业长期发展的同时,平衡计分卡也关注了企业近期目标的完成,使企业的战略规划和年度计划很好地结合起来,解决了企业的战略规划可操作性差的缺点。

3）结果性指标与动因性指标之间的平衡

平衡计分卡以有效完成战略为动因,以可衡量的指标为目标绩效管理的结果,寻求结果性指标与动因性指标之间的平衡。

4）外部人员与内部人员之间的平衡

平衡计分卡中,股东与客户为外部群体,员工和内部业务流程是内部群体,平衡计分卡认识到在有效实施战略的过程中平衡这些群体间时而发生矛盾的重要性。

5）领先指标(Leading Indicators)与滞后指标(Lagging Indicators)之间的平衡

财务、客户、内部流程、学习与成长这 4 个方面包含了领先指标和滞后指标。财务指标就是一个滞后指标,它只能反映公司上一年度发生的情况,不能告诉企业如何改善业绩。平衡计分卡对领先指标(客户、内部流程、学习与成长)的关注,使企业更关注过程,而不仅仅是事后的结果,从而达到了领先指标和滞后指标之间的平衡。

在以上分析的基础上,下面来说明平衡计分卡如何实现平衡,如图 5-2 所示。

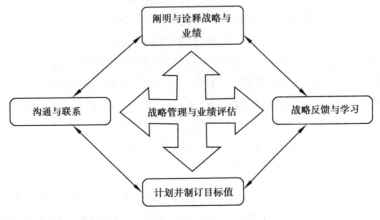

图 5-2　平衡计分卡管理流程

对此做如下说明：

1）合适的项目领导者

平衡计分卡的成功实施是实现平衡的前提，一般认为平衡计分卡成功的最关键因素并非那些已提供的分析性和结构性的解释，而是高级管理人员的领导风格。在应先有项目（或岗位）还是先有合适的人员问题上，一般认为是先人后项目，而不应该倒过来。由于项目的领导者选择不当导致项目的失败，这样的例子实在太多了。平衡计分卡项目的领导者应该是企业高级管理者，具有重视构想、交流、参与以及激发员工积极性和创造性的管理风格的领导者，对平衡计分卡项目的成功实施是非常有益的，因为平衡记分卡最为有效时是在用于交流构想和战略时，而不是在用于控制下级行动时。

2）对战略明确而一致的认识

当实施一个战略时，管理者必须通过沟通、教育使企业上下对战略都有了解，且有明确而一致的认识。但仅有一致的认识（或共识）还不足以改变行动，还需要把企业战略目标和指标与个人目标挂钩，使其承担相应的责任。如此一来，个人才能对企业的目标做出具体的贡献，才有可能把战略转为每个人的工作，一旦企业作出了从愿景到行动的关键转换，也就实现了平衡计分卡的真正价值。这里容易出现的一个问题是对企业目标和指标的共识仅停留在高级领导团队，这也是很多企业难以把战略转化行动的原因之一。

3）充分利用平衡计分卡的平衡机制

平衡计分卡提供了两个重要机制，为方便起见，通常称为静态机制和动态机制。静态机制指平衡计分卡四个层面的目标和指标、各层面之间因果关系、滞后指标与领先指标（业绩驱动因素）之间的因果关系等。动态机制指平衡计分卡阐述了有利于实现动态平衡的四个管理流程，即阐明与诠释愿景与战略、沟通与联系、计划并制订目标值、战略反馈与学习。

4）战略反馈与学习

把平衡计分卡融入战略反馈和学习的框架之中，是平衡计分卡最具创新性也最为重要的方面，也是平衡计分卡作为一个动态平衡过程的最好体现。在企业的经营环境变化莫测，战略越来越复杂，竞争环境越来越多变的信息时代中，企业制订战略一般考虑 3～5 年的愿景，甚至更长，制订好的战略可能适合当时的环境和公司能力，但也可能会变得不合时宜或者无法适应当前的环境。此时企业必须根据外部环境、企业能力和战略反馈信息等，对原战略做出局部调整和优化，当管理者对他们当初的战略质疑并且对他们采用的理论是否符合当前的环境进行反省时，双循环的学习就出现了。当企业为捕捉新的机遇或适应新的环境而设计新的战略，对原战略做出根本性变革时，企业就需要再学习能力。通过战略反馈与学习来调整和改善企业的战略是企业实现动态平衡的关键。

5）遵循设计指标的 SMART 原则

在设计指标时，我们应遵循 SMART 原则（即 Specific——目标必须尽可能具体，缩小范围；Measurable——目标达到与否尽可能有衡量标准和尺度；Attainable——目标设定必须是通过努力可达到的；Relevant——体现其客观要求与其他任务的关联性；Time-based——计划目标的完成程度必须与时间相关联）。此外在设计目标和指标时,正确运用 20/80 原则(即公司 80% 的绩效来自 20% 的主要工作指标),注意均衡论和重点论的有机结合、目标和指标正与奇的有机结合、产出与产能的平衡也是非常有帮助的。

在 BIA 系统中,计分的方式有两种:第一种是加入警戒值的得分,计算公式为:单项得分 =(实际值-警戒值)/(目标值-警戒值);第二种是完成率,计算公式为:单项得分 = 实际值/目标值。一般在实际应用中,第二种方法居多,因为第一种方法无法进行季度和月度核算,同时,单项得分容易受到警戒值设置的影响,出现人为操纵数据的可能,因此,系统默认"完成率公式"。

5.1.3　主成分分析

1)基本原理

主成分分析法,也称因子分析法,最早是由美国心理学家 Charies Spearman 于 1904 提出的。其基本思想是将实测的多个指标,用少数几个潜在的、相互独立的主成分指标(因子)的线性组合表示,构成的线性组合可以反映原多个实测指标的主要信息,使得分析与评价指标变量时,能够找出主导因素,切断相关的干扰,做出更为准确的估量与评价,因此广泛地应用于企业经营分析的各个领域。

BIA 系统根据综合查询工具构建了两个主成分分析应用:一个是企业内部经营要素的分析评价,另一个是不同企业之间的比较和主成分评分。在 BIA 系统中,系统结果可以生成:标准化矩阵、协方差矩阵、相关矩阵、特征值贡献度、特征向量、因子载荷矩阵、主成分得分和综合得分等内容。

2)用主成分分析法的构建新指标的主要步骤

设原始数据矩阵为:

$$X = (x_{ij})_{p \times n}$$

其中:p =财务指标变量数;

　　　n =待评价上市公司的个数;

　　　x_{ij} =第 j 家上市公司的第 i 个财务指标数据。

为了消除各项财务指标由于量纲单位不同或正、逆性指标不同所带来的不可公度性,应将各项指标进行标准化处理。

$$x'_{ij} = \frac{x_{ij} - \overline{x_i}}{S_i}, (i = 1, 2, L, p; j = 1, 2, L, n)$$

其中:$\overline{x_i} = \frac{1}{p} \sum_{j=1}^{n} x_{ij}$, $S_i = \frac{1}{p-1} \sum_{j=1}^{n} (x_{ij} - \overline{x_i})$, $i = 1, 2, L, p$。

为方便起见,仍记标准化后的数据 x'_{ij} 为 x_{ij}。

对标准化后的数据矩阵 x_{ij} ,主成分分析法的步骤如下:

① 计算相关矩阵 $R = XXT$。

② 计算相关矩阵 R 的特征值为:$\lambda_1 > \lambda_2 > L > \lambda_p \geqslant 0$;

第 i 成分方差贡献为：$d_i = \dfrac{\lambda_i}{\sum\limits_{k=1}^{p} \lambda_k}$，$i = 1, 2, K, p$。

③ 确定主成分数：选取前 m 个特征值大于 1 的主成分，m 为所选取主成分数。

④ 为了方便解释每个主成分，将因子荷载矩阵实行方差最大旋转，以简化因子模型结构。

5.1.4　熵值分析

熵定律被爱因斯坦称为整个科学的首要法则。在现代决策理论中，它也被广泛应用于不确定性和信息量的度量。信息量越大，不确定性就越小，熵也就越小；信息量越小，不确定性越大，熵也就越大。根据熵的特性，我们可以通过计算熵值来判断一个事件的随机性及无序程度，也可以用熵值来判断某个指标的离散程度，指标的离散程度越大，该指标对综合评价的影响就越大。在传统企业经营评价体系中，指标的权重均为主观赋权，带有很大的主观性和随机性，通过熵权法进行指标的客观赋权，解决了主观赋权的问题，使权重更具科学性和精确性，同时熵值计算也可以作为评价指标选择的重要依据。本系统包括：熵权分析、计算分析指标权重、风险的三维熵式度量法、计算风险的多维性[1]。

以下是该书相关内容摘要：

1）熵权的概念

无论是企业（项目）评估还是多目标决策，人们常常要考虑每个评价指标（或各目标属性）的相对重要程度。表示重要程度最直接和最简便的方法是给各指标赋予权重（权系数）。按照熵思想，人们在决策中获得信息的多少和质量，是决策的精度和可靠性大小的决定因素之一。而熵在应用于不同决策过程的评价或案例的效果评价时是一个很理想的尺度。

现在我们考虑一个评估问题，设有 m 个评估指标，n 个评估对象（或方案），按照定性与定量相结合的原则取得多对象多指标的评估矩阵：

$$
\boldsymbol{R'} = \begin{pmatrix} r'_{11} & r'_{12} & \cdots & r'_{1n} \\ r'_{21} & r'_{22} & \cdots & r'_{2n} \\ \vdots & \vdots & \vdots & \vdots \\ r'_{m1} & r'_{m2} & \cdots & r'_{mn} \end{pmatrix}
$$

对 $\boldsymbol{R}$ 作标准化处理得到：$\boldsymbol{R} = (r_{ij})_{m \times n}$

式中，r_{ij} 称为第 j 个评价对象在指标之上的值，$r_{ij} \in [0, 1]$，且

$$
r_{ij} = \frac{r'_{ij} - \min\limits_{j}\{r'_{ij}\}}{\max\limits_{j}\{r'_{ij}\} - \min\limits_{j}\{r'_{ij}\}} \tag{5.3}
$$

---

[1]　邱菀华. 管理决策与应用熵学[M]. 北京：机械工业出版社，2002.

为简便计算,可假定 r_{ij} 大者为优,是收益性指标。

①定义评价指标的熵。在有 m 个评价指标, n 个被评价对象的评估问题中(以下简称 (m,n) 评价问题),第 i 个评价指标的熵定义为:

$$H_i = -k \sum_{j=1}^{n} f_{ij} \ln f_{ij}, i = 1, 2, \cdots, m \tag{5.4}$$

式中: $f_{ij} = \dfrac{r_{ij}}{\sum\limits_{j=1}^{n} r_{ij}}$, $k = \dfrac{1}{\ln(n)}$,并假定,当 $f_{ij} = 0$ 时, $f_{ij} \ln f_{ij} = 0$ 。也可以选择 k ,使得 $0 \le H_i \le 1$,这种标准化在进行比较时是很有必要的。

②定义评价指标的熵权。在 (m,n) 评价问题中,第 i 个指标的熵权 ω_i 定义为:

$$\omega_i = \frac{1 - H_i}{m - \sum\limits_{i=1}^{m} H_i} \tag{5.5}$$

由上述定义以及熵函数的性质可以得到如下熵权的性质:

A. 各被评价对象在指标 j 上的值完全相同时,熵值达到最大值 1,熵权为 0,这也意味着该指标向决策者未提供任何有用的信息,该指标可以考虑被取消。

B. 当各被评价对象在指标 j 上的值相差较大、熵值较小、熵权较大时,说明该指标向决策者提供了有用的信息。同时还说明在该问题中,各对象在该指标上有明显差异,应重点考察。

C. 指标的熵值越大,其熵权就越小,该指标就越不重要,而且满足: $0 \le \omega_i \le 1$, $\sum\limits_{i=1}^{m} \omega_i = 1$ 。

D. 作为权数的熵权,有其特殊意义。它并不是在决策和评估问题中某指标实际意义上的重要性系数,而是在给定被评价对象集后各种评价指标值确定的情况下,各指标在竞争意义上的相对激烈程度系数。

E. 从信息角度考虑,它代表该指标在该问题中,提供有用信息的多少程度。

F. 熵权的大小与被评价对象有直接关系。当被评价对象确定以后,再根据熵权对评价指标进行调整、增减,以利于做出更精确、可靠的评价。同时也可以利用熵权对某些指标评价值的精度进行调整,必要时,重新确定评价值和精度。

2) 熵权的应用

应用一:评价指标的选取

在建立评价指标体系时,选取指标最重要的原则之一首先是最能反映和度量被评价对象优劣程度的指标。然而有时各对象对于某一特定指标具有完全相同或非常接近的取值,此时可以看到主观认为主要的指标并不能帮助决策者做出任何优劣性选择,也就是说,它没有给决策者提供任何有用的信息。这种现象最怕出现在对评价对象进行排序的评价问题中,当出现这种现象时,可以考虑通过以下原则进行处理:

①评价指标应尽量全面,综合反映方案的优劣。

②当评价方案确定后,某指标的所有取值均相等或非常接近时,可以考虑调整并修

改指标。把它再分解为若干子指标,或者把该指标的精度(计量单位)细化,有时也可以直接取消该指标,增加新的指标。

③选取指标应尽量量化或模糊量化指标。

④仔细分析各对象的特点,争取把各对象的优劣性都反映出来,同时也注意剔除多余的指标。

应用二:经营评价

在经营分析和投资决策中,经营者面临着多个项目、多个企业,那么经营者如何做出决策呢?下面是一个以熵值为核心的投资规划法(这是将专家法和熵权法相结合的新型方法):设初期共有 n 个可投资项目或评价企业,评价指标有 m 个,按照专家法得到这 m 个指标的权重为 λ'_j,构造指标水平矩阵 $\boldsymbol{R}$,其元素 r_{ij} 为第 i 个方案的第 j 个指标值。并假定 $\boldsymbol{R}$ 已按照公式(5.3)进行了标准化处理,则:

$$\boldsymbol{R}' = \begin{pmatrix} r'_{11} & r'_{12} & \cdots & r'_{1n} \\ r'_{21} & r'_{22} & \cdots & r'_{2n} \\ \vdots & \vdots & \vdots & \vdots \\ r'_{m1} & r'_{m2} & \cdots & r'_{mn} \end{pmatrix}$$

按照公式(5.5)可以算出熵权 ω_i,结合 λ'_j,最后得到关于指标 i 的综合权重:

$$\lambda_i = \frac{\lambda'_i \omega_i}{\sum\limits_{i=1}^{m} \lambda'_i \omega_i}$$

可以引用 Zadeh 的定义将方案集映射到距离空间:

$$L_p(\lambda, i) = \Big[\sum_{j=1}^{m} \lambda_j^p (1 - r_{ij})^p \Big]^{\frac{1}{p}}$$

一般情况下,取 $p=1$(海明距离,只注重偏差的总和):

$$L_p(\lambda, i) = 1 - \sum_{j=1}^{m} \lambda_j r_{ij}$$

或取 $p=2$(欧氏距离,更注重个别偏差较大者):

$$L_p(\lambda, i) = \sqrt{\sum_{j=1}^{m} \lambda_j^2 (1 - r_{ij})^2}$$

显然,距离更小者更接近理想方案,完全可以按照 L 由小到大对各项目进行排序。排序后有时还不能确定有几个项目或企业可以投资,还可以结合其他约束条件,建立更好的规划模型。

在 BIA 系统中,通过以上的分析,根据原始数据和计算出来的标准化矩阵,进行熵权分析,并根据海明距离和欧氏距离,对多家公司进行距离排序。

5.1.5　行业引力分析

市场引力是指企业及其产品对消费者的吸引程度,企业知名度高、产品精良、服务完善、价格合理便会得到消费者的欢迎,反之则被消费者拒之门外。

1）市场引力因素分析

①产品性能。市场引力首先表现在企业能否提供一个适应消费者需求的产品。在同类产品中,若能适时提供功能适当、用途广泛的产品,则能获得消费者的欢迎,反之则受到消费者的冷落。所以,分析企业的市场引力首先要分析产品的实用价值。一个企业的产品与同类产品相比,有没有特殊功能、能不能给消费者带来更多方便、能不能使消费者收益更多,这是产品引力大小的关键。

②产品价格。企业产品市场引力的强弱,与产品售价高低相联系。在质量、功能相当的条件下,若价格较低,便能争得主动,若价格偏高,便会失去活力。

③产品质量。这是产品能否持久占领市场、始终保持优势极为重要的因素。在分析企业及其产品的市场引力时,必须正确判断产品质量的档次。质量优、可靠性强的产品便会受到消费者青睐。所以企业为增强市场引力必须在产品质量上下功夫,做到精益求精、不断提高。

④服务。在科学技术日益发展,各种新技术广为应用的情况下,产品的功能、产品的质量差异日趋缩小,而且往往各具特色。因此,企业之间对市场份额的争夺逐渐转到服务上来。在这种情况下,企业产品市场引力的大小在很大程度上取决于企业的服务水平。服务优良、为消费者提供更多的方便,产品就会受到更多顾客的欢迎,企业产品的市场引力一定能得到增强。

⑤信誉。市场引力不仅来自各类质的、技术的种种因素,而且还来自企业的精神力量。在现代市场竞争中,企业的信誉已成为能否促成交易的重要因素。为此,企业无不在激烈的市场竞争中不断采取有效措施,重合同守信用,扩大知名度,增强信誉度,乃是使企业产品市场引力强化的重要环节。

2）产品的市场强度分析

产品的市场强度分析是对企业当前销售的各种产品自身的市场地位、收益性、成长性、竞争性以及产品组合等方面进行分析。

（1）产品的市场地位分析

①产品的市场地位可以从产品的知名度、美誉度、市场占有率、市场覆盖率等方面进行分析。

②产品知名度是指消费者对产品的名称、商标、特点、服务等各种状况了解的人数多少或比率。这是指了解本企业产品的消费者分布的地域范围和人数的多少。产品美誉度是指产品获得消费者的信任、赞美的程度。产品美誉度分析就是要分析企业为广大的消费者开发的产品具有什么新意,如产品的技术含量是不是很高,产品的使用功能是不是完备,产品的款式是不是新型,产品的使用过程中是不是有利于保护人类生存环境及生态平衡等。

③市场占有率是指本企业产品销售量占市场上同类产品销售量的比重。它是产品市场地位的重要标志。市场占有率越高,产品的知名度、信誉度和影响力越大,产品在市场上的地位也就越高。

④市场覆盖率分析。市场覆盖率是指企业产品的投放地区占应销售地区的比率。它反映企业产品销售的广度。

（2）产品的成长性分析

①产品的成长性分析就是对企业近期各年的销售量或销售额，按时间顺序分别比较，以观察其增长趋势，用销售增长率和市场扩大率指标分析。

②销售增长率是指本年度产品销售量或销售额与上年度的产品销售量或销售额的比率，以此来评价企业产品销售的增长变化。

③市场扩大率是指本年度市场占有率与上年度市场占有率的比率，以此分析企业产品市场地位变化状况。

（3）产品强度分析

产品强度分析是指将企业的产品与竞争者的同类产品进行对比分析。主要通过对产品的质量、功能、造型、包装、商标、价格、服务等方面进行逐一比较，以发现本企业产品的主要优点与缺点，评价产品的总体强度。其评价方法一般采用加分分析法。

在 BIA 系统中，行业财务分析包括行业平均财务指标计算、行业财务引力计算与分析以及行业财务指标趋势分析 3 个部分。其中最主要的是行业引力的测算与分析。系统为用户默认了一套行业评价指标组合，当然用户也可以在财务指标体系中任选指标组合，并设定权重。系统会搜索整个数据库，确定全部行业指标组合的平均最大值和平均最小值，并运用效用函数，计算分析行业在全部行业中的地位，从而确定其行业引力。其中最有吸引力的是行业之间引力的动态比较和调整指标组合及权重的动态模拟，从中可以看出不同行业的性质以及行业财务状况。

5.1.6 状态分析空间

1）马尔可夫分析

马尔可夫分析是俄国数学家马尔可夫（A. Markov）在 1907 年提出的，并由蒙特—卡洛（Mote-Carlo）加以发展而建立的一种分析方法。它主要用于分析随机事件未来发展变化的趋势，即利用某一变量的现在状态和动向去预测该变量未来的状态及其动向，以预测未来特定时期可能产生的变化，以便采取相应的对策。该分析方法是概率论中随机过程的重要过程之一，若某随机过程从时刻 t_0 处于状态 i，转移到时刻 t_0+t 处于状态 j，其转移矩阵只与时间间隔 t 有关，而与"历史"无关，这个系统就被称为马尔可夫链。

在 BIA 系统中，我们运用马尔可夫分析进行状态空间的分析，马尔可夫分析是一种基于状态概率的分析、预测和决策方法。通过马尔可夫链，根据事件的目前或以往状况概率预测其将来各个时刻（或时期）变动状况或未来稳定状态下的分布概率。常用于多种形态、状态的相互转换分析，如市场占有率、财务指标分布及行业分布等。

BIA 系统可实现财务指标的自动分类，计算财务指标、行业或特定客户组合的状态转移概率矩阵，应用马尔可夫链预测未来财务状态的各种变化，通过动态模拟技术找到稳定状态下各种形态的趋势目标，即计算马尔可夫终极状态概率。系统还支持其他任何状态概率分析。

2）温特斯分析

温特斯分析运用温特斯模型,该模型是温特斯于20世纪60年代提出的,方法是把具有线性趋势、季节变动和不规则变动的时间序列进行因素分解,并与指数平滑法结合起来的状态空间模型,它以三个平滑方程式为基础,分别模拟时间序列的三个组成因素——线性趋势、季节变动、不规则变动,分析预测多种因素共同作用的影响,因而使用于复杂状态下事物的发展变化分析。本系统应用动态模拟技术,使各类参数逐渐逼近最优值,并计算预测值和实际值的均方差,使用户可以直观看到多因素变化及其影响。

选择数据就是根据历史数据,计算数据的分布,然后使用温特斯的三个方程去修正、模拟。

①选择分析表中的指标:选择指标时,可以选择全部数据,也可以按月、季、年别分别选择,如果指标比较多,也可以在筛选指标中,输入要选择的指标,系统会根据输入的文字自动筛选。当选择好指标后(单击),则数据项中会自动出现选择的数据和指标标识,同时会根据数据自动出现图形。

②α、β、γ平滑系数:分别用平滑系数一、平滑系数二和平滑系数三模拟,它们分别在$0 \sim 1$,模拟3个平滑系数,实际就是调节三个方程模型,通过预测模型与实际数据相比对达到预测效果。

③计算平均方差:在模拟平滑系数时,系统会自动计算温特斯方程,并与实际数据比对,平均方差就是计算比对效果的指标,平均方差越小,说明温特斯模型计算出的数据与原数据越拟合,但是并不是说越小越好。平均方差越小,趋势性的内容就越小,越不能反映事物发展变化的趋势,容易形成过度拟合。

④波动周期:温特斯模型应事先确定好事物发展可能的波动周期,如"4"代表季度波动,"12"代表月度波动,也可以根据事物特点,任意设置波动周期。

5.1.7　可拓集合分析

可拓集合分析是研究和解决矛盾问题的特有方法论,其核心物元变换是将物元要素——事物、特征、量值或它们的组合作为一个整体——物元来研究,对其实行置换、分解、增删和扩缩运算,从而实现化矛盾为相容。

可拓集合分析为事物识别、综合评价提供了新的途径。其数据处理是用可拓集合的关联函数值——关联度的大小,来描述各种特征参数与识别对象的从属关系,从而把属于或不属于的定量描述扩展为定量描述。该方法采用实测数据,计算出问题的关联度,作为对象所研究的问题、现象和事物的综合分析、识别、评定或预测的结论。它能改进传统算法的近似性,排除了人为因素对分析、评定或预测结果的干扰,具有方法规范、简便、定量严密的特点。

其主要内容为等级分析判断:

系统通过关联函数计算每个实际指标数值的关联度值,另外再计算每个实际数值的权重,权重要进行归一化处理。

计算公式如下:

①区间的模。每个等级最大值、最小值之差的绝对值:

$$|x| = |b - a|$$

②点到区间的距离。即指标实际值在等级区间中的距离:

$$\rho(x_0, x) = \left| x_0 - \frac{1}{2}(a + b) \right| - \frac{1}{2}(b - a)$$

③点到总扩展范围的距离。与到区间范围一样,只是 a、b 在区间范围是某个等级的最大最小值,而这里是扩展最大和扩展最小。

$$k(x) = \begin{cases} -\dfrac{\rho(x, x_0)}{|x_0|} & x \in x_0 \\[4mm] \dfrac{\rho(x, x_0)}{\rho(x, x_{pi}) - \rho(x, x_0)} & x \notin x_0 \end{cases}$$

④关联函数公式 $k(x)$。通过该公式计算每个指标实际值的关联度值。如果实际值在这个等级范围内,则用上面公式;如果实际值不在等级范围内,则使用该公式,该公式表明点到区间距离除以总扩展范围减去点到区间范围。

⑤计算权重。每个指标的权重等于该指标实际值的绝对值除以等级区间的模。每个实际值的权重还要作归一化处理,即每个权重除以每个等级各权重之和:

$$W_{ij} = \frac{\dfrac{x_i}{x_i}}{\sum_{i}^{n} \dfrac{x_i}{|x_i|}}$$

⑥根据关联函数和权重再计算出每个等级的加权关联度,选择关联度最大的等级,作为该分析对象最接近的等级。也就是分析对象隶属于该等级。

5.1.8　偏最小二乘回归分析

偏最小二乘回归是一种新型的多元统计数据分析方法,它于 1983 年由伍德和阿巴诺等人首次提出。近 10 年来,它在理论、方法和应用方面都得到了迅速的发展。密西根大学的弗耐尔教授称偏最小二乘回归为第二代回归分析方法。偏最小二乘回归方法在统计应用中的重要性主要体现在以下几个方面:

①偏最小二乘回归是一种多因变量对多自变量的回归建模方法。

②偏最小二乘回归可以较好地解决许多以往用普通多元回归无法解决的问题。在普通多元线形回归的应用中,我们常受到许多限制。最典型的问题就是自变量之间的多重相关性。如果采用普通的最小二乘方法,这种变量多重相关性就会严重危害参数估计,扩大模型误差,并破坏模型的稳定性。变量多重相关问题十分复杂,长期以来在理论和方法上都未给出满意的答案,这一直困扰着从事实际系统分析的工作人员。一种有效的技术途径在偏最小二乘回归中被开辟出,它利用对系统中的数据信息进行分解和筛选的方式,提取对因变量的解释性最强的综合变量,辨识系统中的信息与噪声,从而更好地克服变量多重相关性在系统建模中的不良作用。

③偏最小二乘回归之所以被称为第二代回归方法,还由于它可以实现多种数据分析方法的综合应用。

偏最小二乘回归 = 多元线性回归分析 + 典型相关分析 + 主成分分析

由于偏最小二乘回归在建模的同时实现了数据结构的简化,因此,可以在二维平面图上对多维数据的特性进行观察,这使得偏最小二乘回归分析的图形功能十分强大。在一次偏最小二乘回归分析计算后,不但可以得到多因变量对多自变量的回归模型,而且可在平面图上直接观察两组变量之间的相关关系,以及观察样本点间的相似性结构。这种高维数据多个层面的可视性,可以使数据系统的分析内容更加丰富,同时又可以对所建立的回归模型给予许多更详细、深入的实际解释。

基本原理:偏最小二乘法(PLS)是基于因子分析的多变量校正方法,其数学基础为主成分分析。但它相对于主成分回归(PCR)更进了一步,两者的区别在于 PLS 将因变量矩阵 Y 和相应的响应矩阵(自变量矩阵)X 同时进行主成分分解:$X = TP + E$,$Y = UQ + F$ 式中 T 和 U 分别为 X 和 Y 的得分矩阵,而 P 和 Q 分别为 X 和 Y 的载荷矩阵,E 和 F 分别为运用偏最小二乘法去拟合矩阵 X 和 Y 时所引进的误差。

偏最小二乘法和主成分回归很相似,其差别在于用于描述变量 Y 中因子的同时也用于描述变量 X。为了实现这一点,数学中是以矩阵 Y 的列去计算矩阵 X 的因子。同时,矩阵 Y 的因子则由矩阵 X 的列去预测。分解得到的 T 和 U 矩阵分别是除去了大部分测量误差的响应和因变量的信息。偏最小二乘法就是利用各列向量相互正交的特征响应矩阵 T 和特征(因变量)矩阵 U 进行回归:$U = TB$。得到回归系数矩阵,又称关联矩阵 B:$B = (TTT - I)TTU$,因此,偏最小二乘法的校正步骤包括对矩阵 Y 和矩阵 X 的主成分分解以及对关联矩阵 B 的计算。

偏最小二乘回归包括 PLS1 和 PLS2。PLS1 是单因变量,自变量(又叫响应或观测变量)为 1 个或多个。PLS2 是因变量为多个,自变量也为多个的回归分析。

5.1.9　PLS 结构方程模型

PLS 结构方程已被证明是财务因素分析的最好技术方法。PLS 结构方程模型是一种由多种统计模型综合起来的因果分析型模型,因素分析法、路径分析法以及因子分析法都是它的特例,主要用于处理不可直接观测的潜在变量。本系统克服了 AMOS 等软件 PLS 计算方面的弊端,自动化程度更高,更适合缺乏高数基础的人员使用。

PLS 结构方程使用的是 PLS 迭代算法求解方程参数。PLS 即偏最小二乘法,是一种新型的多元统计、数据分析方法,它在自变量多重共线性、样本容量不足、非正态分布等传统回归无法运行的情况下,仍然有良好的回归效果,被誉为多元线性回归分析 + 典型相关分析 + 主成分分析的综合应用。偏最小二乘回归包含一对多回归(PLS1)和多对多回归(PLS2)两种形式。本系统应用了与 Matlab 齐名的美国 CenterSpace 公司的 PLS1 迭代算法,使运行效果更强,并具有相当的权威性。

PLS 结构方程模型是一种由多种统计模型综合起来的因果分析型模型,因素分析法、路径分析法以及回归分析法都是它的特例。参数求解原理是:首先使用(1, 0, 0, 0…)

向量作为参数带入方程,进行 PLS1 计算,使用第一成分向量再作为参数带入方程,进行 PLS1 计算,以此类推,直到参数变化稳定,即变化率小于 0.000 01,则参数作为最终结果。

本系统包括财务因素路径图设计(建模)和 PLS 结构方程计算两个部分。用户可以按照既定的测评模型,也可以设计自己的测评模型。在计算上本系统使用了美国 CenterSpace 公司的 PLS1 算法,可自动识别模型,避免了人为设定指标之间正负关系可能产生的偏差。同时也无须人工查找替代变量,模型设计自由度更高,使系统具有更强的适用性。

5.1.10　数据包络分析

数据包络分析是一种基于线性规划的用于评价同类型组织(或项目)工作绩效相对有效性的特殊工具手段。这类组织例如学校、医院、银行的分支机构,超市的各个营业部等,各自具有相同(或相近)的投入和相同的产出。衡量这类组织之间的绩效高低,通常采用投入产出比这个指标,当各自的投入产出均可折算成同一单位计量时,更容易计算出各自的投入产出比并按其大小进行绩效排序。但当被衡量的同类型组织有多项投入和多项产出,且不能折算成统一单位时,就无法算出投入产出比的数值。例如,大部分机构的运营单位有多种投入要素,如员工规模、工资数目、运作时间和广告投入,同时也有多种产出要素,如利润、市场份额和成长率。在这些情况下,很难让经理或董事会知道,当输入量转换为输出量时,哪个运营单位效率高,哪个单位效率低。

1)数据包络分析法的主要思想

一个经济系统或者一个生产过程可以看成一个单元在一定可能范围内,通过投入一定数量的生产要素并产出一定数量的"产品"活动。虽然这些活动的具体内容各不相同,但其目的都是尽可能地使这一活动取得最大的"效益"。由于从"投入"到"产出"需要经过一系列决策才能实现,或者说,由于"产出"是决策的结果,因此这样的单元被称为"决策单元"(Decision Making Units,DMU)。可以认为每个 DMU 都代表一定的经济含义,它的基本特点是具有一定的输入和输出,并且在将输入转换成输出的过程中,努力实现自身的决策目标。

2)数据包络分析法的基本模型

我们主要介绍数据包络分析(DEA)中最基本的一个模型——C^2R 模型。

设有 n 个决策单元($j = 1, 2, \cdots, n$),每个决策单元有相同的 m 项投入(输入),输入向量为:

$$\boldsymbol{x}_j = (x_{1j}, x_{2j}, \cdots, x_{mj})^{\mathrm{T}} > 0, j = 1, 2, \cdots, n$$

每个决策单元有相同的 s 项产出(输出),输出向量为:

$$\boldsymbol{y}_j = (y_{1j}, y_{2j}, \cdots, y_{sj})^{\mathrm{T}} > 0, j = 1, 2, \cdots, n$$

即每个决策单元有 m 种类型的"输入"及 s 种类型的"输出"。

x_{ij} 表示第 j 个决策单元对第 i 种类型输入的投入量;

y_{ij} 表示第 j 个决策单元对第 i 种类型输出的产出量。

为了将所有的投入和所有的产出进行综合统一,也就是将这个生产过程看作一个只有一个投入量和一个产出量的简单生产过程,需要对每一个输入和输出进行赋权,设输入和输出的权向量分别为: $\boldsymbol{v} = (v_1, v_2, \cdots, v_m)^{\mathrm{T}}, \boldsymbol{u} = (u_1, u_2, \cdots, u_s)^{\mathrm{T}}$。$v_i$ 为第 i 类型输入的权重,u_r 为第 r 类型输出的权重。

这时,第 j 个决策单元投入的综合值为 $\sum_{i=1}^{m} v_i x_{ij}$,产出的综合值为 $\sum_{r=1}^{s} u_r y_{rj}$,定义每个决策单元 DMU_j 的效率评价指数:

$$h_j = \frac{\sum_{r=1}^{s} u_r y_{rj}}{\sum_{i=1}^{m} v_i x_{ij}}$$

模型中 x_{ij}, y_{ij} 为已知数(可由历史资料或预测数据得到),于是问题实际上是确定一组最佳的权向量 $\boldsymbol{v}$ 和 $\boldsymbol{u}$,使第 j 个决策单元的效率值 h_j 最大。这个最大的效率评价值是该决策单元相对于其他决策单元来说不可能更高的相对效率评价值。限定所有的 h_j 值($j=1,2,\cdots,n$)不超过 1,即 $\max h_j \leqslant 1$。这意味着,若第 k 个决策单元 $h_k=1$,则该决策单元相对于其他决策单元来说生产率最高,或者说这一系统是相对而言有效的;若 $h_k<1$,那么该决策单元相对于其他决策单元来说,生产率还有待于提高,或者说这一生产系统还不是有效的。

根据上述分析,第 j_0 个决策单元的相对效率优化评价模型为:

$$\max h_{j_0} = \frac{\sum_{r=1}^{s} u_r y_{rj_0}}{\sum_{i=1}^{m} v_i x_{ij_0}}$$

$$\mathrm{s.\,t.} \begin{cases} \dfrac{\sum_{r=1}^{s} u_r y_{rj}}{\sum_{i=1}^{m} v_i x_{ij}} \leqslant 1, j = 1, 2, \cdots, n \\ \boldsymbol{v} = (v_1, v_2, \cdots, v_m)^{\mathrm{T}} \geqslant \boldsymbol{0} \\ \boldsymbol{u} = (u_1, u_2, \cdots, u_s)^{\mathrm{T}} \geqslant \boldsymbol{0} \end{cases}$$

这是一个分式规划模型,必须将它化为线性规划模型才能求解。为此,令:

$$t = \frac{1}{\sum_{i=1}^{m} v_i x_{ij_0}}, \mu_r = t u_r, w_i = t v_i$$

则模型转化为:

$$\max h_{j0} = \sum_{r=1}^{s} \mu_r y_{rj0}$$

$$
\text{s. t.} \begin{cases} \sum_{r=1}^{s} \mu_r y_{rj} - \sum_{i=1}^{m} w_i x_{ij} \leqslant 0, j = 1,2,\cdots,n \\ \sum_{i=1}^{m} w_i x_{ij0} = 1 \\ \mu_r, w_i \geqslant 0, i = 1,2,\cdots m; r = 1,2,\cdots,s \end{cases}
$$

写成向量形式有：

$$
\max h_{j_0} = \boldsymbol{\mu}^{\mathrm{T}} \boldsymbol{Y}_0
$$

$$
\text{s. t.} \begin{cases} \boldsymbol{\mu}^{\mathrm{T}} \boldsymbol{Y}_j - \boldsymbol{w}^{\mathrm{T}} \boldsymbol{X}_j \leqslant \boldsymbol{0} \\ \boldsymbol{w}^{\mathrm{T}} \boldsymbol{X}_0 = \boldsymbol{1} \qquad\qquad j = 1,2,\cdots,n \\ \boldsymbol{w} \geqslant \boldsymbol{0}, \boldsymbol{\mu} \geqslant \boldsymbol{0} \end{cases}
$$

线性规划中一个十分重要，也十分有效的理论是对偶理论，通过建立对偶模型更易于从理论及经济意义上作深入分析，其对偶问题为：

$$
\min \theta
$$

$$
\text{s. t.} \begin{cases} \sum_{j=1}^{n} \lambda_j x_j \leqslant \theta x_0 \\ \sum_{j=1}^{n} \lambda_j y_j \geqslant y_0 \\ \lambda_j \geqslant 0, j = 1,2,\cdots,n \\ \theta \text{ 无约束} \end{cases}
$$

进一步引入松弛变量 s^+ 和剩余变量 s^-，将上面的不等式约束化为等式约束：

$$
\min \theta
$$

$$
\text{s. t.} \begin{cases} \sum_{j=1}^{n} \lambda_j x_j + s^+ = \theta x_0 \\ \sum_{j=1}^{n} \lambda_j y_j - s^- = y_0 \\ \lambda_j \geqslant 0, j = 1,2,\cdots,n \\ \theta \text{ 无约束} \ s^+ \geqslant 0, s^- \geqslant 0 \end{cases}
$$

设上述问题的最优解为 λ^*，s^{*-}，θ^*，则有如下结论与经济含义。

①若 $\theta^* = 1$，且 $s^{*+} = 0, s^{*-} = 0$，则决策单元 DMU_{j_0} 为 DEA 有效，即在原线性规划的解中存在 $w^* > 0, \mu^* > 0$，并且其最优值 $h_{j_0}^* = 1$。此时，决策单元 DMU_{j_0} 的生产活动同时为技术有效和规模有效。

②当至少有某个输入或者输出松弛变量大于零时，原线性规划的最优值 $h_{j_0}^* = 1$，称 DMU_{j_0} 为弱 DEA 有效，它不是同时技术有效和规模有效。

③若 $\theta^* < 1$，决策单元 DMU_{j_0} 不是 DEA 有效。其生产活动既不是技术效率最佳，也不是规模效率最佳。

④另外,可以用 C^2R 模型中 λ_j 的最优值来判别 DMU 的规模收益情况。若存在 λ_j^* $(j=1,2,\cdots,n)$,使 $\sum\lambda_j^*=1$ 成立,则 DMU_{j_0} 为规模效益不变;若不存在 $\lambda_j^*(j=1,2,\cdots,n)$,使 $\sum\lambda_j^*=1$ 成立,则 $\sum\lambda_j^*<1$,那么 DMU_{j_0} 为规模效益递增;若不存在 $\lambda_j^*(j=1,2,\cdots,n)$,使 $\sum\lambda_j^*=1$ 成立,则 $\sum\lambda_j^*>1$,那么 DMU_{j_0} 为规模效益递减。

技术有效:输出相对输入而言已达最大,即该决策单元位于生产函数的曲线上。

规模有效:指投入量既不偏大,也不过小,是介于规模收益由递增到递减之间的状态,即处于规模收益不变的状态,如图 5-3 所示。

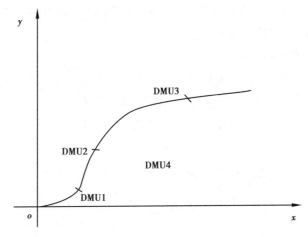

图 5-3　规模有效曲线

如图 5-3 所示,DMU1,DMU2,DMU3 都处于技术有效状态;DMU1 不为规模有效,实际上它处于规模收益递增状态;DMU3 不为规模有效,实际上它处于规模收益递减状态;DMU2 是规模有效的。如果用 DEA 模型来判断 DEA 有效性,只有 DMU2 对应的最优值 $\theta^0=1$ 。可见,在 C^2R 模型下的 DEA 有效,其经济含义是:既为"技术有效",也为"规模有效"。

例题:下面是具有 3 个决策单元的单输入数据和单输出数据,相应决策单元所对应的点以 A、B、C 表示,其中点 A,C 在生产曲线上,点 B 在生产曲线下方。如图 5-4 所示,由 3 个决策单元所确定的生产可能集 T 也在图中标出来。

对于决策点 A,它是"技术有效"和"规模有效",它所对应的 C^2R 模型为:

$$\min \theta$$
$$\mathrm{s.t}\begin{cases}2\lambda_1+4\lambda_2+5\lambda_3\leqslant 2\theta\\2\lambda_1+\lambda_2+3.5\lambda_3\geqslant 2\\\lambda_1,\lambda_2,\lambda_3\geqslant 0\end{cases}$$

其最优解为 $\boldsymbol{\lambda}^0=(1,0,0)^{\mathrm{T}}$, $\quad\theta^0=1$ 。

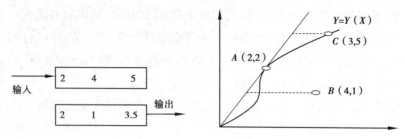

图 5-4　决策单元及生产曲线

对于决策点 B，它不是"技术有效"，因为点 B 不在生产函数曲线上，也不是"规模有效"，这是因为它的投资规模太大。

其对应的 C^2R 模型如下：

$$\min\theta$$

$$s.t\begin{cases}2\lambda_1 + 4\lambda_2 + 5\lambda_3 \leqslant 4\theta \\ 2\lambda_1 + \lambda_2 + 3.5\lambda_3 \geqslant 1 \\ \lambda_1,\lambda_2,\lambda_3 \geqslant 0\end{cases}$$

其最优解为 $\boldsymbol{\lambda}^0 = (1/2,0,0)^T$，　$\theta^0 = 1/4$。

由于 $\theta < 1$，故 B 点不是 DEA 有效，由 $\sum_{j=1}^{3}\lambda_j^0 = \dfrac{1}{2} < 1$，知该部门的规模收益是递增的。

对于决策点 C，因为点 C 是在生产函数曲线上，它是"技术有效"，但由于它的投资规模太大，因此不是"规模有效"。

其对应的 C^2R 模型如下：

$$\min\theta$$

$$s.t\begin{cases}2\lambda_1 + 4\lambda_2 + 5\lambda_3 \leqslant 5\theta \\ 2\lambda_1 + \lambda_2 + 3.5\lambda_3 \geqslant 3.5 \\ \lambda_1,\lambda_2,\lambda_3 \geqslant 0\end{cases}$$

其最优解为 $\boldsymbol{\lambda}^0 = (7/4,0,0)^T$，　$\theta^0 = 7/10$。

由于 $\theta < 1$，故 C 点不是 DEA 有效，由 $\sum_{j=1}^{3}\lambda_j^0 = \dfrac{7}{4} > 1$，知该部门的规模收益是递减的。

DEA 以相对效率概念为基础，根据多指标输入和多指标输出对同类型的部门或单位进行相对有效性或效益评价，分为 C^2R 模型和 C^2GS^2 模型，C^2R 模型是用来评价决策单元规模有效和技术有效的总体有效性的；C^2GS^2 模型是用来评价纯技术有效性的。

C^2GS^2 模型的经济含义：在生产可能集 T 内，在产出 y 保持不变的情况下，尽量将投入量 x 按同一比例 θ（最优值）减少，如果投入量 x 不能按同一比例减少，即 C^2GS^2 模型的最优值 $\theta = 1$，即为决策单元技术有效；如果松弛变量或剩余变量都为零，则为技术强有效；如果松弛变量或剩余变量有一个变为零，则为技术弱有效；如果最优值 $\theta < 1$，则为技术无效。

5.2　智能分析操作

智能分析主要包括：灰色分析、评分评级、平衡记分卡分析、主成分分析、熵值分析、行业引力分析、状态空间分析、可拓集合分析、偏最小二乘回归分析、PLS结构方程模型、数据包络分析等内容。

5.2.1　灰色分析

灰色分析主要指灰关联分析。灰关联分析又称灰色关联分析，灰关联是指事物之间的不确定性关联，或系统因子与主行为因子之间的不确定性关联。灰关联分析是基于行为因子序列的微观或宏观几何接近，以分析和确定因子间的影响程度或因子对主行为的贡献度而进行的一种分析方法。它主要用于对态势发展变化的分析，即通过因素之间发展态势的相似或相异程度来衡量因素间的接近程度。一方面，灰关联分析由于可以分析参考序列与比较序列的几何形状的接近程度，来判断变化趋势的接近，所以也常常作为多指标体系的综合评价方法。另一方面，灰关联分析可以通过计算因子对主行为的贡献度和灰关联系数，来确定分析指标的权重，这也是一种客观权重测定法。灰关联分析的优点在于对样本量大小没有太高要求，分析时不需要典型的概率分布，而且分析结果一般与定性分析相吻合，因而具有广泛实用性。

1）灰关联分析

（1）选择分析客户

详见"3.2.1　趋势回归分析"中的"1）选择分析客户"中的步骤。

（2）基础数据

①点击"智能分析"中的"灰色分析"，再点击"灰关联分析"，进入该功能的操作界面，系统默认为"基础数据"。

②用户可以选择匹配的方式，选择客户名称，在匹配按键的上方文本框中输入需要匹配的文字，单击"左匹配"，也可以单击右键，选择匹配方式。左边树形框中出现匹配的客户名称，如果文本框中不输入文字，则出现全部客户名称。

③双击某个客户名称，则该客户名称出现在数据栏中，代表选择了该客户进行分析。如果要取消该客户名称，则直接把光标放在客户栏中进行删除即可。

④选择分析指标，双击右边树形框中指标名称，则横向出现指标名称，形成客户和指标的矩阵。如果要取消该指标，则直接把光标放在指标栏中进行删除即可。

⑤选择报表日期，在"报表日期"下拉列表框中选择需要分析的报表日期。

⑥点击"计算基础数据"，则系统会从数据库中采集到原始数据矩阵，并将原始数据自动计算为标准化矩阵、优偏差值矩阵、劣偏差值矩阵、优偏差率矩阵、劣偏差率矩阵。

⑦如果要重新选择，请点击"全部清空"。如果只更改结果数据，则点击右键"全部清空"按键，选择"清空结果"，再点击"清空结果"。

⑧用户可以事先定义好自己的"分析客户组合"和"分析指标组合"：在"分析客户组合"和"分析指标组合"下拉列表框中选择所需要的组合，单击 ，则定义好自己的客户和指标组合，下次使用时，选择组合即可。如果修改了组合后，再单击 ，则对原有的组合进行修改存盘，如果在"是否删除"前的复选框中打钩，再单击 ，则删除了原有的客户或分析指标组合。基础数据如图5-5所示。

图5-5 基础数据

注释：

①用户也可以不使用客户和指标信息，也就是说客户可以输入任何信息来进行分析，但是一定要遵守"首行为列标题，首列为行标题，中间为数字型数据"的原则。然后单击"计算基础数据"按键，则可以计算出结果。

②标准化数据矩阵。将原始数据变为没有计量单位，可以比较在0~1的数据。

③优偏差矩阵。即标准化矩阵与最优矩阵之差。

④劣偏差矩阵。即标准化矩阵与最劣矩阵之差。

⑤优偏差率矩阵。即优偏差矩阵除以（最优矩阵-最劣矩阵）。

⑥劣偏差率矩阵。即劣偏差矩阵除以（最优矩阵-最劣矩阵）。

（3）灰关联分析

①点击"灰关联分析"，进入该功能的操作界面。

②拉动"分辨系数"按钮，来改变分辨系数。

③点击"灰关联分析"按钮，即可计算出以下结果：

A.指标权重。如图5-6所示，可以看到某个指标（经过标准化后）的最优值和最劣值，以及该指标的重要程度（权重）。

B. 关联系数。包括优关联系数和劣关联系数。

优关联系数的计算公式为：（优偏差两极最小值+分辨系数×优偏差两极最大值）/（优偏差矩阵+分辨系数×优偏差两极最大值），表示客户和最优指标之间的灰关联关系。

劣关联系数的计算公式为：（劣偏差两极最小值+分辨系数×劣偏差两极最大值）/（劣偏差矩阵+分辨系数×劣偏差两极最大值），表示客户和最劣指标之间的灰关联关系。其中，分辨系数的主要作用是提高数值间的差异性，它越小，得到的系数的分辨率就越大，一般取值为 0.5。

C. 灰关联度。包括优关联度、劣关联度和综合关联度。

优关联度，即优关联系数与权重之乘积。

劣关联度，即劣关联系数与权重之乘积。可以利用优关联度（越大越好），或劣关联度（越小越好）进行客户排序。

综合关联度是同时考虑优关联度和劣关联度，抵消其偏差，提高评价的准确性。灰关联分析如图 5-6 所示。

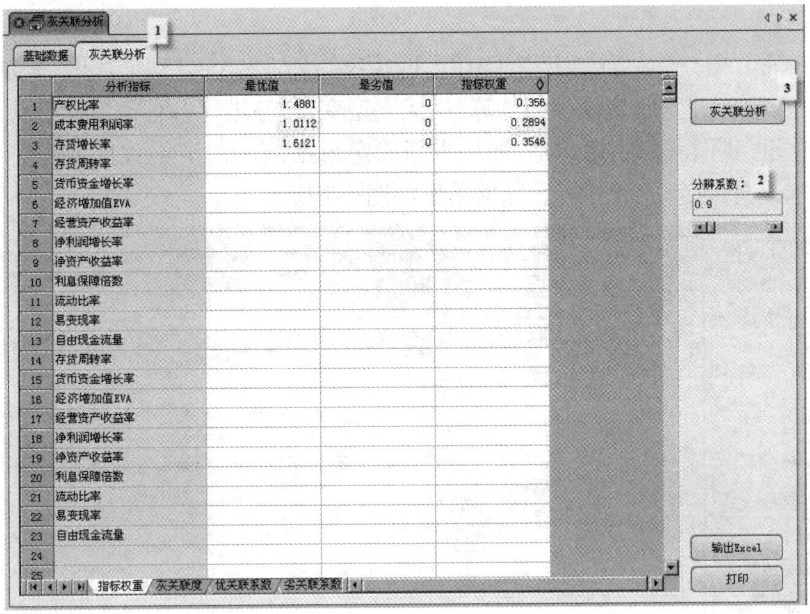

图 5-6　灰关联分析

2）灰色 GM(1,1) 模型

这是灰色系统分析的最常用模型，是对一定范围内变化的，与时间数据或不确定因素相关的灰色过程进行预测。包括计算"发展灰数""内生控制灰数"等参数，生成预测模型，并进行残差检验、关联度检验、后验差检验等。如果检验不合格，则可以进行 GM(1,1) 残差模型的计算，用残差模型的计算结果去修正原预测模型，并比较修正前后的各统计量，以确定最终结果。用户可以根据预测模型或修正模型对相关数据进行预测。本模型支持时间序列数据和分布数据的计算与分析。

（1）选择分析客户

详见"3.2.1　趋势回归分析"中的"1）选择分析客户"中的步骤。

（2）数据采集

①点击"智能分析"中的"灰色分析"，再点击"灰色 GM(1,1) 模型"，进入该功能的操作界面，系统默认为"数据采集"。

②在"区间类型"下拉列表框中选择报表日期区间，可以选择年报、半年报、季报或是该区间的全部数据。系统默认是主界面选择的客户名称和报表日期区间。

③选择左侧各报表数据的经济指标，可在"筛选指标"中输入需要选择指标的前面字符，可自动选择该字符的指标。也可以选中要筛选的指标，双击该指标即可。

④在"行业数据项"下拉列表框中选择需要分析的行业类型。注意：如果选择了行业，就不能进行时间序列的选择。

⑤在"报表日期"下拉列表框中选择报表的日期。

⑥点击"添加数据"，则出现该行业在所选报表日期内的指标分布数据，作为该模型的应用数据。

⑦采集完数据，点击"计算灰色 GM(1,1) 模型"按钮，系统自动计算出"发展灰数"和"内生控制灰数"，并完成该模型的计算，生成模型变量，并进行各种类型的检验。

⑧在这里，我们需要注意的是，如果重新确定数据，点击"清空数据项"，则清空电子表中的所有数据，重新进行分析。数据采集如图 5-7 所示。

图 5-7　数据采集

（3）模型检验与残差修正

在进行灰色模型 GM(1,1) 计算的同时，也进行了模型的各项检验，若原始数据序列的模型检验不合格或精度不理想时，要对建立的 GM(1,1) 模型进行残差修正或提高模型的预测精度。残差修正,就是将残差序列作为数据序列再进行一次 GM(1,1)计算,生成修正系数,加入到原模型公式中,形成新的预测公式。

　　模型要经过残差检验、关联度检验、后验差检验,计算一系列指标,并自动判断检验是否合格,是否需要残差修正。如果需要修正,则步骤为:

　　①点击"模型检验与残差修正",进入该功能的操作界面。

　　②如果需要残差修正,只需要点击"残差修正",即可以生成结果。并比较修正前和修正后主要检验指标的变化,以确定修正的效果。需要注意的是:并不是所有残差修正都能够改善模型精度和预测结果,需要用户比较确定。"检验报告"可以输出并可以直接打印;模型检验与残差修正如图 5-8 所示。

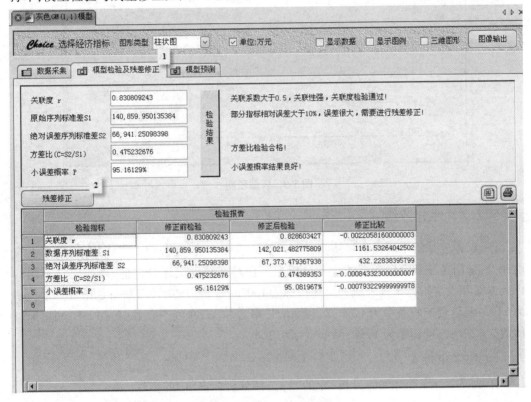

图 5-8　模型检验与残差修正

(4) 模型预测

　　模型计算的意义在于可以生成预测公式,并通过预测公式,对该指标未来的变化趋势进行预测。

　　①点击"模型预测",进入该功能的操作界面。

　　②在"图形类型"下拉列表框中选择图形的类型。

　　③在"选择预测模型"和"选择修正模型"前的复选框中打钩,表示选中,在这里,修正模型是指通过残差修正得到的预测模型,公式已经自动计算出来,然后拉动"预测期数"按钮,改变预测的期数,就可以预测未来多少期该数据序列的走势和预测值,并通过图形展示,所有图形都可以输出。

④在"显示数据""显示图例""三维图形"前的复选框中打钩,表示选中,所有的图形都可以不同格式输出,作为报告的组成部分。模型预测如图 5-9 所示。

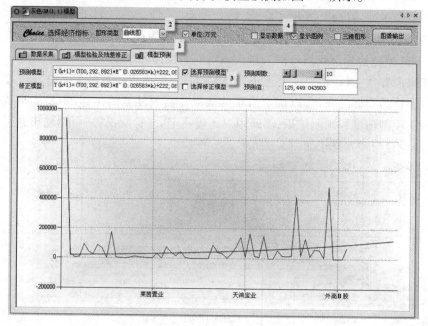

图 5-9　模型预测

5.2.2　评分评级

评级、评分是将不同类型经济指标归一类的重要方法,在公司中广泛用于客户、供应商评价、部门考核和定性指标的定量分析上。在对客户评级评分之前,需要建立不同的评级方案和设定指标规则。例如总体指标为 100%:存货周转率为 12%;货币资金增长率为 12%;经营资产收益率为 12%;净利润增长率为 12%;净资产收益率为 12%;利息保障倍数为 12%;流动比率为 12%;易变现率为 16%。

1)选择分析客户

详见"3.2.1　趋势回归分析"中的"1)选择分析客户"中的步骤。

2)评分评级

①点击"智能分析"中的"评分评级",进入该功能的操作界面。

②系统会自动在树形框中加载已经定义的评级方案。用户只需要选择评级的客户就可以了;在"筛选指标"中选择所需要的财务比率指标,双击该指标即可。

③选择客户:系统会默认菜单上已经选择的客户,同时也支持选择其他客户。在"客户名称筛选"下拉列表框中有三个筛选类型:一是" = ",表示这只有一个客户,可以计算得分;二是"LIKE",即模糊查询,如选择 LIKE,再填入"A",则数据库中包含"A"的客户都将计算得分,并排序;三是"IN",是指包含某些客户,如选择"IN",再填入"万科 A,深康佳,深圳机场",则选择了这三家公司,公司名称之间要由逗号隔开。

④点击"计算得分",可以显示不同指标的得分和总分。评分评级如图 5-10 所示。

图 5-10　评分评级

⑤如果对所选择行业中的客户进行评价,点击"评级得分排序",在"是否行业排序"前的复选框中打钩,再在下拉列表框中选择所属行业即可。

⑥再点击"计算得分",点击"综合得分"旁边的按钮,则可以在升序和降序上切换。综合得分如图 5-11 所示。

图 5-11　综合得分

5.2.3 平衡计记分卡分析

平衡计分卡是国际最权威的绩效考核和经营评价的工具,它通过"财务""客户与市场""内部经营过程""学习与发展"四个方面构建考核与评价体系。本系统借鉴了业界领导者芬兰 QPR 公司的相关产品,具备了其主要功能,包括运行分析和类别分析。用户可以看到指标运行时的风险区间,用红、黄、绿表示指标运行的警戒程度,同时实际得分仪表和总得分仪表实时监控指标动态;类别分析反映不同类别指标的完成程度、类别平衡性和权重平衡性,也可以实现动态监控。

1)选择分析客户

详见"3.2.1 趋势回归分析"中的"1)选择分析客户"中的步骤。

2)标准及数据

点击"智能分析"中的"平衡计分卡",进入该功能的操作界面,系统默认为"标准及数据"。

在本系统中,平衡计分卡将指标分为四类,每一类设置若干指标,每一类都有指标权重,并将权重分解到各个指标。每一个指标都包含有目标值、实际值、单项得分、封顶得分(即最高得分)和实际得分,(上限值、警戒值)可以没有数据。

计分的方式也有两种:第一种是加入警戒值的得分,即单项得分 = (实际值−警戒值)/(目标值−警戒值);第二种是完成率,即单项得分 = 实际值/目标值。虽然一些书介绍了第一种方法,但实际使用中,第二种方法居多,这是因为第一种方法无法进行季度和月度核算,同时单项得分容易受到警戒值设置的影响,出现人为操纵数据的可能。所以系统默认"完成率公式"。下面对此分别进行详细的说明。

◆ 新增标准及数据

①选择好客户后,数据日期区间会自动出现已经录入的数据(区间末数据),如果前期数据已经录入,可以调集前期数据进行修改。如果前期数据没有,或考核内容不一样,则需要重新录入。

②录入数据后,在"加入警戒值公式"和"完成率公式"前的复选框中打钩,表示选中。

③点击"计算得分",系统会根据实际值和封顶得分,计算出单项得分和实际得分。

④点击"数据存盘",将数据保存在数据库中,以便分析和运用。新增标准及数据如图 5-12 所示。

◆ 修改标准和数据

①选择客户名称后,在数据日期区间中选择需要修改的数据日期,则表格中出现该日期数据。

②直接在表格中修改,点击"计算得分",系统会根据实际值和封顶得分,计算出单项得分和实际得分。

③点击"数据存盘"即可,修改标准和数据如图 5-13 所示。

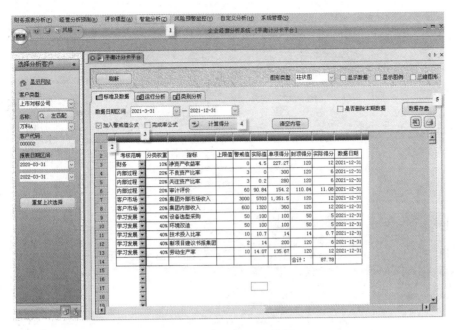

图 5-12　新增标准及数据

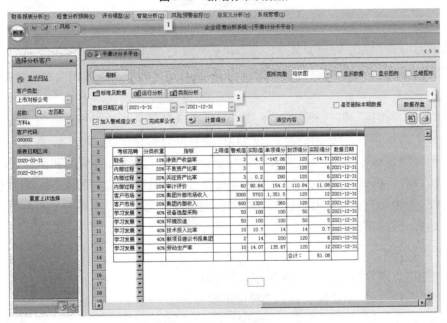

图 5-13　修改标准和数据

◆　删除某期数据

①选择客户名称后,在数据日期区间中选择需要删除的数据日期,则表格中出现该日期数据。

②在"是否删除本期数据"前的复选框中打钩。

③点击"数据存盘",在弹出的对话框中选择"是"即可删除某期数据,如图 5-14所示。

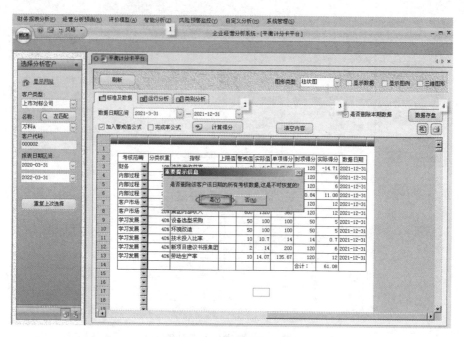

图 5-14 删除某期数据

3）运行分析

它是反映指标在运行期间各项指标完成的情况和完成过程。

①在"标准及数据"中，选择客户名称，在数据日期区间中选择需要监控的数据日期，点击"运行分析"。

②在"选择指标"和"分析标的"下拉列表框中选择所分析的指标及标的。指标就是平衡计分卡的指标项，分析标的包括：实际值、实际得分和总分，选择"实际值"，则可以看到在不同时期指标运行的空间，如果在警戒值以下为红色区间，警戒值和目标值之间为黄色区域，超过目标值为绿色区域。实际得分和总分也可以通过左侧的仪表来反映。

③在"是否动态监控"前的复选框中打钩，则可以看到指标在不同的日期区间的动态变化。运行分析如图 5-15 所示。

4）类别分析

①点击"类别分析"，进入该功能的操作界面。

②在"图形类型"下拉列表框中选择图形类型。

③在"显示数据""显示图例""三维图形"前的复选框中打钩。

④在"添加平均完成率"前的复选框中打钩，表示选中，再选择数据日期（标准和数据），则自动计算类型指标的完成情况。

⑤在"是否动态监控"前的复选框中打钩，可以看到指标在对应日期区间的动态变化。左图显示各类指标权重和平均完成率，将权重和完成率进行对比，则显示重要程度的完成情况。右图显示各类指标实际得分合计，以及在总得分中的比重。类别分析如图 5-16 所示。

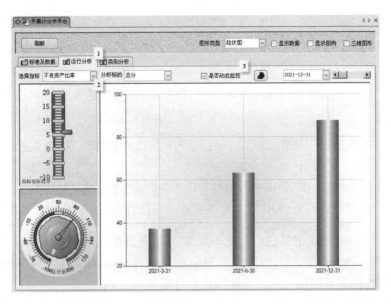

图 5-15　运行分析

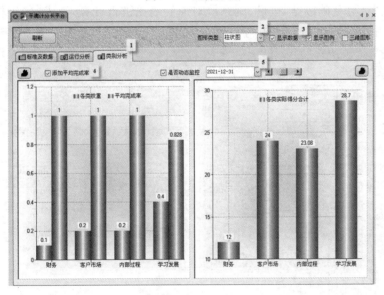

图 5-16　类别分析

5.2.4　主成分分析

　　主成分分析也称因子分析法,最早由美国心理学家 Charies Spearman 于 1904 提出,其基本思想是将实测的多个指标,用少数几个潜在的相互独立的主成分指标(因子)的线性组合来表示,构成的线性组合可以反映原多个实测指标的主要信息。使得分析与评价指标变量时,能够找出主导因素,切断相关的干扰,作出更为准确的估量与评价,广泛地应用于企业经营分析的各个领域。系统根据综合查询工具构建了两个主成分分析应用,一个是企业内部经营要素的分析评价,另一个是不同企业之间的比较和主成分评分。系统结果可以生成：标准化矩阵、协方差矩阵、相关矩阵、特征值贡献度、特征向量、因子载荷矩阵、主成分得分和综合得分等内容。

1）选择分析客户

详见"3.2.1　趋势回归分析"中的"1）选择分析客户"中的步骤。

2）数据采集

①点击"智能分析"中的"主成分分析"，进入该功能的操作界面，系统默认为"数据采集"。

②在"分析表名称"和"分析指标名称"中选择要分析的指标。

③点击"SQL"。选择在 SQL 文本框中自动出现已存盘的 SQL 语句，当然用户也可以直接输入 SQL 语句，或单击"![icon]"构建 SQL，本系统还提供了一个 SQL 构建器，用于构建 SQL 语句。我国的 SQL 语句与国际标准 SQL 语句略有不同，即直接支持变量，用‖‖代表变量。如本例，用户可以输入客户名称和报表日期区间。

④点击"确定"，用户输入客户名称和报表日期区间，则生成"原始数据"。

⑤点击"计算基础数据"按键，则系统对原始数据进行计算，生成"数据标准化""协方差矩阵"和"相关矩阵"，这是用于计算主成分的基础数据。数据采集如图 5-17 所示。

图 5-17　数据采集

3）主成分分析

①点击"主成分分析"。

②点击"计算"，则计算出主成分分析的主要内容。主成分分析如图 5-18 所示。

注释：

①特征值贡献度，并将贡献度按大小排列：当累计贡献度达到一定程度（如 80% 或

图 5-18　主成分分析

90%)时,累计越高,解释度越高,同时主成分越多。本例中主成分贡献度超过 0 的有 4 个,累计 90% 以上有 3 个,因此系统自动确定 3 个主成分替代 6 个经济指标。

②特征向量:特征向量反映 3 个主成分与 6 个经济指标之间的关系,绝对值越大越能反映该经济指标的内容。

③因子载荷矩阵则是通过因子旋转、变换使主成分更贴近经济指标。

④主成分得分:这是主成分分析的结果,它可以评价企业的经营状况,可以看到万科 A 在 2004 年经营结果最好,2003 年相对较差。运用一是一个企业不同时期的比较,运用二则是不同企业在某一时期的比较。如图 5-19 所示,其操作方法是一样的。

图 5-19　主成分得分

5.2.5　熵值分析

熵值定律被爱因斯坦称为整个科学的首要法则。在现代决策理论中,它也被广泛应用于不确定性和信息量的度量。信息量越大,不确定性就越小,熵也就越小;信息量越小,不确定性越大,熵也就越大。根据熵的特性,我们可以通过计算熵值来判断一个事件的随机性及无序程度,也可以用熵值来判断某个指标的离散程度,指标的离散程度越大,该指标对综合评价的影响就越大。在传统企业经营评价体系中,指标的权重均未主观赋权,带有很大的主观性和随机性,通过熵权法进行指标的客观赋权,解决了主观赋权的问题,使权重更具科学性和精确性,同时熵值计算也可以作为评价指标选择的重要依据。

1)选择分析客户

详见"3.2.1　趋势回归分析"中的"1)选择分析客户"中的步骤。

2)基础数据

①单击"智能分析"中的"熵值分析",进入该功能的操作界面,系统默认为"基础数据"。

②可以选择匹配的方式,选择客户名称,在"左匹配"按键的上方文本框中输入需要匹配的文字,点击"左匹配",也可以在"左匹配"按钮上点击右键,在出现的下拉列表框中选择匹配方式。左边树形框中出现匹配的客户名称,如果文本框中不输入文字,直接点击"左匹配",则出现全部客户名称。

③选中某个客户名称,双击鼠标左键,则该客户名称出现在数据栏中,代表选择该客户进行分析。如果要删除该客户名称,直接把光标放在数据栏中,进行删除即可。

④选择分析指标,双击右边树形框中的的指标名称,则该指标出现在数据栏的横栏中,在数据表中,就形成了客户名称和分析指标名称组成的矩阵。如果要删除该指标名称,直接把光标放在数据栏中,进行删除即可。

⑤可以事先定义好"分析客户组合"和"分析指标组合",在"分析客户组合"和"分析指标组合"文本框中输入名称,单击 🖫 则定义好自己的客户和指标组合,下次使用时,直接在下拉列表框中选择即可。如果需要修改,在修改后,点击 🖫 ,表示对原组合进行修改后存盘,如果在"是否删除"复选框中打钩,点击 🖫 ,表示删除了原有的客户或分析指标组合。

⑥在"标准化数据方式"下拉列表框中进行选择。

⑦在"报表日期"下拉列表框中选择需要分析的报表日期。

⑧点击"计算基础数据",则从数据库中采集到原始数据矩阵,并将原始数据自动计算为标准化数据矩阵。如果要重新选择客户名称和分析指标名称,点击"全部清空",如果只更改结果数据,则在"全部清空"按钮上点右键,选择"清空结果"。需要注意的是:用户可以不使用系统给定的客户和指标信息,也就是客户可以输入任何信息来进行分析,但是一定要遵守"首行为列标题,首列为行标题,中间为数字型数据"。然后点击"计

算基础数据"即可。基础数据如图 5-20 所示。

图 5-20　基础数据

3）熵权分析

①点击"熵权分析",进入熵权分析页面。

②点击"熵权计算",计算出各个指标的"熵值"和"熵权重"。从业务方面需要注意:首先熵值和熵权重与所选择客户的数据密切相关,不同的客户,指标的结果是不同的;其次指标选择的属性,即选择要么都是越大越好的指标,要么都是越小越好的指标,不能二者都选择,否则结果会相互抵消。

③熵权分析:熵权重并不反映指标的重要程度,而是反映指标所能够提供的信息质量,比如"净资产收益率",假如各家企业这个指标差别不大,也就是熵值很大,对于管理者来说比较这个指标没有太大意义,因此熵权重就很低。但是几乎所有专家都认为这个指标对于分析企业经营状况意义很大,因此它的专家权重就会很大(专家权重需要录入,并使专家权重之和为 1)。因此,企业在设置指标应根据数据的不同选择二者的综合权重。另一项重要的判断就是风险熵度量值。主要是看他们的合计值,越接近于 0,表明评价问题几乎是确定性的,评价结果没有任何风险;越接近 1,表明评价问题是在最小信息量情况下进行的,做出的决策、评价风险很大,这时必须重新获取信息,其中一个有效的方法就是增加新的指标,或改变指标组合;在系统中,输入各指标的"专家权重",点击"熵权分析"。

④距离排序:这是指运用专家法和熵值法进行距离比较,距离越小者企业越理想。有海明距离和欧氏距离两种,海明距离注重偏差的总合,欧氏距离注重个别偏差较大者,当偏差不是很大或数据量较小时,二者结果往往相同。在系统中,点击"距离排序",出现海明距离和欧氏距离两种排序。

⑤点击"熵权分析",如图5-21所示。

⑥点击"海明距离"或"欧氏距离"旁边的小按钮,可以进行升降排序,如图5-22所示。

图5-21　熵权分析

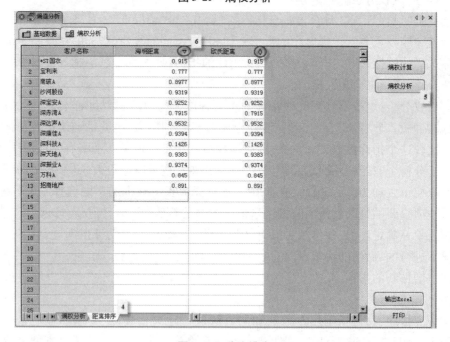

图5-22　升降排序

5.2.6　行业引力分析

行业引力分析是指在不同行业中,根据不同的指标权重,对不同的指标组合进行计算,察看不同行业的地位。首先,系统需要计算在所有行业中指标组合的最大平均值和最小平均值,然后再确定用户所需要分析的行业的数值。行业引力越接近1,表明该行业处于领先地位。

1)选择分析客户

详见"3.2.1　趋势回归分析"中的"1)选择分析客户"中的步骤。

2)行业引力分析和行业引力走势图

①点击"智能分析"中的"行业引力分析",进入该功能的操作界面,系统默认为"行业引力分析"。

②在"选择行业类型"下拉列表框中选择行业的类型,评价行业会根据不同行业类型进行调整。

③在"选择评价行业"下拉列表框中选择评价的行业。

④在"选择评价日期"下拉列表框中选择评价的日期。

⑤在"选择经济指标"框中选择所要分析的指标,双击该指标,则该指标出现在"财务评价指标"框中,或者点击"默认评价指标"。在这里,系统设定了八个默认评价指标,并确定各自权重。点击"计算竞争力",则系统自动计算出该行业的引力值。

需要注意的是:用户可以更改评价指标,双击"财务评价指标"下的某个指标,则取消选定的指标;然后用户在左边的指标框中选择需要更换的指标,一般情况下,财务指标是越大越好,但是也有一些指标是越小越好,如资产负债表率,这时就要选择指标左边的"正负键",打钩则表示该指标越小越好。选择完指标并确定每个指标的权重系数,拉动"权重调节器",使所有权重之和达到100%。当然还要搜索每个指标在数据库中的最大平均值和最小平均值,点击每个指标右边的"计算"按钮,系统会在现有数据库中搜寻最大值和最小值。

⑥点击"计算行业引力",系统会自动计算该行业的引力系数。原理如下:(该行业实际值-所有行业最小值)/(所有行业最大值-所有行业最小值),计算出单指标数据,然后根据权重进行加权平均,得出总的行业引力系数。行业引力分析如图5-23所示。

⑦在"图形类型"下拉列表框中,选择图形的类型。

⑧在"显示数据""显示图例""三维图形"前的复选框中打钩,选中的内容会呈现在图形中。

⑨点击"生成趋势数据",可以查询这个时间段中行业引力情况。行业引力走势图如图5-24所示。

3)行业引力比较

不同行业引力是可以进行比较的。

①点击"行业引力比较",进入该功能的操作界面。

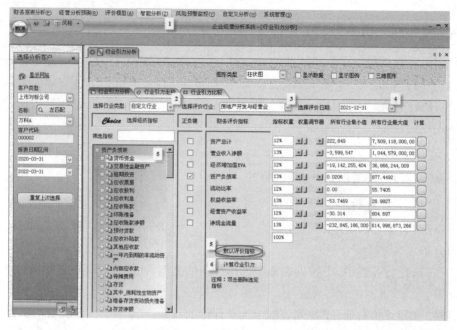

图 5-23　行业引力分析

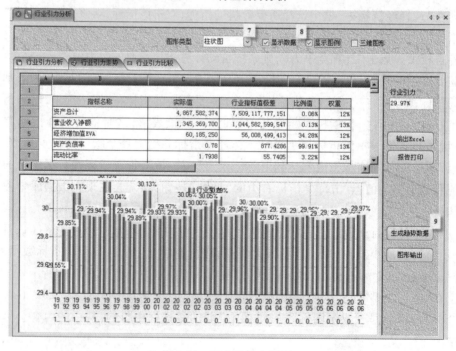

图 5-24　行业引力走势图

②在左侧"筛选客户"框中,选择要进行比较的行业类型,在该行业类型前的复选框中打钩。

③点击"计算",这是将每一个企业按照选择比较日期重新计算竞争力,这个过程需要选择好评价指标和权重。同时生成竞争力报告。同时,可以将结果以 Excel 的形式输

出,并可以直接打印。行业引力比较如图 5-25 所示。

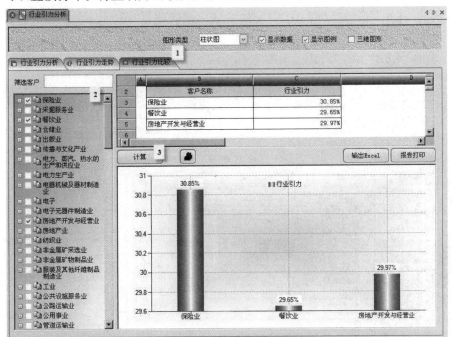

图 5-25　行业引力比较

5.2.7　状态空间分析

1)马尔可夫分析

马尔可夫分析是一种基于状态概率进行分析、预测和决策的方法,通过马尔可夫链,根据事件的目前或以往状况概率预测其将来各个时刻(或时期)变动状况或未来稳定状态下的分布概率。常用于多种形态、状态的相互转换分析,如市场占有率、财务指标分布及行业分布等。本系统可实现财务指标的自动分类,计算财务指标、行业或特定客户组合的状态转移概率矩阵,应用马尔可夫链预测未来财务形态的各种变化,通过动态模拟技术找到稳定状态下各种形态的趋势目标,即计算马尔可夫终极状态概率。系统还支持其他任何状态概率分析。

(1)选择分析客户

详见“3.2.1　趋势回归分析”中的“1)选择分析客户”中的步骤。

(2)采集数据

①点击“智能分析”中的“状态空间分析”,再点击“马尔可夫分析”,进入该功能的操作界面,系统默认为“采集数据”。

②在“行业数据”和“客户组合”前的复选框中打钩,表示选中,同时,后面对应“行业数据分析”和“客户组合分析”的下拉列表框,在下拉列表框中选择要分析的行业或客户组合,如果都没有选择,则系统默认为当前分析的客户名称。

③在“规则表指标”下拉列表框中选择所需要的财务指标,即可看见相关分类和区间

设定(上限值和下限值);或者用户也可以选择使用"自动分类",即在"筛选指标"框中选择要分析的指标,双击该指标,系统自动出现该指标的"最大值""最小值"和"分类数",用户可以根据需要修改"分类数",然后点击"自动分类"。

④点击"生成数据"即可。采集数据如图 5-26 所示。

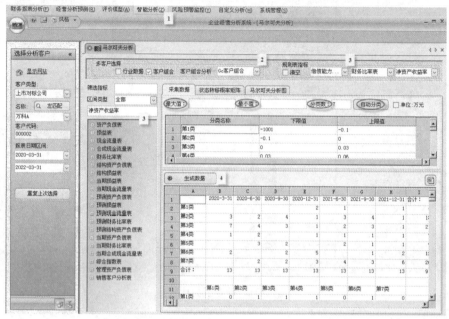

图 5-26　采集数据

（3）状态转移概率矩阵

转移概率矩阵的计算,首先要计算两个矩阵——数据的状态分布矩阵和数据转移矩阵。数据的状态分布矩阵是指数据在不同报表日期中对应的指标分类区间,如在某一报表日期中,第一类指标的客户数有几家,从而形成状态分布矩阵。数据转移矩阵是整个计算的核心,它是指客户从前一期状态转移到后一期时的状态,如从第一类转移到第二类的数量,因为要对每一个客户的不同报表日期进行统计,所以如果客户较多,计算量就较大。在数据转移矩阵计算完成后,由矩阵的每一项除以同类总和,则得出转移概率矩阵。

①点击"状态转移概率矩阵",进入该功能的操作界面。

②在"选择输出表"下拉列表框中选择输出表,系统给出了两个输出表:概率转移矩阵和预测概念转移矩阵,概率转移矩阵计算出来以后,就可以应用马尔可夫链预测未来若干期可能发生的概率转移状况;预测概率转移矩阵有很多用途,诸如,预测未来有多少潜在用户可以转化为实际客户,预测未来有多少客户可能流失,为客户服务和促销提供依据等。

③拉动"预测期数"按钮,选择所需要的预测期数,就可以预测概率转移矩阵;最终状态转移概率矩阵,也叫稳定状态概率转移矩阵,是指长期趋势看状态转移会在一定期间内稳定下来,即从长期趋势看状态空间会稳定在某种水平上。这可以看作转移概率的现

行方程组,通过试算的方式可以解出这个方程组,即通过不断模拟预测转移概率矩阵,当各个状态(分类)出现大致相同的概率,这个概率就是最终状态概率。而模拟期数就是预测在多少期后,状态空间趋于稳定。

如果用户有其他数据想进行马尔可夫预测,例如进行市场占有率分析,可直接在"状态转移概率矩阵"的电子表中输入市场概率,从而进行预测和分析,系统支持粘贴、复制等各项操作。状态转移概率矩阵如图 5-27 所示。

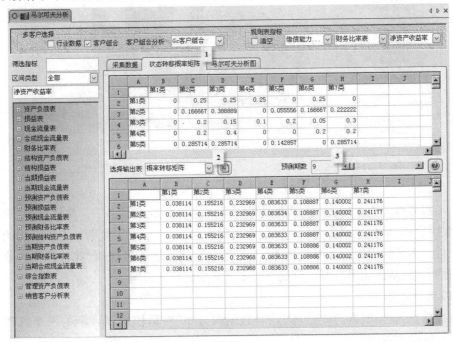

图 5-27　状态转移概率矩阵

(4)马尔可夫分析图

①点击"马尔可夫分析图",进入该功能的操作界面。

②在"图形类型"下拉列表框中,选择图形类型。

③在"选择分析图"下拉列表框中,选择要分析的图形,系统中的马尔可夫分析图包括 4 个:概率转移矩阵图、状态分布图、状态转移矩阵图、预测概率转移矩阵图。

④在"显示数据"和"显示图例"前的复选框中打钩,表示选中,所选内容呈现在图形中。

需要注意的是:这是前面分析内容的图形展示,采用三维矩阵式图形,先计算出各项内容,选择分析图即可展示可以调节图形角度,也可以直接用鼠标旋转图形;由于是多维矩阵图形,显示数据的时候,应首先选择状态类型,如"第一类",再单击"显示数据"。所有的图形和表格都支持输出,作为报告的组成部分。马尔可夫分析图如图 5-28 所示。

2)温特斯模型

温特斯模型是温特斯于 20 世纪 60 年代提出的,该方法是把具有线性趋势、季节变动和不规则变动的时间序列进行因素分解,并与指数平滑法结合起来的状态空间模型。它

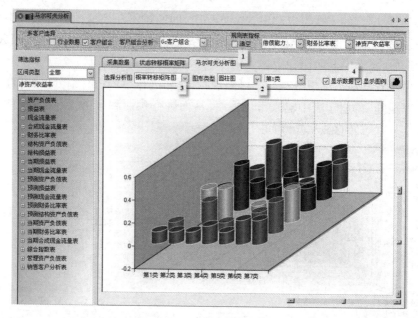

图 5-28 马尔可夫分析图

以三个平滑方程式为基础,去分别模拟时间序列的 3 个组成因素——线性趋势、季节变动、不规则变动,分析预测多种因素共同作用的影响,因而使用于复杂状态下事物的发展变化分析。本系统应用动态模拟技术,使各类参数逐渐逼近最优值,并计算预测值和实际值的均方差,从而使用户可以直观看到多因素变化及其影响。

(1)选择数据

选择数据,就是根据历史数据,计算数据的分布,然后使用温特斯的三个方程去修正、模拟,如图 5-29 所示。

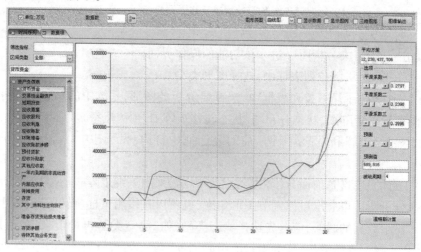

图 5-29 选择数据

①选择分析表中的指标:选择指标时,可以选择全部数据,也可以按月、季、年别分别选择,如果指标比较多,也可以在筛选指标中,输入要选择的指标,系统会根据输入的文

字自动筛选。当选择好指标后(单击),则数据项中会自动出现选择的数据和指标标识,同时会根据数据自动出现图形。

②α,β,γ 平滑系数:分别用平滑系数一、平滑系数二和平滑系数三模拟,它们分别在 $0 \sim 1$ 之间,模拟三个平滑系数,实际就是调节三个方程模型,通过预测模型与实际数据相比对达到预测效果。

③计算平均方差:在模拟平滑系数时,系统会自动计算温特斯方程,并与实际数据比对,平均方差就是计算比对效果的指标,平均方差越小,说明温特斯模型计算出的数据与原数据越拟合,但是并不是说越小越好。平均方差越小,趋势性的内容就越小,越不能反映事物发展变化的趋势,容易形成过度拟合。

④波动周期:温特斯模型应事先确定好事物发展可能的波动周期,如"4"代表季度波动,"12"代表月度波动,也可以根据事物特点,任意设置波动周期。

⑤预测:温特斯预测只能预测一个波动周期,根据温特斯模型计算出的结果,预测一个波动周期内,数据可能发生的变化数值。单击"预测模拟器"即可。

(2)自身数据和计算结果

在用户模拟运算的同时,也是结果显示的过程。计算结果如图 5-30 所示。

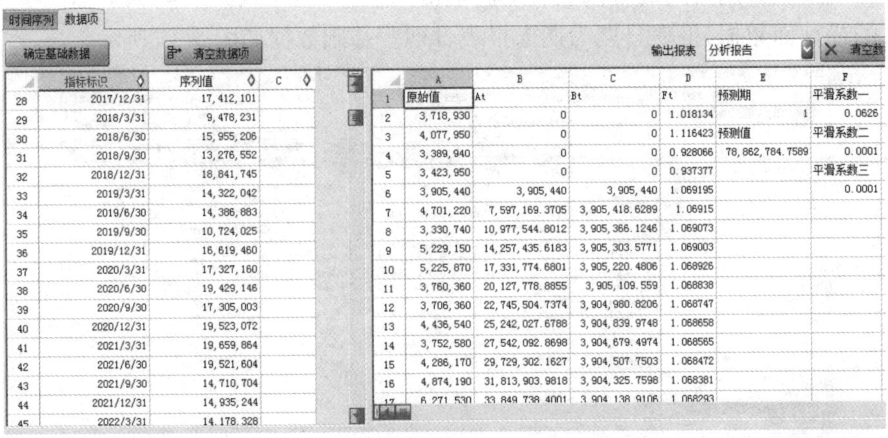

图5-30　计算结果

①左边数据表显示的是原数据序列及其指标标识,用户也可以将自己的数据录入或者 Excel 粘贴到原数据项中。数据不仅仅是时间序列,其他各类分布数据或其他数据也可以作为分析的原数据。

②确定基础数据:客户的原数据录入(拷贝)完后,可单击"确定基础数据"按键,系统会根据客户原数据,计算绘制图形,通过模拟 3 个平滑系数,实现温特斯分析。

③温特斯分析结果:温特斯分析会产生 3 个方程,分别代表线形趋势、季节变动、不规则变动,用 At、Bt、Ft 表示,以及计算出结果;系统同时还会显示采用的 3 个平滑系数值,以及预测的结果值。

④系统支持计算结果输出,可输出到 Excel,也可以直接对报告进行打印。

5.2.8 可拓集合分析

可拓集合是研究和解决矛盾问题的特有方法论,其核心物元变换是将物元要素——事物、特征、量值或它们的组合作为一个整体——物元来研究,对其实行置换、分解、增删和扩缩运算,从而实现化矛盾为相容。

可拓集合分析为事物识别、综合评价提供了新的途径。其数据处理是用可拓集合的关联函数值——关联度的大小,来描述各种特征参数与识别对象的从属关系,从而把属于或不属于的定量描述扩展为定量描述。该方法采用实测数据,计算出问题的关联度,作为对象所研究的问题、现象和事物的综合分析、识别、评定或预测的结论。它能改进传统算法的近似性,排除了人为因素对分析、评定或预测结果的干扰,具有方法规范、简便、定量严密的特点。

1)基础数据

可拓集合分析需要分析数据最大、最小值,需要录入矩阵式数据(横坐标为分析指标,纵坐标为分析客户),或某个客户不同时期的数据。单击"同客户各期数据",则纵坐标显示客户报表日期区间的各报表日期。单击"各客户同期数据",则纵坐标显示不同分析客户的横截面数据,报表日期为期末报表日期。基础数据如图 5-31 所示。

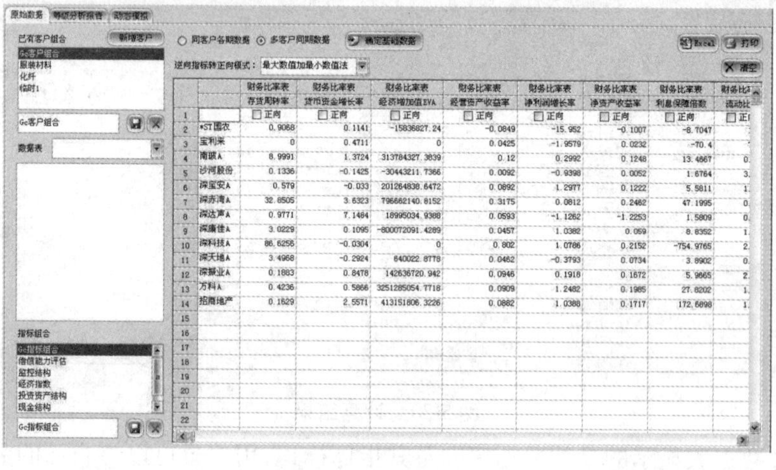

图 5-31　基础数据

客户数据和指标名称,可以通过以前设置的客户组合和指标组合来完成。系统会自动显示以前设置的各个组合以供用户选择。用户也可以在数据表中选择其他指标,双击指标则出现相应的数据,指标不能重复,系统会提示,并禁止重复指标数据的录入。新增客户则要在主窗体选择,并单击"新增客户"按键。

可拓集合分析要求所有指标数据同向,即要么全部正向,要么全部逆向。正向指标是指越大越好,如效益类指标;逆向指标是指越小越好的指标,如成本类指标。系统支持正、逆向指标相互转换,即单击"正向",转换两次则恢复原来数据。系统正、逆向转换有三种形式,一是"最大数值加最小数值法",即该列最大数值加最小数值作为被除对象,其他数值除以该值。二是"倒数归一法",即该列所有数据被一除,然后再归一化处理。三是"自定义最大值",如果客户明确某个指标不可能突破某个值,则定义该值,其他数值除以该值,形成转换。

客户也可以拷贝自己的数据在电子表中,基础数据明确以后,则要单击"确定基础数据"按键。

2)等级分析报告

可拓集合分析就是要对所有分析指标划分等级,再根据不同指标实际数值,确定分析对象整体属于哪个等级。在这里,各个指标权重是根据实际数值和各个等级的标准值差异动态计算的。

(1)自动分级

系统首先计算该指标数据集合的最大、最小值,自动划分为若干等级,用户也可以自己选择划分等级数。扩展最大、最小值范围是为了避免在模拟计算时,数值可能超出现有的最大、最小值。由于实际数值如果超出这个范围则分析结果可能不准确,因此要选择适当扩展范围,扩展范围的选择是不会影响现有数据的计算结果的。等级分析报告如图 5-32 所示。

		财务比率表 存货周转率	财务比率表 货币资金增长率	财务比率表 经济增加值EVA	财务比率表 经营资产收益率	财务比率表 净利润增长率	财务比率表 净资产增长率	财务比率表 利息保障倍数	财务比率表 流动比率	财务比率表 易变现率	财务 目自
1	扩展最大	95.2882	7.8632	3576413560.249	0.6822	1.4275	0.2708	189.9588	7.8122	4.6928	1047
2		86.6258	7.1484	3251285054.7718	0.802	1.2977	0.2462	172.6898	7.102	4.2662	9
3	分级1	69.3005	5.6602	2441013625.5317	0.6246	-2.1522	-0.0481	-12.8435	5.6816	3.2165	-1330
4	分级2	51.9754	4.172	1630742196.2916	0.4472	-5.6021	-0.3424	-198.3768	4.2612	2.1668	-360
5	分级3	34.6503	2.6838	820470767.0515	0.2698	-9.052	-0.6367	-383.9101	2.8408	1.1171	-588
6	分级4	17.3252	1.1956	10199337.8114	0.0924	-12.5019	-0.931	-569.4434	1.4204	0.0674	-8160
7	分级5	0.0001	-0.2926	-800072091.4287	-0.085	-15.9518	-1.2253	-754.9767	0	-0.9823	
8	扩展最小	0.0001	-0.3219	-880079300.5716	-0.0935	-17.547	-1.3478	-830.4744	-0.1	-1.0805	

图 5-32　等级分析报告

(2)等级分析

单击"等级分析"按键,系统则计算每个实际指标数值的关联度值,再通过关联函数计算出每个实际数值的权重,权重要进行归一化处理。

计算公式如下:

①区间的模。每个等级最大值、最小值之差的绝对值:

$$|x| = |b - a|$$

②点到区间的距离。即指标实际值在等级区间中的距离:

$$\rho(x_0, x) = \left| x_0 - \frac{1}{2}(a + b) \right| - \frac{1}{2}(b - a)$$

③点到总扩展范围的距离。与到区间范围一样,只是 a, b 在区间范围是某个等级的最大、最小值,而这里是扩展最大和扩展最小。

$$k(x) = \begin{cases} -\dfrac{\rho(x, x_0)}{|x_0|} & x \in x_0 \\[3mm] \dfrac{\rho(x, x_0)}{\rho(x, x_{pi}) - \rho(x, x_0)} & x \notin x_0 \end{cases}$$

④关联函数公式。通过该公式计算每个指标实际值的关联度值。如果实际值在这个等级范围内,则用上面公式,如果实际值不在等级范围内,则使用该公式,该公式表明点到区间距离除以总扩展范围减去点到区间范围。

⑤计算权重。每个指标的权重等于该指标实际值的绝对值除以等级区间的模。每个实际值的权重还要作归一化处理,即每个权重除以每个等级各权重之和:

$$W_{ij}=\frac{x_i}{x_i}\Big/\sum_{i}^{n}\frac{x_i}{|x_i|}$$

⑥根据关联函数和权重再计算出每个等级的加权关联度,选择关联度最大的等级,作为该分析对象最接近的等级,如图 5-33 所示。也就是分析对象隶属于该等级。

	A	B	C	D	E	F	G	H	I	J	K	L	M
1	*ST国农												
2	等级1	-0.986916	-0.927122	-0.739772	-0.988024	-0.896395	-0.124022	0.022308	-0.641276	0.176146	0.418874	-0.457948	
3	等级2	-0.982555	-0.902988	-0.655793	-0.984095	-0.866472	0.178729	-0.020408	-0.524443	-0.585781	-0.557932	-0.692136	
4	等级3	-0.973832	-0.854954	-0.491787	-0.976328	-0.812244	-0.394149	-0.488423	-0.29475	-0.757912	-0.774465	-0.720238	
5	等级4	-0.947665	-0.712704	-0.029245	-0.953739	-0.683854	-0.590621	-0.653817	0.389749	-0.82898	-0.848616	-0.608021	
6	等级5	0.052334	0.273283	0.032133	0.000564	-0.000125	-0.690869	-0.738395	-0.210687	-0.867791	-0.886073	-0.358633	
7	综合评价等级等于5级。												
8													
9	宝利来												
10	等级1	-1.000001	-0.867444	-0.735003	-0.810611	0.05632	0.24227	-0.181044	0	-0.977117	0.412694	-0.186084	
11	等级2	-1.000002	-0.823546	-0.649486	-0.748474	-0.054279	-0.223567	0.310222	-0.666667	-0.96972	-0.563865	-0.613395	
12	等级3	-1.000003	-0.736178	-0.482474	-0.625654	-0.51841	-0.596197	-0.329552	-0.8	-0.955256	-0.777492	-0.763946	
13	等级4	-1.000005	-0.477443	-0.011456	-0.268424	-0.676952	-0.727147	-0.54631	-0.857143	-0.914341	-0.850648	-0.798878	
14	等级5	-10	0.48683	0.012588	0.281285	-0.756962	-0.793962	-0.657153	-0.888889	0.000095	-0.887602	-0.660458	
15	综合评价等级等于1级。												

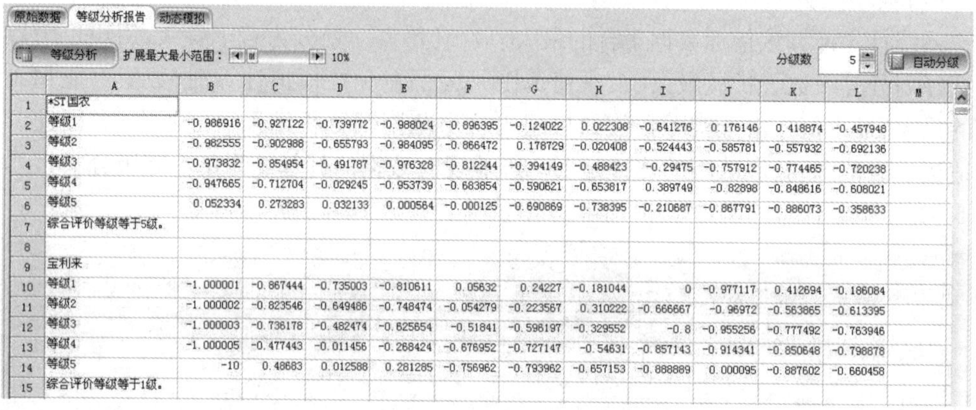

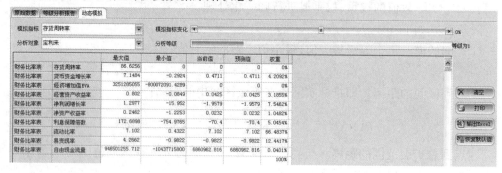

图 5-33　重新计算等级

3)动态模拟

用户可以选择不同分析对象,并对每个分析指标进行增减预测,看指标变化以后,指标权重发生怎样的变化,分析对象在不同等级之间如何变化,如图 5-34 所示。由于权重是动态生成的,它随着指标数值的不同而变化,因此分析结果也会存在差异。恢复默认值是将分析的结果清空,恢复数据原始状态。

		最大值	最小值	当前值	预测值	权重
财务比率表	存货周转率	86.6256	0	0	0	0%
财务比率表	货币资金增长率	7.1484	-0.2924	0.4711	0.4711	4.2092%
财务比率表	经济增加值EVA	3251285055	-800072091.4289	0	0	0%
财务比率表	经营资产收益率	0.802	-0.0849	0.0425	0.0425	3.1855%
财务比率表	净利润增长率	1.2977	-15.952	-1.9579	-1.9579	7.5462%
财务比率表	净资产收益率	0.2462	-1.2253	0.0232	0.0232	1.0482%
财务比率表	利息保障倍数	172.6898	-754.9765	-70.4	-70.4	5.0454%
财务比率表	流动比率	7.102	0.4322	7.102	7.102	66.4837%
财务比率表	易变现率	4.2662	-0.9822	-0.9822	-0.9822	12.4417%
财务比率表	自由现金流量	946501255.712	-10437715800	6860962.816	6860962.816	0.0401%
						100%

图 5-34　动态模拟

5.2.9　偏最小二乘回归分析

偏最小二乘回归包括 PLS1 和 PLS2,二者的操作方法大致相同,现以 PLS2 为例。

1）导入分析数据

导入分析数据有几种方式：

①某一个公司不同报表日期数据：直接选择数据表，双击需要分析的指标，则该指标报表日期区间的数据会出现在"自定义数据项"中，以此类推选择足够指标。PLS2 至少要 4 个指标以上，PLS1 至少 3 个指标。

②行业数据：选择某个行业，则系统会把该行业的所有公司排列出来，然后用户再选择数据表，双击分析指标，选择好选择足够指标。

③事先设定好的客户组合和指标组合。

④也可以从 Excel 中直接拷贝，数据格式要求为矩阵式数据，第一行为标题行，代表每列数据，不需要行标题。自定义数据如图 5-35 所示。

	财务比率表	财务比率表	财务比率表	财务比率表	财务比率表	财务比率表	财务比率表	财务比率表
	存货周转率	货币资金增长率	经营资产收益率	净利润增长率	净资产收益率	利息保障倍数	流动比率	易变现率
	☐自变量	☐自变量	☐自变量	☐自变量	☐自变量	☐自变量	☐自变量	☐自变量
1								
2 海王生物	9.1767	1.0098	0.0841	5.1999	0.2641	4.8594	1.0709	0.2422
3 华侨城A	0.3145	0.0569	0.0878	-0.0622	0.1409	12.7741	1.8823	1.3272
4 深赤湾A	55.1088	0.4577	0.4289	0.232	0.1291	16.5445	0.8486	0.1225
5 深康佳A	4.7312	0.0019	-0.083	-22.0796	-0.346	-4.2598	0.9664	-0.0016
6 深科技	19.2357	-0.0709	0.0345	0.1252	0.0352	-1.6571	1.1654	1.1238
7 深深宝A	1.618	-0.4463	-0.1756	-4.0412	-0.044	27.142	5.0258	1.6811
8 深圳能源	6.041	0.7832	0.0866	-0.1192	0.091	5.8706	0.8822	1.3657
9 深振业A	0.3138	0.3053	0.0613	-0.1436	0.1007	4.4766	2.4588	1.2625
10 万科A	0.4028	-0.152	0.0607	0.3453	0.2057	89.6948	1.3022	1.1223
11 中国宝安	0.5244	0.9323	0.1249	1.044	0.1802	7.5075	1.5277	0.7958
12 中兴通讯	4.1349	0.5469	0.0928	0.3712	0.1074	5.0097	1.4088	1.1183
13								

图 5-35　自定义数据

2）数据标准化

数据导入以后，要考虑是否标准化。如果指标有相对指标还有绝对指标，就需要标准化。在标准化方式中选择一种，然后在"数据标准化"前的复选框中打钩，如图 5-36 所示。

图 5-36　数据标准化

3）确定因变量和自变量

在需要的因变量上打钩，因变量一定要两个以上，可以跨越打钩。

4）数据确定

数据整理完以后，单击"数据确定"会出现一个因变量和一个自变量对应图形。

5）单击"PLS2 回归"

单击"PLS2 回归"则出现原始数据和回归后的图形。回归完成，如图 5-37 所示。

最终回归系数:		截距	经营资产收益率	净利润增长率	净资产收益率	利息保障倍数	流动比
Y1(存货周转率)回归系数:		11.7605550139378	0.0494513197411869	0.4075663989267110	0.0076263580805546	-0.092474651062592	-0
Y2(货币资金增长率)回归系数:		0.548647510831113	0.004511708840899270	0.0371686776523268	0.000695031906230978	-0.00889819957136091	-0.

图 5-37　PLS2 回归

6) 分析报告

结果是一组方程组。

这是两个因变量组成的线性方程组,是最终结果。

7) 交叉检验和成分数(图 5-38)

A	B
交叉有效性检验	
成分数	均方差
1	491.698297933625
2	420.070026946347
3	2614.110565719430
4	22396.2357575265
最佳成分数:	2

图 5-38　交叉检验和成分数

交叉检验时测定均方差,然后以均方差最小的成分数作为最佳成分数,成分数类似于主成分分析的成分,也包含最佳成分的载荷矩阵和得分矩阵。

如果成分数等于所有自变量数,则是标准的多元线性回归。系统还支持自主设定成分数,以满足明确的主成分需要。例如:我们认为一组指标可能会显示出企业价值和管理素质,那么我们就可以设定成分数为2。假定的企业价值的载荷矩阵就是企业价值和一组指标的线性关系。载荷系数越大表明该指标与企业价值更关联。

8) 其他还有常规统计检验(图 5-39)

PLS2方差分析结果:	存货周转率	货币资金增长率
总离差(SST):	2631.98389850182	2.26833836727273
回归(SSR):	2514.61469324533	1.248031890968490
残差(SSE):	17.7292649778739	0.394973399574024
预测值均方根误差(RMSE):	15.1195679749646	0.336834446922370
可决系数(R^2):	0.044593435895751	0.44980347333761
多重拟合优度:	0.955406564104249	0.550196526662390
调整拟合优度:	0.983159789666679	0.56468862265806
复相关系数:	0.977449008442	0.741752335124326
F统计值(回归方程):	14.2832167248077	0.815462098858194
F显著水平:	0.05	0.05
F临界值:	6.16313228268863	6.16313228268863
F检验结论:	解释变量作用明显!	解释变量作用不明显!

图 5-39　常规统计检验

5.2.10　PLS 结构方程模型

PLS 结构方程路径图(模型)设计如下:

①潜在变量和观测变量:椭圆形的节点代表潜在变量,潜在变量没有原始数值,它的数值是由观测变量和其他潜在变量通过 PLS 计算得来的。第一个潜在变量只能由观测变量计算,如图 5-40 中的"流动能力",潜在变量之间不能循环因果,在计算"公司价值"之前,系统会自动计算"流动能力"和"盈利能力"。矩形节点代表观测变量,观测变量必须有数据,且数据行数相同。观测变量的数据显示在 Excel 表中,且名称必须与矩形节点中的名称一致。如图 5-40 所示。

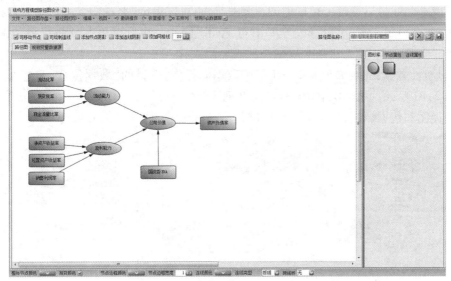

图 5-40　潜在变量和观测变量

②箭头代表函数关系。如 A1 = aX1+bX2+cX3。PLS 计算既要求出 a、b、c 参数值,也要计算出观测变量 A1 的数值。A2 = aA1+bX4+cX5+……,计算出 A1 以后,A2 也就可以得出。

③顾客满意度评测模型在设计中应注意:潜在变量不能只由单一潜在变量决定,否则潜在变量则失去统计学上的意义。潜在变量最好由观测变量和其他潜在变量共同决定。

④风险评测模型在设计好后可以保存,保存有两种形式,一种以 XML 的形式保存到计算机的文件夹中,打开时则选择这个文件;另一种形式保存到 SQL-Server 数据库中,这种形式要把"使用 sql 数据库"打钩。

⑤观测变量数据源设置:观测变量可以有两个数据源,一个是上市公司数据库中的数据,一个是 Excel 数据。Excel 数据可以是按每个观测变量设置 Excel 的列位置,也可以是一整张 Excel 表。整张 Excel 表的第一行为全部观测变量,所代表的每一列位为数据,每列的数据行数相同。

A.上市公司数据库中的数据:这里有两个观测变量的位置,其中一个是下拉框中的观测变量,如图 5-41 所示。

观测变量： 现金流量比率

图 5-41　观测变量选择

这是已经设定好数据源存盘后的观测变量,只能进行修改、删除操作。要是新增操作,就需要单击右边模型路径图中观测变量。单击路径图中的观测变量,然后选择数据表,再双击"指标"字段,则出现一段 SQL 语句,这个语句就是观测变量的数据源,然后按"新增"按键保存。SQL 语句可以自己写,但是公司代码、期初报表日期和期末报表日期不能写具体的日期和代码,只能以公司代码、期初报表日期和期末报表日期的形式出现。

修改和删除可以选择下拉框中的观测变量,也可以单击"路径图"。如果已经保存了数据源,则会显示出来,可以修改 SQL 语句,单击"修改",也可以单击"删除"清楚保存的数据源。

B. Excel 数据:注意如果是 Excel 单个数据源操作,选择的"数据位置"只能是一列,比如"B2:B10",绝不能"B2:C10"这跨越两列了。

路径图和数据源设置好了,则可以进行模型运算了,如图 5-42 所示。

图 5-42　路径图和数据源

⑥PLS 结构方程模型运行,如图 5-43 所示。

A. 在路径图名称下拉框中选择已经保存的模型,则自动从数据源中获取数据,并自动计算标准化数据,PLS 结构方程的标准化数据的方法是唯一的,也就是(数值-平均值)/标准差。如果数据源是整张 Excel 表,则单击"浏览",在文件夹中选择这张 Excel 表。

B. 模型判别,如图 5-44 所示。

单击"模型判别"按键,系统会根据箭头的因果关系,自动列出公式和前后关系,并检查模型观测变量是否与数据匹配。如果箭头代表的因果关系相互循环,或者无法判别出前后关系,则模型无法识别,也就是说该模型是无效的。

C. 计算参数:单击"计算参数"按键,则系统根据 PLS 算法自动计算自变量针对因变量的参数,显示自变量相对于因变量之间的关系,系数已经标注在路径图的箭头线上,如

236

图 5-43　结构方程

图 5-44　模型判别

图 5-45 所示。同时也显示参差项和迭代次数。需要说明的是观测变量也有可能是因变量，如 C1，它是由潜在变量 B1 决定的。

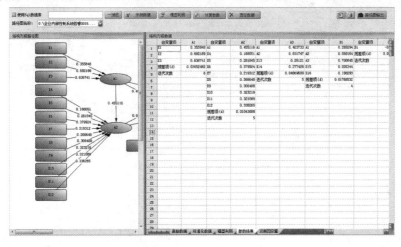

图 5-45　计算参数

D. 还原因变量:PLS 计算参数的同时,也计算出因变量的数值,如果因变量是潜在变量,这个数值就作为潜在变量的数值。如果因变量是观测变量,则另生成一组预测数值,这个数值与观测变量的原始数值不一样,是回归后的预测数值。由于原始数值是经过标准化处理的,有正有负值,不利于比较,因此一般还要根据极值法还原数值,即(数值−最小值)/(最大值−最小值)。还原以后的数值平均后可以作为指数进行多期比较。

5.2.11 数据包络分析

本系统可以对上市公司组合和行业组合进行效率分析。

1)选择分析主体

如果是上市公司组合:则选择"分析客户组合",分析客户组合是事先定义好的,可在"客户基本信息""灰关联分析""熵值分析"等模块中定义分析客户组合。

如果是行业组合分析:则选择"行业名称",在其中选择 3 个以上行业(打钩),再选择行业百分比值来作为行业值,行业最大值为 1,行业最小值为 0,如行业 80% 数值,则为接近行业最大值的数值。

2)选择分析指标

选择分析指标组合:可在事先定义好的指标组合中,选择某项组合。定义指标组合可在"多功能比较""灰关联分析""熵值分析"等模块中定义。

直接选择分析表和指标:首先选择数据库名,则该数据表对应的指标列在下面,如果选择某个指标,则双击它。这个指标对应的上市公司或行业数值则出现在电子表中。指标选择不能少于 3 个。

3)确定投入产出属性

指标选择好以后,则要为每个指标定义投入或产出属性,系统默认都是产出,要改成投入项,则该指标打钩。如图 5-46 所示。

		财务比率表 资产负债率	资产负债表 股东权益合计	资产负债表 负债合计	财务比率表 流动资产对固定资产比率	财务比率表 净资产收益率	财务比率表 国资委EVA
		☑ 投入项	☐ 产出项	☐ 产出项	☐ 产出项	☐ 产出项	☐ 产出项
1							
2	保利地产	0.7476	1.181020E+011	3.498950E+011	125.0367	0.1586	−1.165687E+011
3	北方稀土	0.3727	9798560000	5823080000	3.8704	0.0081	−7465771637
4	东风汽车	0.6554	7409570000	14095000000	3.0805	0.009	−4413957077
5	海信电器	0.4001	13610600000	9080770000	16.2544	0.1384	−5849073430
6	华润双鹤	0.1459	7038560000	1203050000	1.8234	0.1097	−3183569655
7	宁波联合	0.7407	2113980000	6039420000	8.3343	0.1188	−1901187717.5
8	三一重工	0.6189	23452700000	38102300000	2.5165	0.0069	−26593743100
9	上汽集团	0.6019	2.350960E+011	3.555320E+011	5.4865	0.1971	−1.625393E+011
10	太极集团	0.8645	1276000000	8144210000	1.9853	0.6574	502734925
11	同仁堂	0.292	12078300000	4981680000	4.6946	0.1361	−5083886995

图 5-46　确定投入产出属性

投入项和产出项都不能少于 1 个。

4）包络计算

计算结果如图 5-47 所示。

	A	B 资产负债率	C 股东权益合计	D 负债合计	E 流动资产对固定资产比率	F 净资产收益率	G 国资委EVA	H 最优值	I 规模经济检验	J 规模经济判定
1		资产负债率	股东权益合计	负债合计	流动资产对固定资产比率	净资产收益率	国资委EVA	最优值	规模经济检验	规模经济判定
2	保利地产	1.33761369716426	0	2.237736E-012	0.00173570962525806	0	0	1	1.33761369716426	规模效应递减
3	北方稀土	2.68312315535283	7.622452E-011	0	0.038787225851017	0	1.016241E-010	0.138310105254077	19.399328418006	规模效应递减
4	东风汽车	1.52578577967653	1.848411E-010	1.028474E-010	0.000453888986292820	0	4.866828E-010	0.672428963711755	2.26906612001707	规模效应递减
5	海信电器	2.49937515821095	0	0	0.0908019772364414	0	8.136873E-011	1	2.49937515821095	规模效应递减
6	华润双鹤	6.85400959561343	1.046847E-011	0	0	8.44409883122386	0	1	6.85400959561343	规模效应递减
7	宁波联合	1.35007425408397	0	5.445520E-011	0.21510557453976	0	5.899640E-010	1	1.35007425408397	规模效应递减
8	三一重工	1.61576991436419	3.999448E-012	0	0.0058312733248985	0	0	0.10860273469829	14.8778013634093	规模效应递减
9	上汽集团	1.66140554909453	0	2.812686E-012	0	0	0	1	1.66140554909453	规模效应递减
10	太极集团	1.15673799884326	0	0	0	1.52114390021296	0	1	1.15673799884326	规模效应递减
11	同仁堂	3.42465753424658	1.789307E-010	3.022637E-010	0.0240184982910455	0	2.535449E-010	1	3.42465753424658	规模效应递减
12	中国医药	1.6490785171504	0	1.084743E-010	0.152033115863649	0	4.781000E-010	0.644745585587124	2.55771664671221	规模效应递减

图 5-47 包络计算

最优值又称效率指数 E。$E=1$ 表明该公司是投入产出有效的，$E<1$ 则表明该公司是投入产出低效率的。需要说明的是：$E=1$ 并不一定表明该公司运作已经处于最佳状态，只是相对于其他公司而言是相对有效的，而不是绝对有效的。CCR 模型表明 $E=1$ 是技术和规模总体有效，但具体是哪个有效还需要其他模型或指标佐证。

规模经济检验是检验该公司规模有效性的检验指标，其公式为：$S=(1/E)\times(E$ 合计值$)$，如果 $S>1$ 则该公司存在规模效应递减，可以判定该公司投入过大，不是规模有效；如果 $E=1$ 的话，就只能是技术有效；如果 $S<1$，则该公司规模效应递增；如果 $E=1$ 的话表明规模有效；如果 $E<1$，表明该公司具有一定的投资潜力。

5）包络分析图

如图 5-48 所示，保利地产、海信电器、华润双鹤、宁波联合、太极集团是 DEA 有效的，$E=1$。太极集团、宁波联合 $S>1$ 规模低效率，但是技术有效。中国药业虽然 $E<1$ 但是 S 也小于 1，表明规模效应递增，加大投入，会提高效率。

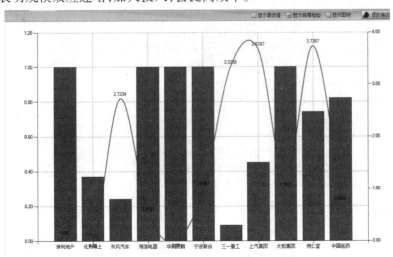

图 5-48 包络分析图

思考与练习

1. 灰色分析、评分评级如何使用？

2. 平衡记分卡分析、主成分分析如何使用？

3. 熵值分析、行业引力分析如何使用？

4. 状态空间分析、可拓集合分析如何使用？

5. 偏最小二乘回归分析、PLS 结构方程模型如何计算？

6. 数据包络分析如何使用？

第6章 风险预警监控

学习目标

通过本章学习,了解风险预警监控基本概念和基本约定;掌握险预警监控如何使用,比如风险预警雷达图、综合经济指数、定量风险分析等内容。

6.1 风险预警监控理论

风险预警系统是根据所研究对象的特点,通过收集相关的资料信息,监控风险因素的变动趋势,并评价各种风险状态偏离预警线的强弱程度,向决策层发出预警信号并提前采取预控对策的系统。因此,首先要构建预警系统必须先构建评价指标体系,并对指标类别加以分析处理;其次,依据预警模型,对评价指标体系进行综合评判;最后,依据评判结果设置预警区间,并采取相应对策。

6.1.1 风险预警

在市场经济条件下,企业经营面临着巨大的风险与不确定性,经常有企业陷入危机甚至最终破产。历史情况表明,危机并非一朝一夕内形成的,而是有一个较长的潜伏时期。因此,对于企业而言,有必要建立风险预警系统,在风险处于萌芽状态时预先发出风险警报,促使经营者及时采取有效对策,改善管理,防止企业陷入困境,以保护各相关主体的利益。

风险预警是指企业利用一定的监管工具作为媒介,采用科学的方法对反映企业经营管理活动全过程的数据资料进行分析,获得风险警示信号,从而促使决策者采取适当措施把风险扼杀在萌芽状态的一种信息系统。

风险预警在企业中的应用主要是财务风险预警。对此,国内外已经有较多的研究,所采用的分析方法主要有定性分析和定量分析两大类,而且这些分析方法大都是通过对企业的实证分析而得出的。定性分析方法主要包括:标准化调查法、"四阶段症状"分析法、"三个月资金周转表"分析法、流程图分析法、管理评分法等;定量分析方法主要包括单变量判定模型和多变量判定模型。

1)国内外常用的财务风险预警模型

(1)单变量预警模型

单变量预警模型是运用某一单一变量、单个财务比率来判别财务危机发生的可能性的模型,也叫财务比率分析法。单变量预警模型是美国学者威廉·比弗(William Beaver)通过比较研究1954—1964年期间的79个失败企业和相同数量、相同资产规模的成功企业提出的。他认为预测企业财务失败的比率有:

①债务保障率=现金净流量/债务总额。

②资产收益率=净收益/资产总额。

③资产负债率=负债总额/资产总额。

④资产安全率=资产变现率-资产负债率;其中资产变现率=资产变现金额/资产账面金额。

比弗认为,债务保障率能够最好地判定企业的财务状况(误判率最低);其次是资产负债率,并且离失败日越近,误判率越低。

(2)多变量预警模型

多变量预警模型是指运用多种财务比率(通常包含偿债能力、盈利能力和营运能力)来进行加权汇总计算的总判别值来预测财务危机的模型。国内外学者对多变量预警模型的研究主要是通过选取能够影响企业财务状况的重要财务比率,再通过一定的算法确定所选比率的权重建立一定的计量模型。重要的多变量预警模型主要有:

①美国爱德华·阿塔曼在20世纪60年代中期建立的Z模型

$$Z = 0.012X_1 + 0.014X_2 + 0.033X_3 + 0.006X_4 + 0.010X_5$$

式中,X_1为营运资金/资产总额;X_2为留存收益/资产总额;X_3为息税前利润/资产总额;X_4为普通股和优先股的市价之和/负债总额;X_5为销售额/负债总额。各种财务比率以绝对百分率表示。

按照这一模式,当$Z>2.675$时,企业财务状况良好;当$Z<1.81$时,企业要发生财务危机;当$1.81<Z<2.675$时,企业财务状况处于灰色地带,即可能发生财务危机,也可能不发生财务危机。阿塔曼的样本来源为1946年至1965年期间提出破产申请的33家企业和相对应的33家非破产企业,经检验,66家企业中63家企业预测正确,正确率极高。

②日本开发银行的多变量预测模型

$$Z = 2.1X_1 + 1.6X_2 - 1.7X_3 - X_4 + 2.3X_5 + 2.5X_6$$

式中,X_1为销售增长率;X_2为总资产利润率;X_3为他人资产分配率;X_4为资产负债率;X_5为流动比率;X_6为粗附加值生产率,即为折旧费、人工成本、利息与税收之和与销售额之比。

模型中X_3和X_4的权数为负数,表明他人资产分配率和资产负债率越低,企业发生财务危机的可能性越小。Z值越大,企业越优秀;反之,企业可能有问题,并且当Z处于$0 \sim 10$中时,为可疑灰色地带,企业可能发生财务危机,也可能不发生财务危机。

③中国台湾学者陈肇荣的多变量预测模型

$$Y = 0.35X_1 + 0.67X_2 - 0.57X_3 + 0.29X_4 + 0.55X_5$$

式中,X_1为速动比率;X_2为营运资金/资产总额;X_3为固定资产/资本净值;X_4为应收账款周转率;X_5为现金流入量/现金流入量。

当$Y<11.5$时,企业有可能在不远的将来发生财务危机。

④中国学者周首华、杨济华的F分数模型

$$F=-0.1744+1.1091X_1+0.1704X_2+1.9271X_3+0.0302X_4+0.4961X_5$$

式中,X_1为营运资金/资产总额;X_2为留存收益/资产总额;X_3为(净利润+折旧)/平均总负债;X_4为普通股和优先股的市价之和/负债总额;X_5为(净利润+折旧+利息)/平均总资产。

当$F<0.0274$时,该企业有可能在不远的将来发生财务危机;反之,当$F>0.0274$时,则企业破产的可能性较小。

2)上市公司年报中风险预警常用指标

(1)经营风险预警指标

①主营业务收入利润率。[①]

主营业务利润率是主营业务利润与主营业务收入的比值。计算公式为:

$$主营业务利润率=(主营业务利润/主营业务收入)\times100\%$$

该指标反映主营业务收入带来的利润是多少,表示主营业务的收益水平。主营业务收入指经营营业执照上注明的主营业务所取得的收入。有时,如果营业执照上注明的兼营业务量较大,且为经常性发生的收入,也可归为主营业务收入。当主营业务利润率偏低($\leqslant5\%$)或出现负数时,公司经营风险增大,需加以警戒。

该数据来源于相关账户。

② 营业利润比重。

营业利润比重是营业利润与利润总额的比值。计算公式为:

$$营业利润比重=(营业利润/利润总额)\times100\%$$

该指标反映主营业务(其他业务所占比例一般较小)收益在企业整体收益中的比重。指标数值高,说明公司主营业务突出,生产经营相对稳定;反之,则可能存在隐患。一般认为,当该指标低于50%时,预警信号产生。

该数据来源于"利润表"中的相应科目。

③主营业务收入增长率与应收账款增长率比较分析。

主营业务收入增长率与应收账款增长率属于多期比较分析指标,反映主营业务和应收账款增长幅度,计算公式为:

$$主营业务收入增长率=[(考查期主营业务收入-上期主营业务收入)/上期主营业务收入]\times100\%$$

$$应收账款增长率=[(考查期应收账款-上期应收账款)/上期应收账款]\times100\%$$

---

① 2007年开始执行的新《企业会计准则》中,财务报表的列报要求发生了比较大的变化,虽然下述有些指标现在已不再在财务报表中列报,但是其会计账户仍然是存在的,利用这些指标进行风险预警仍然是很有价值的,故本节仍将这些指标保存了下来,以便使得企业可以更好地进行风险预警。

一般认为,当主营业务收入增长率低于30%时,说明公司主营业务大幅滑坡,预警信号产生。另外,当主营业务收入增长率小于应收账款增长率,甚至主营业务收入增长率为负数时,公司极可能存在操纵利润行为,需严加防范。在判断时还需根据应收账款占主营业务收入的比重进行综合分析。

上述指标主要是从主营业务收益能力和公司利润构成角度对公司经营风险进行监测。一般而言,一个业绩斐然或者成长性很好的企业往往是因为在其主营业务上取得了成功。一个企业或许可以将多余资金用于寻找新的增长点或开展多角经营,但最好也要围绕其主业经营,即发展一些与主业相近或相似的行业,这些行业在技术要求、工序要求、人员要求方面要与主业近似。或者,新发展的业务是为了支持主业的进一步发展。如彩电企业收购一个电子器件工厂,食品企业收购一个种植基地等。这也是要求改制企业必须做到"主营业务突出"的原因。所以,如果一个企业的利润有相当部分来自非营业利润,如出租房屋、出租土地等其他业务收入,或来自资本市场上的炒作收入等,这些收入与企业的长远发展并无十分明显的相关性,很难由这样的利润认定其有好的发展前景,特别是当营业利润严重偏低甚至出现负值的情况下,其存在操纵利润的可能性较大,风险程度较高,监控力度需及时加强。

以上数据来源于"资产负债表"中的相应科目和相关账户。

④应收账款周转率。

应收账款周转率是年度内应收账款转为现金的平均次数,它说明应收账款流动的速度。其计算公式为:

$$应收账款周转率 = (销售收入/平均应收账款) \times 100\%$$

一般来说,应收账款周转率越高,平均收账期越短,说明应收账款的收回越快。否则,企业的营运资金会过多地呆滞在应收账款上,影响正常的资金周转。在使用时,需与公司前期指标、与行业平均水平或其他类似企业的指标相比较,判断该指标的高低。

该数据来源于"利润表"和"资产负债表"中的相应科目。

⑤净资产收益率。

净资产收益率也叫净值报酬率或权益报酬率,是净利润与净资产的比值,反映公司所有者权益的投资报酬率。指标越高,说明投资带来的收益越高。对上市公司来说,是最重要的指标之一。计算公式为:

$$净资产收益率 = (净利润/净资产) \times 100\%$$

由于在有关新股发行资格要求中,对净资产收益率有较为严格的规定,为取得发行资格,公司可能存在操纵利润行为。当公司净资产收益率接近发行资格临界点时,可认为发出预警信号,需注意防范。根据《关于做好上市公司新股发行工作的通知》(证监发〔2001〕43号)的规定,预警范围定为最近3年,加权平均净资产收益率的平均数在6%～6.5%(扣除非经常性损益后的净利润与扣除前的净利润相比孰低)。

另外,在使用该指标时,还应结合对"应收账款""其他应收款"及"待摊费用"三项财务数据的分析进行综合判断。

A.应收账款:在我国,由于存在大量的"三角债"以及人为利用关联交易通过"应收账款"项目来进行利润操纵等情况,因此"应收账款"在资产总额中所占比重一直居高不下,不少企业甚至存在大量三年以上账龄的应收账款。如该账款数额较前期增长过快,或集中在会计报表日前发生,则可认为发出预警信号。

B. 其他应收款:原指企业发生的非购销活动的应收债权,如企业发生的各种赔款、存出保证金、备用金以及应向职工收取的各种垫付款等。但在现实中,其他应收款却没有如此简单,往往有公司利用该科目起到了推迟确认费用、调节利润的作用。另外,大股东通过"往来款"方式占用上市公司资金的情况也在该科目中反映了出来。因此,该科目数额过大,则可认为发出预警信号。

C. 待摊费用:指本期公司已经支出,但根据"权责发生制"和收益费用确定的"配比原则"应由本期和以后各期分别负担的各项费用。在一些上市公司的会计处理中,待摊费用摊销很不规范,为上市公司推迟确认费用提供了便利。因此,该科目数额过大或变动过大时,可认为发出预警信号。

以上数据来源于"利润表"和"资产负债表"中的相应科目。

⑥现金流量结构分析

现金流量结构分析是指同一时期现金流量表中不同项目间的比较与分析,可细分为经营活动比率、投资活动比率和筹资活动比率,以揭示各项数据在公司现金流入量中的相对意义。其计算公式为:

现金流量结构比率=(单项现金流入量/现金流入量总额)×100%

通过该比率分析,可了解维持公司运行、支撑公司发展所需要的大部分现金来源,从而判别企业财务状况是否良好、公司运行是否健康。一般而言,公司现金流入以经营活动为主,以收回投资、分得股利取得的现金以及银行借款、发行债券、接受外部投资等取得的现金为辅,是一种比较合理的结构。

与主营业务收入利润率指标相类似,当经营现金流量比率低于50%时,预警信号产生。

以上数据来源于"现金流量表"中的相应科目。

(2)资金风险预警指标

①资产负债率。资产负债率是负债总额除以资产总额的百分比,也就是负债与资产的比例关系。它反映在资产总额中有多大比例是通过借债来筹资的,也可以衡量公司在清算时保护债权人利益的程度。计算公式为:

资产负债率=(负债总额/资产总额)×100%

该指标反映债权人所提供的资本占全部资本的比例,亦称为举债经营比率。若该比率过低,说明公司资金需求较少,意味着企业扩张及发展潜力不足,活力不够;若比率过高,超过债权人心理承受程度,则难以筹到资金,筹资风险加大,且利息负担增加,偿债风险也随之增加。

通常,资产负债率在60%~70%比较合理、稳健;达到85%及以上时,应视为发出预警信号。

数据来源于"资产负债表"中的相应科目。

②流动比率。流动比率是流动资产除以流动负债的比值。计算公式为：

$$流动比率 = 流动资产 / 流动负债$$

流动比率可以反映公司的短期偿债能力，即公司用可在短期内转变为现金的流动资产偿还到期流动负债的能力。该比率越高，说明公司偿还流动负债的能力越强。

一般认为，生产企业正常的流动比率是2，下限是1.25，低于该数值，公司偿债风险增加，应视为发出预警信号。需注意的是，不同行业的平均流动比率不同，分析时应根据行业水平相应调整预警数值。

数据来源于"资产负债表"中的相应科目。

③速动比率。速动比率也叫酸性测试比率，是从流动资产中扣除存货部分，再除以流动负债的比值。其计算公式为：

$$速动比率 = (流动资产 - 存货) / 流动负债$$

通常认为正常的速动比率为1，下限是0.25，低于该界限的速动比率被认为是短期偿债能力偏低。同流动比率一样，不同行业的平均速动比率是不同的，分析时应根据行业水平适当调整预警数值。

数据来源于"资产负债表"中的相应科目。

④存货周转次数。存货周转次数又称存货周转率，是衡量和评价公司购入存货、投入生产、销售收回等各环节管理状况的综合指标。它是销货成本被平均存货所除得到的比率。计算公式为：

$$存货周转次数 = (销货成本 / 平均存货) \times 100\%$$

一般来讲，存货周转速度越快，存货的占用水平越低，流动性越强，存货转换为现金或应收账款的速度越快，提高存货周转率可以提高公司的变现能力；存货周转速度越慢则变现能力越差，从而影响公司的短期偿债能力。同样，不同行业的存货周转率水平也是不同的，应结合行业水平进行比较。

在预警分析时，可将其与流动比率结合使用。例如，当公司存货周转次数明显低于行业水平，而流动比率仅略高于该行业平均水平时，应视为发出预警信号。

数据来源于"资产负债表"中的相应科目及相关账户。

⑤盈利现金比率。盈利现金比率是经营现金净流量与净利润的比值，反映企业本期经营活动产生的现金净流量与净利润之间的比率关系。计算公式为：

$$盈利现金比率 = 经营现金净流量 / 净利润$$

在一般情况下，比率越大，企业盈利质量就越高。如果比率小于1，说明本期净利中存在尚未实现现金的收入。在这种情况下，即使企业盈利，也可能发生现金短缺，严重时会导致企业破产。因此，当该比率小于1时，视为发出预警信号，应加强监控力量，特别是对那些对经营现金需要量大的企业。

数据来源于"现金流量表"和"利润表"中的相应科目。

⑥强制性现金支付比率。强制性现金支付比率是现金流入总额除以经营现金流出

量与偿还债务本息付现合计数的比值。计算公式为：

强制性现金支付比率＝现金流入总额／（经营现金流出量＋偿还债务本息付现）

这一比率反映企业是否有足够的现金偿还债务、支付经营费用等能力。在持续不断的经营过程中，公司的现金流入量至少应满足强制性目的支付，即用于经营活动支出和偿还债务。这一比率越大，其现金支付能力就越强。

当公司强制性现金支付比率小于 1 时，说明公司本期创造的现金流入量不能满足经营活动和偿还债务的现金需要，将发生支付困难，严重时会导致企业破产，因为企业破产是以"不能支付到期债务"为标志的，这时应认为发出预警信号。

数据来源于"现金流量表"中的相应科目。

（3）关联方占用风险预警指标

①资产关联方占用率。资产关联方占用率是上市公司各关联方占用资产总和与流动资产的百分比。计算公式为：

资产关联方占用率＝（各关联方占用资产总和／流动资产）×100%

关联方占用资产主要体现在公司应收账款科目和其他应收款科目，均属流动资产，因此本指标选用流动资产金额为除数；又由于上述科目属于应收款项，所以也可用应收款项金额作除数。

目前，上市公司中普遍存在关联企业，特别是大股东占用公司资产的情况，严重干扰公司的正常生产运营和资金使用计划，增加财务负担，最终影响其盈利能力，侵害中、小股东权益。因此，若该比率数值较高，一般认为达到流动资产的 5% 或应收款项的 40% 时，发出预警信号，应提高监管力度。

数据来源于"资产负债表"中的相应科目及报表附注。

②关联业务收入（成本）比率。关联业务收入比率是关联交易产生的收入占主营业务收入的百分比。计算公式为：

关联业务收入（成本）比率＝（关联交易产生的收入（成本）／主营业务收入（成本））×100%

上市公司为避免亏损、达到新股发行资格或保持利润增长率以维护公司形象，存在通过关联交易操纵利润的现象，但扣除非经常性损益后，公司无法利用该类交易操纵利润。因此，关注重点转移到采购与销售活动的关联交易上，审查该类交易的进行是否公平、公正，交易价格是否合理，是否集中在年底完成，并追踪调查该交易收入的资金收回到账情况及有无会计报表日后大宗退回情况。若发现交易价格有失公允、集中在年底完成或有会计报表日后大宗退回情况，则存在操纵利润的可能，产生预警信号。另外，如该指标数值较高，达到 70% 以上，说明公司采购销售系统的独立性值得怀疑。

数据来源于"关联方及关联交易"中的有关描述。值得注意的是，该风险判断在一定程度上依赖于审核人员对公司的了解和相关经验。

（4）募集资金投资项目风险预警指标

①投入产出比率。投入产出比率是投资项目收益与项目投资的比率。计算公式为：

投入产出比率＝（投资项目收益现值／项目投资）×100%

该指标可以是单个项目的投入产出比率,也可是全部募集资金项目的总的投入产出比率,反映募集资金的使用效果。目前,上市公司募集资金的使用效果参差不齐,变更募集资金用途的情况较多,还有些项目长期搁置,投入项目的实际收益水平也明显低于预计数。因此,当该指标低于项目所属行业平均投资报酬率,特别是低于同期银行存款利率水平时,预警信号产生。同时还应关注公司募集资金时预计的项目收益或收益率,如实际收益明显低于计划收入,也应视为产生预警信号。

数据来源于有关募集资金使用情况报告或专项审核报告,并注意收益以现值计算。

②项目投资进度完成率。项目投资进度完成率是项目投资实际进度与计划进度的比率。计算公式为:

项目投资进度完成率=[实际进度(实际投资额)/计划进度(计划投资额)]×100%

该指标反映投资项目的实施状况,一般情况下应达到70%以上,至少不低于50%,否则说明项目实施受阻或发生变化,募集资金投资项目风险加大。

数据来源于有关募集资金使用情况报告。

(5)对外投资风险预警指标

①长期股权投资比率。长期股权投资率是公司对外长期股权投资初始成本与公司最近一期经审计的净资产的比率(合并报表数据)。计算公式为:

长期股权投资比率=(对外长期股权投资初始成本/最近一期经审计的净资产)×100%

我国《中华人民共和国公司法》明确规定:公司可以向其它有限责任公司、股份有限公司投资,和以该出资额为限对所投资公司承担责任。公司向其他有限责任公司、股份有限公司投资的,除国务院规定的投资公司和控股公司外,所累计投资额不得超过本公司净资产的50%,在投资后,接受被投资公司以利润转增的资本,其增加额不包括在内。因此,当该指标超过50%时(非国务院规定的投资公司和控股公司),意味着公司违反了有关法律规定,产生预警信号。

数据来源于"资产负债表"有关科目及会计报表附注。

②投资收益率。投资收益率是指投资收益(税后)占投资成本的比率。计算公式为:

投资收益率=(投资收益/投资成本)×100%

投资收益率反映投资的收益能力。当该比率明显低于公司净资产收益率时,说明其对外投资是失败的,应改善对外投资结构和投资项目;而当该比率远高于一般企业净资产收益率时,则存在操纵利润的嫌疑,应进一步分析各项收益的合理性。

数据来源于"利润表"有关科目及会计报表附注

另外,对于上市公司风险预警指标,还应该考虑下列的定性指标:重大承诺事项的履行情况、上市公司股权变动情况、董事会及高管人员的自律及稳定情况、变更会计师事务所、对外担保等,只有将定量指标和定性指标综合起来分析,才能更真实地认识上市公司的实际状况,从而能够及时预警,达到规避或消除风险的目的。

3)风险预警雷达图

作为风险预警中一种常用的方法,风险预警雷达图是将主要财务分析比率进行汇总,绘制成一张直观的财务分析雷达图,从而达到综合反映企业总体财务状况目的的一种方法。为了充分发挥雷达图的功能和作用,企业通常将被分析的各种财务比率与同行业平均水平或与企业自身希望达到的目标指标或历史最好水平进行比较,从而可以进一步反映企业的财务情况优势和劣势,找出原因并采取相应的改进措施。雷达图的绘制程序如下:

①汇总各项财务监控指标。根据企业财务报表,从中选择财务预警指标,并根据同行业平均水平或选定的各项参照财务指标,编制汇总的财务监控指标分析表。

②以一个点为圆心,画一组等距的同心圆,各半径分别为各指标的不同比较标准值,例如,同行业平均水平、企业先进水平等,图中的不同半径表示不同的指标值。

③以同行业平均值、标准值为100%,将各指标本期实际值与其比较换算为比较标准值,再将该比值描在雷达图中,并以虚线或粗实线相连。

在 BIA 系统中,风险预警雷达图由十个财务指标构成,这十个指标可以自己选择,也可以采用系统默认的指标。系统默认的财务预警指标为:货币资金、管理费用、资产负债率、流动比率、速动比率、股东权益合计、销售利润率、权益收益率、应收账款周转率和营业收入净额。另外,对企业的风险进行预警时,企业可以选择采用前面介绍的财务指标或者财务模型,当然也可以选用一些自己认为重要的财务指标。

预警分级:用户可以根据风险程度、损益状况、重要性等因素将预警分为三个类别,包括客户的预警类别、指标的预警类别、时间预警类别。据此将客户划分为不同的预警类别,针对不同客户采用不同预警指标,并在不同时间进行预警。

通用预警平台:通过财务雷达图等分析工具,使系统具有风险预警功能,用户可针对所有公司设置一组财务指标,并设定风险预警限额百分比限额或绝对值限额,达到限额之后,系统自动预警。

公司与行业比较:除传统的 Beta 系数外,系统还将计算公司与行业变化率平均数差异 Z 检验、公司与行业变化率方差 F 检验、公司与行业变化率 t 检验、平均变化率比、变化率标准差比,更加明确公司在行业中的地位和竞争力。

公司与行业变化率趋势:从动态角度考察不同指标的变化趋势和行业变化趋势之比,计算总体平均变化率和变化率标准差。

6.1.2　综合经济指数

1)工业经济效益综合指数

在社会经济生活中,最有影响力的经济指数就是工业经济效益综合指数,它于1998年2月在全国正式实行。该指标体系由 7 项指标组成:总资产贡献率、资本保值增值率、资产负债率、流动资产周转率、成本费用利润率、全员劳动生产率、产品销售率。工业经济效益综合指数即以 7 个单项工业经济效益指标报告期实际数值分别除以该指标的全国标准值并乘以各自权数,加总后除以总权数乘100%求得,它是从企业的获利能力、发展能力、经营风险大小、再生产循环速度、降低成本获得的经济效益、生产效率、产销衔接情况等7个方面综合衡量工业经济效益各个方面在数量上总体水平的一种特殊相对数，是反映工业经济运行质量的总量指标，可以考核和评价各地区、各行业乃至各企业的工业经济效益实际水平和发展变化趋势，反映整个工业经济效益状况的全貌。各单项指标的全国标准值及权数见表6-1。

工业经济效益综合指数计算公式如下：

工业经济效益综合指数=（∑某项经济效益指标报告期数值×权数/该指标国家标准值）/总权数×100%

总资产贡献率（%）=（利润总额+税金总额+利息支出）/平均资产总额×（12/累计月数）×100%

资本保值增值率（%）=报告期期末所有者权益/上年同期所有者权益×100%

资产负债率（%）=负债总额/资产总额×100%

流动资产周转率=产品销售收入/全部流动资产平均余额×12/累计月数

成本费用利润率（%）=利润总额/成本费用总额×100%

全员劳动生产率=工业增加值/全部从业人员平均人数×12/累计月数

工业产品销售率=工业销售产值/现价工业总产值×100%

表6-1 各单项指标的全国标准值及权数

指标名称	标准值	权数
总资产贡献率（%）	10.7	20
资本保值增值率（%）	120	16
资产负债率（%）	60	12
流动资产周转率	1.52	15
成本费用利润率（%）	3.71	14
全员劳动生产率（元/人·年）	16 500	10
工业产品销售率（%）	96	13

备注：当资产负债率大于60%时，资产负债率得分=（指标值−不允许值100）/（60−不允许值100）×标准值12。

2）BIA系统中的综合经济指数

在BIA系统中，综合经济活动指数分析是按照中国社会科学院工业经济研究所的工业经济指数编制方法进行设计的。目的主要是通过经济指数这一工具，对企业进行综合评价和贡献度分析。

（1）总体设计思想及其体系

①总体设计思想，如图6-1所示。

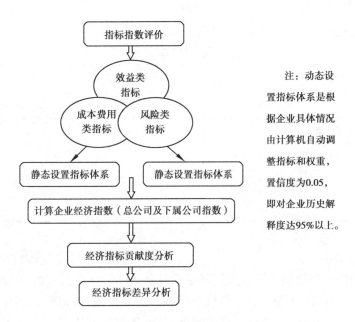

注：动态设置指标体系是根据企业具体情况由计算机自动调整指标和权重，置信度为0.05，即对企业历史解释度达95%以上。

图 6-1　综合经济指数的总体设计思路

②系统体系结构。

A.计算经济指数：（示例）见表 6-2。

表 6-2　偿债能力评估经济指数

报表名称	指标名称	基期值	实际值	评价值	权重	综合指数
		（1）	（2）	（3）=（2)/(1)	（4）	（5）=（3)×(4)
财务比率表	净资产收益率					
财务比率表	速动比率					
财务比率表	现金流量比率					
合计						

B.绘制经济指数趋势图：（示例）如图 6-2 所示。

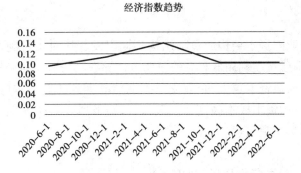

图 6-2　经济指数趋势图（流动比率,万科 A）

C. 衡量经济指数贡献度:(示例)见表6-3。

表6-3　偿债能力评估经济指数贡献度

报表名称	指标名称	权重	综合指数	权重之差	综合指数贡献度(%)
		(1)	(2)	(3)=(2)-(1)	(4)=(3)×100/(3)合计
财务比率表	净资产收益率				
财务比率表	速动比率				
财务比率表	现金流量比率				
合计					

(2)综合经济指数

在 BIA 系统中,系统构建了 6 类经济指标组合,分别为 GC 指标组合、偿债能力评估、监控结构、经济指数、投资资产结构和现金结构。这 6 类指标分别从不同的角度来说明企业存在的问题。用户可以选择不同的指标组合、不同的基期数据设计不同的指数,来达到其所需要达到的目的。与评分方式不同,综合经济指数可以显示指标的结构以及指标对于总指数的贡献度。另外它也可以作为对平衡计分卡分析结果的深入,进一步了解不同指标对企业的影响。在 BIA 系统中,综合经济指数分为计算经济指数、经济指数趋势分析、经济指数贡献度分析三个部分。

6.1.3　定量风险分析

企业风险包括经营风险和财务风险两个组成部分。

1)经营风险

经营风险是企业因经营状况和经营环境变化引发其按时支付到期债务本息能力的变化,如企业效益对经济周期变化极为敏感导致其按时支付到期债务本息能力下降。企业的经营状况和经营环境变化越大,经营风险越大,资本成本越高。一般来说,企业经营风险取决于宏观经济环境、行业特点等客观外部因素,企业直接控制经营风险的能力相对较弱。

2)财务风险

财务风险是企业因资本结构或负债结构不同引发其按时支付到期债务本息的能力的变化,如过度举债或过度利用低利息的短期负债导致其按时支付到期债务本息能力下降。企业债务相对权益资本越大,企业支付到期债务本息的能力越低,投资者要求的回报越高,企业所承受的资本成本越高。一般来说,财务风险是企业唯一能够直接控制的影响资本成本的内部主观因素。

相关公式如下:

(1)经营风险或经营杠杆程度(DOL)

经营风险或经营杠杆程度(DOL)是度量销售量(Q)变动对盈利($EBIT$)变动的敏感

程度的指标。设 Q 为销售量;P 为售价;V 为单位变动成本;F 为总固定成本;以公式表示:

$$DOL = \frac{EBIT \text{变化率}}{\text{销售量变化率}} = \frac{\Delta EBIT/EBIT}{\Delta Q/Q}$$

$$= \frac{\Delta(PQ - VQ - F)/(PQ - VQ - F)}{\Delta Q/Q}(\text{因}\Delta F = 0)$$

$$= \frac{Q(P - V)}{Q(P - V) - F}$$

$$= \frac{\text{销售收入} - \text{总变动成本}}{\text{销售收入} - \text{总变动成本} - \text{总固定成本}}$$

DOL 公式表明:Q 每增长一单位,$EBIT$ 增长多少单位。企业的固定成本比例越高,则 DFL 越大,说明经营杠杆程度越大,将来 $EBIT$ 的潜在变动越大;反之越小。

(2)财务风险或财务杠杆程度(DFL)

DFL 是度量净盈利变动对息税前盈利变动的敏感程度的指标。设 NI 为净盈利;I 为固定利息,则净利润变动率可用公式表示为:

$$DFL = \frac{\text{净利润变化率}}{EBIT \text{变化率}} = \frac{\Delta NI/NI}{\Delta EBIT/EBIT}$$

$$= \frac{(\Delta EBIT - \Delta I)(1 - T)/(EBIT - I)(1 - T)}{\Delta EBIT/EBIT}$$

$$= \frac{EBIT}{EBIT - I}(\text{因}\Delta I = 0)$$

$$= \frac{\text{销售收入} - \text{总变动成本} - \text{总固定成本}}{\text{销售收入} - \text{总变动成本} - \text{总固定成本} - \text{利息}}$$

DFL 公式表明 $EBIT$ 每增长一单位,NI 增长多少单位。负债(比例)越大,利息越大,结果 DFL 越大,说明财务杠杆程度越大;反之越小。

(3)总风险或总杠杆(DTL)

是度量总风险的指标,其是 DOL 和 DFL 的乘积,它表明销售量的变动对净盈利变动的敏感程度。以公式表示:

$$DTL = DOL \times DFL$$

$$= \frac{Q(P - V)}{Q(P - V) - F - I}$$

DTL 的公式公式反映了销售量变动对净盈利的影响程度,也表明了 DOL 和 DFL 之间的相互关系。若固定成本和负债越大,则 DFL 越大,说明总杠杆程度越大;反之越小。

6.2　风险预警监控操作

风险预警监控主要包括:风险预警雷达图、综合经济指数、定量风险分析等内容。

6.2.1　风险预警雷达图

风险预警雷达图是根据风险指标在一定区间内的变化幅度,通过雷达图凸出和凹进的形状来反映企业经营状况的一种方法。过多的凸出或凹进,都反映了某项指标的不正常变化,值得关注和预警。

1)选择分析客户

详见"3.2.1 趋势回归分析"中的"1)选择分析客户"中的步骤。

2)查看风险预警雷达图

①单击"风险预警监控"—"风险预警雷达图",进入该功能的操作界面。

②在左边的树形框内选择所需的"预警指标"。系统默认的预警指标个数为 10 个,所以用户应该选择 10 个最具有代表性的指标。如果财务指标查找起来比较困难,则可以直接在树形框上面的"筛选指标"框内输入指标名称,系统会按照您输入的指标名称,自动跳到您所选择的指标上。注:双击可以删除选定指标。

另外,BIA 系统有一组默认的预警指标,如图 6-3 中虚线框内所示的指标。如果用户没有自己的预警指标体系,则可以使用系统默认的预警指标。当然用户可以选择采用前面理论部分介绍的财务指标或者财务模型,也可以选用一些自己认为重要的财务指标作为预警指标。

③选择预警图形选项。若用户点击"显示标题"按钮,则在雷达图中会显示相应的预警指标标题;若用户点击"动态显示"按钮,则系统将动态演示该雷达图的形成过程。

④点击"预警雷达图"按钮,则系统自动计算出预警指标的"绝对差额"和"相对差额",并显示出财务风险预警雷达图。如果选择"动态显示"选项,则系统将动态演示该雷达图的形成过程。

若要查看其他客户的风险预警雷达图,只需在重新"选择分析客户"及"预警指标"后点击"预警雷达图"按钮即可,而无须退出该界面。风险预警雷达图如图 6-3 所示。

6.2.2　综合经济指数

综合经济指数是按照社科院工经所的工业经济效益综合指数的编制方法进行设计的。其目的主要是通过经济指数这一工具,对企业或行业进行综合评价,并对各因素进行贡献度分析。

1)选择分析客户

详见"3.2.1 趋势回归分析"中的"1)选择分析客户"中的步骤。

2)计算经济指数

①单击"风险预警监控"—"综合经济指标",进入该功能的操作界面。

②选择指数类型。系统提供了两种指数类型:客户和行业。客户指数是指对客户自身进行经济指数分析;而行业指数则是对某一行业进行经济指数分析。图例中选择的是客户指数类型。

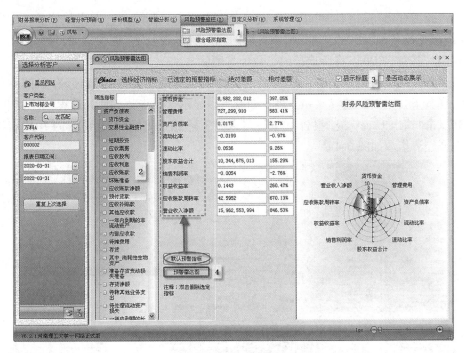

图 6-3　风险预警雷达图

③选择分析客户或者行业。一般来说,在完成"选择分析客户"后,系统在进入该功能时,"客户名称"框内会默认出现前面所选择的客户。但是如果用户更换分析客户或在②步中选择的是"行业指数"类型,则需要用户在"客户名称"或"行业名称"的下拉列表中选择所要分析的客户或行业名称。

④选择结果类指标组合。经济指数只能通过结果类指标进行计算,因而过程类指标被排除在外。系统提供的"结果类指标组合"有 6 种,分别为:GC 指标组合、偿债能力评估、监控结构、经济指数、投资资产结构和现金结构。用户可以通过点击各个指标组合进行选择。

⑤选择基期方式。经济指数考察的是当期财务的运行情况,不是财务报表通常所示的累计方式,因此必须计算"当期财务报表"(见"自定义分析"中的"生成或维护当期报表")。系统默认的基期方式包括基期当年平均(基期年各期指标平均)、基期当期数值、手工录入数值。用户可以其下拉列表选择所需的基期方式。

⑥选择报表日期。这包括选择基期报表日期和报告期报表日期。用户可以通过其下拉列表选择所需分析的基期报表日期和报告期报表日期。

⑦手动录入指标权重。系统对于各指标的权重没有规定,这需要用户自己予以确定,并手动输入数据表中。注意:当对指标组合中所有指标设置指标权重,其所有指标权重之和应为 1。

⑧计算综合指数。单击"计算综合指数"按键,系统就会计算出各指标指数和全部指标的综合指数,同时也会计算出各指标的贡献度(见经济指数贡献度)。

⑨指数存盘或删除某一期指数信息。在"经济指数名称"栏中录入或选择指数名称

后,单击"指数存盘"按键,即可以将上述综合指数存盘。删除某一期指数信息一定要先选择"经济指数名称"和"报告期"报表日期,其次在"是否删除"选项框中打钩,然后单击"指数存盘"按键,则可以将所选择的指数信息删除。

⑩查看已存盘的指数信息。已存盘的指数信息会立刻反映到"已经存盘的指数报告"中,在其下拉列表中选择某一报表日期就可以显示这个指数的计算过程。

⑪点击"输出 Excel"或"报告打印",可以将上述综合指数输出到 Excel 中或打印出来。综合经济指数如图6-4所示。

图6-4 综合经济指数

注:如果需要选择其他的指数组合分析,请先点击"清空数据"按钮清空数据库后,再按上述④—⑪的步骤进行。

3)经济指数趋势图

注意:只有将分析客户的各期综合经济指标进行存盘后,才可以得到该客户的经济指数趋势图。

①点击"经济指数趋势图"选项卡,进入该界面。

②选择客户名称。如果下拉列表中暂不显示客户名称,可以点击后面的"匹配"按钮,则"客户名称"下拉列表中将显示所有的客户名称。

③选择该客户存盘的经济指数名称。因为一个客户可能有多种指数形式,所以需要选择经济指数名称。用户可以在下拉列表中选择所要分析的经济指标名称。

④选择起始报表日期和结束报表日期。这样就限定了指数趋势的显示区间。注意应先选择结束期再选择起始期。

⑤选择图形类型。系统默认的图形类型包括趋势图和雷达图两种。

⑥选择分析类型。系统默认的分析类型包括综合指数和贡献度两种。综合指数分析类型是指趋势图是按各指标的综合指数进行衡量的;而贡献度分析类型是指趋势图是按各指标对综合指数的贡献度来衡量的。另外,用户也可在分析类型的下方选择是否显示 3D 图像。

⑦选择分析指标。这里的"分析指标"就是存盘的经济指数中所包含的财务指标,唯一不同的就是里面增加了"综合指数合计"。用户可以根据需要选择相应的分析指标。选择分析指标后,出现上述的经济指数趋势图。

⑧点击"图形输出",就可以将上述经济指数趋势图输出到指定位置。经济指数趋势图如图 6-5 所示。

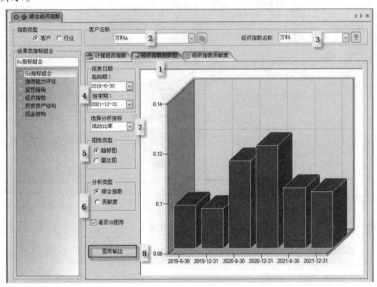

图 6-5　经济指数趋势图

4)经济指数贡献度

经济指数贡献度是指各个经济指标对总的综合经济指数的贡献程度。若某项指标贡献度为 60%,则其他各项指标总的贡献度为 40%,说明该指标对经济指数影响巨大。经济指数贡献度也可以和指标权重相比较,如果贡献度大于权重,说明这个指标完成的更好或更差。

①点击"经济指数贡献度"选项卡,就可以得到上述的经济指数贡献度报表。在数据表中,用户可以对各个指标的贡献度进行分析。

②通过点击"输出 Excel"或"报告打印"按钮,用户也将上述经济指数贡献度输出到 Excel 中或打印出来。经济指数贡献度如图 6-6 所示。

6.2.3　定量风险分析

使用方法:

①选中客户名称,在"选择期初报表日期"下拉菜单中选择期初报表的日期,然后在

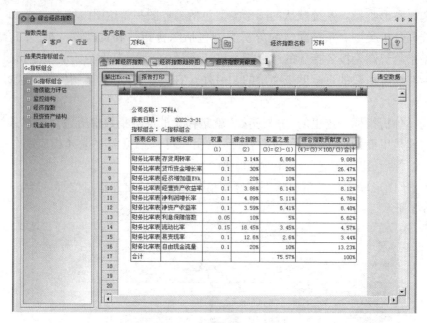

图6-6 经济指数贡献度

"选择期末报表日期"下拉菜单中选择期末报表的日期,并单击"风险预警监控"中"定量风险分析"菜单。系统是按照期末报表日期的数据进行计算的,会自动生成定量风险分析动态归因树。

②累计数据和当期数据:一般报表显示的是累计数据,不能完全反映一季度或半年的实际经营情况,因而使用当期数据,可以对不同月、季度、半年等实际发生数据进行比较。单击"累积数据"或"当期数据"可以直接实现数据切换。定量风险模型如图6-7所示。

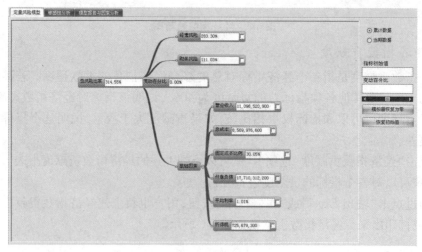

图6-7 定量风险模型

③可以对数型归因树进行伸缩、展开。

④根据以上公式,总风险包括经营风险和财务风险两类,而影响着两类风险的基础

因素主要包括:营业收入、总成本、固定成本比例、付息负债、平均利率、所得税 6 个,也就是说这 6 个基础因素变化会引起两类风险和总风险的变化。

　　⑤敏感性分析:这是分析某一个指标不同的变化区间对总风险比率的影响程度。敏感性分析如图 6-8 所示。

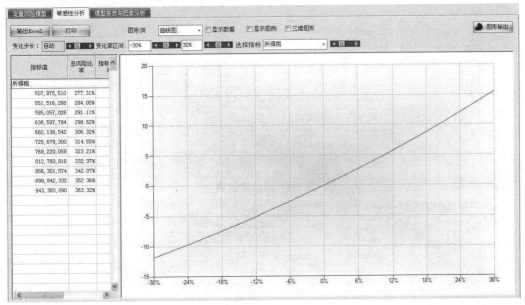

图 6-8　敏感性分析

　　首先,用户可选择变化率区间,如所得税变化从-30% 到 30% 时,阿塔曼 Z 值产生怎样的变化。当然,用户也可以调整这个变化区间。

　　其次,用户也可以选择步长,因为变化率区间中有许多数值,所以用户需要选择步长,如步长为 1%,则-30% 到 30% 区间就有 61 个数值;系统默认"自动"就为 6%,这样-30% 到 30% 之间就有 11 个值,便于图形展示。

　　选择不同指标就会生成敏感性报告,用户可以将敏感性报告以 Excel 形式输出,也可以直接打印。

　　最后,用户可以选择不同类型的敏感性分析图,也可以选择是否显示数据、图例,或者以三维方式展示图形,所有的图形都可以以不同格式输出,作为报告的组成部分。

　　⑥模型报告与因素分析:敏感性分析只能反映单一指标在一个区间内的影响程度,但是要了解全部指标在某一时点的影响程度,也就是说在某一时点,哪个指标更为重要,就需要通过因素分析来反映。如图 6-9 所示,选择"风险因素分析"和"选择自变量变动率"(系统默认为 5%),并单击"生成报告"按键,系统就会形成因素分析报告,这个报告可以以 Excel 形式输出,也可以直接打印。如图 6-10 所示,选择"风险模型图"则可以将动态模拟的定量风险模型以树状图形式展现,并可以输出到 Excel,或直接打印。

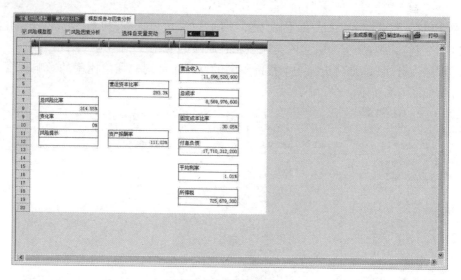

图 6-9　风险模型图

图 6-10　风险因素分析

思考与练习

1. 风险预警是指什么?
2. 风险预警在企业中的应用有哪些?
3. 风险预警雷达图如何使用?
4. 综合经济指数如何使用?
5. 定量风险分析如何计算?

第7章 自定义分析

学习目标

通过本章学习,了解如何自定义合成现金流量表、自定义财务指标、自定义财务报表稽核;掌握如何生成维护当期报表、自定义管理资产负债表、财务模型建模与蒙特卡洛仿真;了解查询构建工具、综合查询如何使用。

7.1 自定义合成现金流量表

合成现金流量表一直是一个有争议的问题,但在我们多年的应用中,发现它确实是一项重要的报表判别和分析工具。它可以解决企业报表中的凑平(为了让财务报表平衡而进行凑数)问题,同时也可以给出净现金流量的来源,从而判定企业是否在现金流量来源上存在欺诈行为。而合成现金流量表更具有可比性,因而是判别比较的重要基础指标。自定义合成流量表允许用户对合成现金流量表的明细项进行调整,也可以增加进其他报表以使合成现金流量表具有更强的操作性。正常情况下不得随意更改合成现金流量表的设置。

1) 选择分析客户

详见"3.2.1 趋势回归分析"中的"1)选择分析客户"中的步骤。

2) 自定义合成现金流量表

点击"自定义分析"中的"自定义合成现金流量表",进入该系统。

对于该系统,做如下介绍:

左边树形框为资产负债表和损益表,它是合成现金流量表的基础表;右边树形框为已经合成的现金流量表字段。树形框上边的文本框是显示字段名称的,也可以用来查找某个字段名称,输入这个字段名称的前几个字,树形框会自动跳到那个字段。合成现金流量表在字段设计上,一定要考虑资产负债表和损益表的字段。如果没有该项就不要为合成现金流量表设计字段,否则这些字段无法取得数据。合成现金流量表必须取得资产负债表和损益表(净利润以前的字段)的全部一类字段(其中项可以省略),否则合成的

261

现金流量会不平衡。自定义现金流量指标的字段和数值一律放在数据库中"合成现金流量表"中。

◆新增合成现金流量表字段

①在右边树形框上方的文本框中输入新的字段名称,注意:新字段的名称不能与"合成现金流量表"中其他字段名称一样,否则系统会认为是对原有字段的修改。

②在"字段组合"框中选择字段组合。合成现金流量表需要将两期资产负债表和损益表进行比较,如果不选择窗体上方的"前一年数据",则系统默认为当期数据用"a."表示;选择"前一年数据"用"b."表示。

③在"字段组合"框中用基础字段和公式进行组合。例如:如果想新建一个新现金流量字段"货币资金增长额",将"货币资金增长额"录入到右边树形框上方的文本框中,然后点击左边树形框中的"货币资金","字段组合"中出现"a.货币资金",则在"前一年数据"复选框中打钩,然后再点击左边树形框中的"货币资金","字段组合"中在"a.货币资金"后又出现"b.货币资金",由于增长率需要对比,所以手工将字段组合中文字更改为:"a.货币资金-b.货币资金"。这就是货币资金增长额的公式。注意:括号和运算符号都需要手工录入,并且根据公式的需要进行调整。

④添加可能为零的被除数:如果被除数为零则可能导致错误使自定义失效,所以对于有可能为零的被除数,必须在"可能为零的被除数"文本框中录入这个字段或字段组合。注意:有时候可能为零的被除数是一个字段组合,也应该录入到这个文本框中。

⑤显示或构建 SQL 语句:SQL 语句可以存入数据库,以后备用。点击 SQL 按钮,则 SQL 语句框中显示全部 SQL 语句,如果用户是 SQL 语句的高手,也可以直接写入,或直接修改。

⑥组合的新字段或新指标值,必须要经过检验,单击"■"查询运行结果,则电子表中出现运行的数值,如果出现错误则一定要修改 SQL 语句,直到正确的数值为止,注意:如果出现错误一定不能存盘,否则会影响运行。当然运行的结果数据也可以输出到 Excel 进行打印或进一步分析。

⑦如果检验没有错误则可以存盘,新增存盘单击"■"按键,修改存盘单击"■"按键,删除存盘单击"■"按键,单击以后出现"自定义属性表"界面。合成现金流量表如图 7-1 所示。

SQL 语句和公式会自动转到相应的文本框中,用户可以选择一个现金流量指标类别,如果没有合适的类别选择,则可以直接输入一个新类别,同时用户还需要输入现金流量指标含义,为其他用户在使用该指标时提供说明,最后单击"新增存盘"即可,如图 7-2 所示。

◆修改自定义现金流量表字段

①选择右边树形框中需要修改的指标,双击该指标,则上方文本框自动出现该指标,SQL 语句框会出现原 SQL 语句,如图 7-3 所示。

②点击"■"按键,出现原公式和 SQL 语句界面,您可以直接修改;在出现的"自定

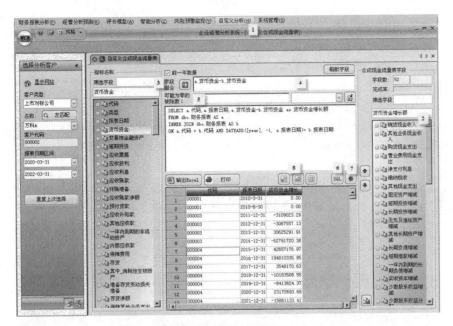

图 7-1 合成现金流量表

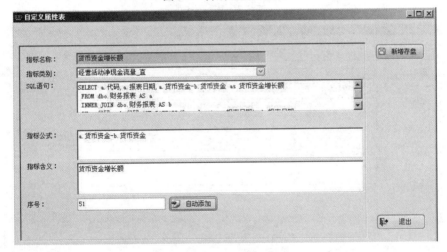

图 7-2 自定义属性表

义属性表"中点击"修改存盘"即完成对原指标的修改,如图 7-4 所示。

◆删除自定义现金流量表字段

①选择右边树形框中需要修改的指标,双击该指标,则上方文本框自动出现该指标, SQL 语句框会出现原 SQL 语句。

②点击" ",系统会提示您是否删除,选择"是",则删除了自定义的字段及全部数据,如图 7-5 所示。

◆填充以往数据

①新增或修改完自定义字段后,必须进行这项操作。这是很重要的步骤,否则用户设置的指标并不能体现出来。在" "左边有一个下拉框,打开下拉框有以下选择:

图 7-3　指标修改

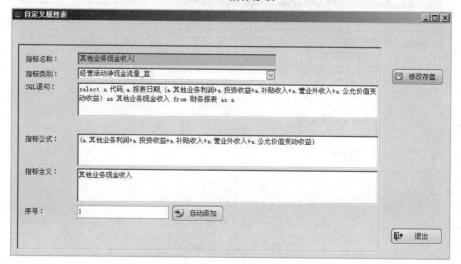

图 7-4　指标修改存盘

A. 单个指标填充:如果用户只设置了一个指标,则只选择这个指标,选择"单个指标填充"功能,更新或新增速度会很快。

B. 全部指标填充:选择这项功能则对"合成现金流量表"的所有指标进行更新或新增,速度较慢。

C. 报表日期单个填充:输入一个报表日期,则只填充这个报表日期和用户选择的单个指标。

D. 报表日期全部填充:输入一个报表日期,则更新或新增这个报表日期的全部指标数值。

图 7-5　删除自定义现金流量表字段

E.客户单个指标填充:输入一个客户名称,则更新或新增用户选择的客户和选择的指标数据。

F.客户全部指标填充:输入一个客户名称,则更新或新增用户选择的客户的全部指标数据。

②选择完成后,点击" 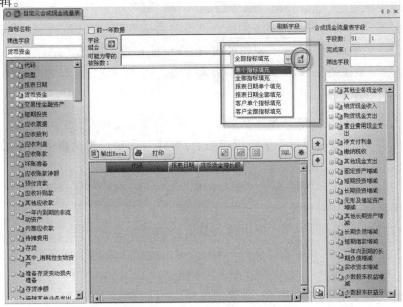 (将结果录入到合成现金流量表中)",即完成数据填充。进行数据填充时,最好选择不影响其他用户使用该系统的时间,同时保证数据库没有打开直接编辑。

图 7-6　填充以往数据

③在这里,我们需要注意的是:新增、删除、修改完成后,系统会自动更新行业平均数据,用户不必在行业分析中重新更新。更新完合成现金流量表后,应注意要进行定义当期财务报表和预测合成现金流量表的操作。填充以往数据如图 7-6 所示。

7.2 自定义财务指标

任何比率指标(包括 EVA 经济增加值、分析模型指标等)都可以通过自定义方式来实现,自定义所需要的基础数据表也可以通过数据库视图(View)的方式来生成,这样通过建立视图,用户可以对任何数据表进行操作,自定义用户所需的财务或管理比率数据。自定义指标同样具有以下功能:报表稽核、多用户/多期比较、财务比率数据分析、财务指标排序比较、趋势分析与回归、企业竞争力分析、行业分析与比较、风险监控。

1)选择分析客户

详见"3.2.1 趋势回归分析"中的"1)选择分析客户"中的步骤。

2)定义基础数据表视图

①基础数据表视图(VIEW)是定义财务比率的基础表,它是在数据库中实现的。在数据库中如 SQL-Server 2000,找到系统数据库,选择需要分析的数据表,按照 View 的构建方式,建立基础数据表视图(VIEW),具体构建参见 SQL-Server 2000 或其他数据库视图(VIEW)的构建指南。

②用户可以在"基础数据表视图"中添加刚才建立的基础数据表视图,也可以在"系统管理"中新增基础数据表视图。

③系统中设定了"财务报表""财务报表 X"和"财务报表 H"三个基础数据表视图。"财务报表"是资产负债表和损益表的组合;"财务报表 X"是资产负债表、损益表和现金流量表的组合。如果用户改变了视图的设置,则以前存盘的财务比率会受到影响,所以设置"基础数据表视图"一般由系统维护员来完成。

3)自定义财务指标

自定义财务指标的数值一律放在"财务比率表"中。窗体左边树形框为基础数据表视图的字段,自定义就是对这些字段进行组合;窗体右边树形框为财务比率表的现有字段,这是已经组合好了的字段。

选择"自定义分析"中的"自定义财务指标",进入该功能的操作界面。

◆新增自定义财务指标

①在右边树形框上方的文本框中输入新组合的指标名称,注意:新组合的指标名称不能与"财务比率表"中其他指标名称一样,否则系统会认为是对原有指标的修改,如图 7-7 所示。

②系统支持 3 年的数据组合,如果不选择窗体上方的"前一年数据"或"前两年数据",则系统默认为当期数据用"a."表示;选择"前一年数据"用"b."表示;选择"前一年

数据"用"c."表示。

③在"字段组合"文本框中用基础字段和公式进行组合。例如:如果想新建一个新比率指标"货币资金增长率",将"货币资金增长率"录入到右边树形框上方的文本框中,然后单击左边树形框中的"货币资金",字段组合中出现"a. 货币资金",则在"前一年数据"复选框中打钩,然后点击左边树形框中的"货币资金",字段组合中在"a. 货币资金"后又出现"b. 货币资金",由于增长率需要对比,所以手工将字段组合中文字更改为:"(a. 货币资金-b. 货币资金)/b. 货币资金"。这就是货币资金增长率的公式。注意:括号和运算符号都需要手工录入,并且根据公式的需要进行调整。

再举个 3 年平均的例子:如果要建立一个 3 年平均的货币资金指标值,首先在右边树形框上方的文本框中录入"3 年平均货币资金",然后单击左边树形框中的"货币资金",字段组合中出现"a. 货币资金",则在"前一年数据"复选框中打钩,然后点击左边树形框中的"货币资金",字段组合中在"a. 货币资金"后又出现"b. 货币资金",则在"前两年数据"复选框中打钩,然后点击左边树形框中的"货币资金",字段组合中在"a. 货币资金 b. 货币资金"后又出现"c. 货币资金",手工调整成"(a. 货币资金+b. 货币资金+c. 货币资金)/3"。

④添加可能为零的被除数:如果被除数为零则可能导致错误使自定义失效,所以如果有可能为零的被除数,必须在"可能为零的被除数"文本框中录入这个字段或字段组合,如上面的例子"b. 货币资金"有可能为零,则需要将"b. 货币资金"拷贝或录入到"可能为零的被除数"文本框中。注意有的时候可能为零的被除数是一个字段组合,也应该录入到这个文本框中。

⑤SQL 语句可以存入数据库以后备用,点击"SQL",则 SQL 语句框中显示全部 SQL语句,如果用户是 SQL 语句的高手,也可以直接写入,或直接修改。

⑥系统还支持更复杂的字段组合,在"是否分组"复选框中打钩,则出现了一个下拉框,可以选择分组的形式有:Sum 表示合计;Avg 表示平均;Min 表示最小;Max 表示最大;Count 表示数量;Sum Distinct 表示不重复的合计;Avg Distinct 表示不重复的平均;Min Distinct 表示不重复的最小;Max Distinct 表示不重复的最大;Count Distinct 表示不重复的数量;St Dev 表示标准差;St Dev P 表示总体标准差;Var 表示方差;Var P 表示总体方差。注意:选择分组一定要根据需要调整 SQL 语句。举例:

"select a. 代码, a. 名称, a. 报表日期, Max(a. 货币资金) from 财务报表 as a group by a. 代码, a. 名称, a. 报表日期"

这是计算机自动生成的语句,它跟以下语句结果是一样的。

"select a. 代码, a. 名称, a. 报表日期, a. 货币资金 from 财务报表 as a"因为您没有确定分组是针对代码、名称或报表日期。

以下语句则是针对同一个客户,在不同报表日期内的最大货币资金值:

"select a. 代码, a. 名称, Max(a. 货币资金) from 财务报表 as a group by a. 代码, a. 名称"

以下语句是针对同一报表日期,不同企业中的最大货币资金值:"select a. 报表日期,

Max（a.货币资金）from 财务报表 as a group by a.报表日期"

注意：比较它们的不同，用户可以参考有关 SQL 语句的书籍。由于系统比率数据都统一放在"财务比率表"中，又都通过代码、（客户）名称和报表日期反映，所以一般情况下，都不使用分组功能。

⑦组合的新字段或新指标值，必须要经过检验，点击"![]"查询运行结果，电子表中出现运行的数值，如果出现错误则一定要修改 SQL 语句，直到正确现实数值为止。注意：如果出现错误一定不能存盘，否则会影响运行。当然运行的结果数据也可以输出到 Excel 进行打印或进一步分析。

⑧如果检验没有错误则可以存盘，新增存盘单击"![]"按键，修改存盘单击"![]"按键，删除存盘单击"![]"按键。自定义财务指标如图 7-7 所示。

图 7-7　自定义财务指标

SQL 语句和公式会自动转到相应的文本框中，用户可以选择一个财务比率类别，如果没有合适的类别选择，则可以直接输入一个新类别，同时用户还需要输入财务比率指标含义，为其他用户在使用该指标时提供说明，最后点击"新增存盘"即可，如图 7-8 所示。

◆修改自定义比率指标

①选择右边树形框中需要修改的指标，双击该指标，则该指标出现在上方文本框，SQL 语句框会出现原 SQL 语句；

②点击"![]"按键，则会出现原公式和 SQL 语句界面，用户可以直接修改；

③点击"修改存盘"即完成对原指标的修改，如图 7-9 所示。

◆删除自定义比率指标

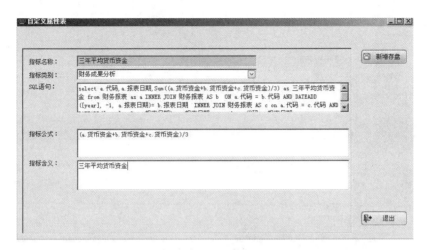

图 7-8　自定义财务指标新增存盘

图 7-9　修改自定义比率指标

①选择右边树形框中需要修改的指标,双击该指标,则该指标出现在上方文本框,SQL 语句框会出现原 SQL 语句,如图 7-10 所示。

②点击"⊠",系统会提示用户是否删除,选择"是",则删除了自定义的指标及全部数据,如图 7-11 所示。

◆填充以往数据

用户在新增或修改完自定义指标后,需要进行这项操作。最新一版的程序,在用户新增、修改完自定义比率指标后,会自动新增或更新以往的数据,不需要进行"单个指标填充"操作。如果用户新增了企业财务数据或者对企业财务数据进行了修改,就会影响比率指标的结果,则需要进行此项操作。

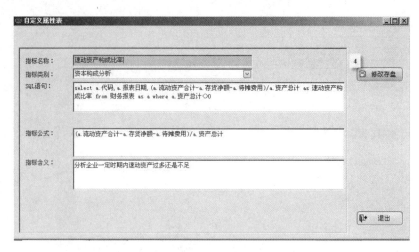

图 7-10　自定义比率修改存盘

图 7-11　删除自定义比率指标

①在""按键左边有一个下拉框,打开下拉框有以下选择:

A. 单个指标填充:如果用户只设置了一个指标,则只选择这个指标,选择"单个指标填充"功能,更新或新增速度会很快。

B. 全部指标填充:选择这项功能则对"财务比率表"的所有指标进行更新或新增,速度较慢。

C. 报表日期单个填充:输入一个报表日期,则只填充这个报表日期和用户选择的单个指标。

D. 报表日期全部填充:输入一个报表日期,则更新或新增这个报表日期的全部指标数值。

E.客户单个填充:输入一个客户名称,则更新或新增用户选择的客户和选择的指标数据。

F.客户全部填充:输入一个客户名称,则更新或新增用户选择的客户的全部指标数据。

②选择完成后,点击"⊞(将结果录入到财务比率表中)",完成数据填充。注意:进行数据填充时,最好选择不影响其他用户使用该系统的时间,同时保证数据库没有打开直接编辑。填充以往数据如图 7-12 所示。

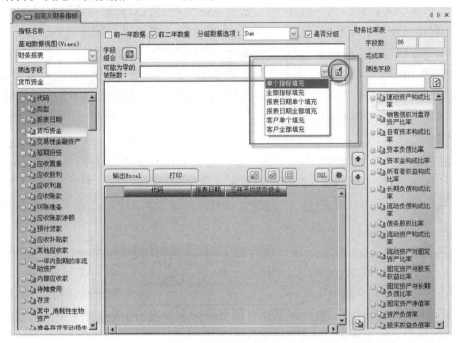

图 7-12　填充以往数据

注意:新增、删除、修改完成后,系统会自动更新行业平均数据,用户不必在行业分析中重新更新,更改完财务比率指标后,一定要进行定义当期指标操作,有必要时还要更新预测财务比率指标。

7.3　自定义财务报表稽核

判定报表真假是一个长期而严肃的课题,自从我们第一个版本推出报表稽核功能以来,已经对几万家客户进行了报表稽核,同时也收到了不同用户提出的各种各样的改进方法,特别是证券监管部门和证券用户对财务报表真实性的要求越来越高,所以我们在3.0 以上版本中推出了自定义报表稽核功能,和以前的报表稽核功能相结合,用户可以自定义新的稽核项,或者按照不同企业的特点,设计不同的稽核内容。新增项在"自定义分析"模块中的"自定义财务报表稽核"。与自定义财务比率一样,左边是进行自定义的基础数据,可以与不同年份的数据相比较,判断可能出现的问题。稽核内容可当场检验,并保存固定下来,以供其他用户使用。

1)选择分析客户

详见"3.2.1 趋势回归分析"中的"1)选择分析客户"中的步骤。

2)自定义财务稽核

点击"自定义分析"中的"自定义财务报表稽核",进入该功能的操作界面。

左边树形框为需要稽核的所有报表,它可以是资产负债表和损益表也可以是其他管理报表,它是稽核的基础数据表;右边树形框为已经定义稽核项名称,树形框上面的文本框是显示字段或稽核项名称的,也可以用来查找某个字段或稽核项名称,输入这个名称的前几个字,树形框会自动跳到那个字段或稽核项。稽核主要是进行左、右项组合比较,比较的表达式包括:"="">""<"">=""<=""<>"六项。当实际数据与用户事先设置的比较项不符合时,则会稽核出问题。

◆新增稽核名称

①在右边树形框上面的文本框中输入新的稽核名称。注意:新稽核的名称不能与现有的稽核名称一样,否则系统会认为是对原有稽核名称的修改。

②在"左项组合"或"右项组合"前的复选框中打钩,表示现在设置是表达式左边或右边的数据组合。

③如果不在窗体左上方的"前一年数据"前的复选框中打钩,则系统默认为当期数据,用"a."表示;选择"前一年数据",用"b."表示。

④在字段组合文本框中用基础字段和公式进行组合。选择"分析数据表",点击该数据表,则下方的树形框中出现了该报表的各个指标字段项,选择需要的指标,点击该指标,则该指标显示在上方的文本框和"字段组合"框中。

例如:如果想新建一个稽核名称"货币资金增长率合理性",将"货币资金增长率合理性"录入到右边树形框上方的文本框中,点击左边树形框中的"货币资金",字段组合中出现"a.货币资金",再在"前一年数据"复选框中打钩,然后点击左边树形框中的"货币资金",字段组合中在"a.货币资金"后又出现"b.货币资金",由于增长率需要对比,所以手工将字段组合中文字更改为:"(a.货币资金-b.货币资金)/b.货币资金"。这就是货币资金增长额的公式,注意:括号和运算符号都需要手工录入,并且根据公式的需要进行调整。

⑤在"字段组合名称"中为左(右)项字段组合设一个名称;添加"可能为零的被除数",如果被除数为零则可能导致错误使自定义失效,所以如果有可能为零的被除数,必须在"可能为零的被除数"文本框中录入这个字段或字段组合。如上面的例子"b.货币资金"有可能为零,则需要将"b.货币资金"拷贝或录入到"可能为零的被除数"文本框中。注意:有的时候可能为零的被除数是一个字段组合,也应该录入到这个文本框中。

⑥SQL 语句可以存入数据库以备用,点击"SQL",则 SQL 语句框中显示全部 SQL 语句,如果用户是 SQL 语句的高手,也可以直接写入,或直接修改。

⑦组合的新字段或新指标值,必须要经过检验,单击"🐾",电子表中出现运行的数值,如果出现错误则一定要修改 SQL 语句,直到正确数值。注意:如果出现错误一定不能存盘,否则会影响运行。当然运行的结果数据也可以输出到 Excel 进行打印或进一步分析;表达式左项组合和右项组合之间一定要有一个表达式,确定左右项组合的关系,如图 7-13 所示。

图 7-13   确定左右项组合的关系

⑧在设置完"左项组合",还没有设置"右项组合"的情况下,千万不能关闭"自定义财务稽核"窗体,否则左项组合的设置会没有保存,直接在"右项组合"复选框中打钩,再按照上述中的③—⑧操作步骤进行"右项组合"设置。

⑨如果检验没有错误则可以存盘,新增存盘单击"🖫"按键,修改存盘单击"🖫"按键,删除存盘单击"🖾"按键,如图 7-14 所示。

左项或右项 SQL 语句和表达式会自动转到相应的文本框中,用户可以选择"稽核类别",如果没有合适的类别选择,则可以直接输入一个新类别,同时用户还需要输入表达内容,如果客户的实际数据满足了所设置的稽核条件(例子中:货币资金增长率>200%)则会现实表达内容里的文字(例子中:货币资金增长率超过200%是不合理的),最后单击"新增存盘"即可。如图 7-15 所示。

重要提示:如果左项组合或右项组合不是字段组合而是常量,如上面例子中的"2",则直接在 SQL 语句文本框中输入常量"2",无须进行 SQL 语句生成(构建)和查询组合字段结果检验两个步骤,直接单击"🖫"即可。

◆修改自定义稽核项

①选择右边树形框中需要修改的稽核名称,双击,则上方文本框中自动出现该稽核名称,SQL 语句框会出现原 SQL 语句,如图 7-16 所示。

图 7-14 新增自定义财务稽核

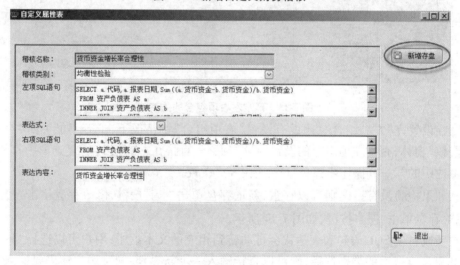

图 7-15 新增的稽核名称存盘

②点击"⊞"，出现原公式和 SQL 语句界面，可以直接修改左右项语句或常量。

③点击"修改存盘"，即完成对原稽核名称的修改，如图 7-17 所示。

◆删除自定义稽核项

①选择右边树形框中需要修改的稽核名称，双击，则上方文本框中自动出现该稽核名称，SQL 语句框会出现原 SQL 语句。

②点击"⊠"，系统会提示您是否删除，选择"是"，则删除了自定义的稽核名称及全部属性，如图 7-18 所示。

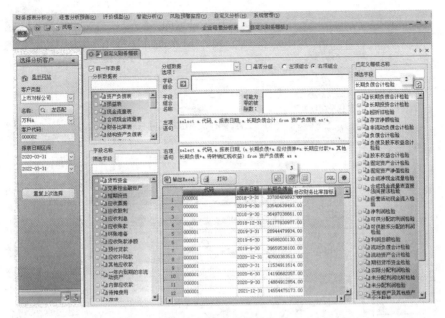

图 7-16　修改的稽核名称

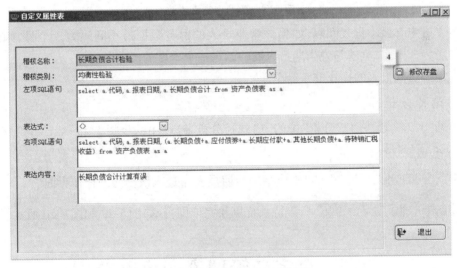

图 7-17　修改的稽核名称存盘

7.4　生成维护当期报表

当期报表主要包括：当期资产负债表、当期损益表、当期现金流量表、当期合成现金流量表、当期财务比率表。

由于一般报表为累计数据，无法反映企业在不同的会计期间的真实经营状况，因此有必要将累计数据还原为当期数据。同时，由于合成现金流量表和财务比率表是动态可自定义的，因此当财务比率表或合成现金流量表发生变化以后，都需要调整当期报表。

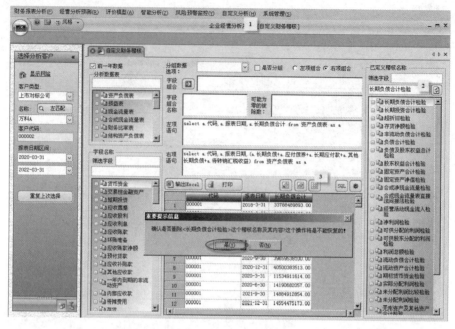

图 7-18 删除自定义稽核

当期报表设定有最小报表间隔,如果该企业录入的财务数据最小间隔为 3 个月,则当期报表间隔为 3 个月,也就是说当期报表反映的是一个季度的经营数据。

自定义当期报表的操作非常简单:

1)选择分析客户

详见"3.2.1 趋势回归分析"中的"1)选择分析客户"中的步骤。

2)生成维护当期报表

①点击"自定义分析"中的"生成维护当期报表",进入该功能的操作界面。

②点击" 生成或更新当期报表数据 "等待系统更新完毕即可,如图 7-19 和图 7-20 所示。

7.5 自定义管理资产负债表

管理资产负债表是最新的流动性管理和经营效率评价工具。对管理资产负债表的设置可以通过自定义的方式来实现。

1)选择分析客户

详见"3.2.1 趋势回归分析"中的"1)选择分析客户"中的步骤。

2)自定义管理资产负债表

点击"自定义分析"中的"自定义管理资产负债表"。

左边树形框为标准资产负债表,它是管理资产负债表的基础表;右边树形框为已经

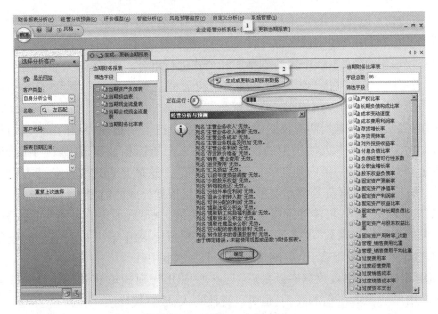

图 7-19　当期报表系统更新中

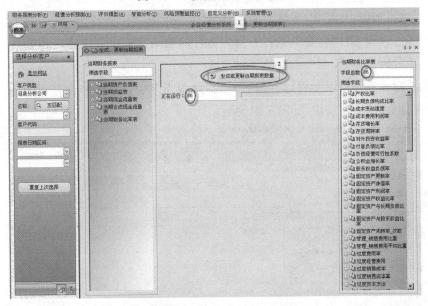

图 7-20　当期报表系统更新完毕

合成的管理资产表字段。树形框上边的文本框是显示字段名称的,也可以用来查找某个字段名称,输入这个字段名称的前几个字,树形框会自动跳到那个字段。管理资产负债表在字段设计上一定要考虑标准资产负债表的字段,如果没有该项就不要为管理资产负债表设计字段,否则这些字段无法取得数据。管理资产负债表必须取得标准资产负债表的全部一类字段(其中项可以省略),否则管理资产负债表会不平衡。自定义管理资产负债表指标的字段和数值一律放在数据库中"管理资产负债表"中。

◆新增管理资产负债表字段

277

①在右边树形框上方的文本框中输入新的字段名称。注意：新字段的名称不能与"管理资产负债表"中其他字段名称一样，否则系统会认为是对原有字段的修改。

②在"字段组合"文本框中用基础字段和公式进行组合。例如：如果想新建一个管理资产负债表字段"现金"，将"现金"录入到右边树形框上方的文本框中，点击左边树形框中的"货币资金"，字段组合中出现"货币资金"，再选择"短期点击"，字段组合中出现"短期投资"，再点击"一年内到期的长期债券投资"，字段组合中出现"一年内到期的长期债券投资"。由于管理资产负债表中的现金是由这三个指标相加而成，修改字段组合为："货币资金+短期投资+一年内到期的长期债券投资"。这就是管理资产负债表中现金的公式。注意：括号和运算符号都需要手工录入，并且根据公式的需要进行调整。

③如果被除数为零，可能导致错误使自定义失效。所以，如果有可能为零的被除数，必须在"可能为零的被除数"文本框中录入这个字段或字段组合。注意：有的时候可能为零的被除数是一个字段组合，也应该录入到这个文本框中。

④SQL 语句可以存入数据库以备后用，点击"SQL"，则 SQL 语句框中显示全部 SQL 语句，如果用户是 SQL 语句的高手，也可以直接写入，或直接修改。

⑤组合的新字段或新指标值必须要经过检验。单击"　"，电子表中就会出现运行的数值，如果出现错误则一定要修改 SQL 语句，直到正确现实数值为止。注意：如果出现错误一定不能存盘，否则会影响运行。当然运行的结果数据也可以输出到 Excel 进行打印或进一步分析。

⑥如果检验没有错误则可以存盘，新增存盘单击"　"按键，修改存盘单击"　"按键，删除存盘单击"　"按键，如图 7-21 所示。

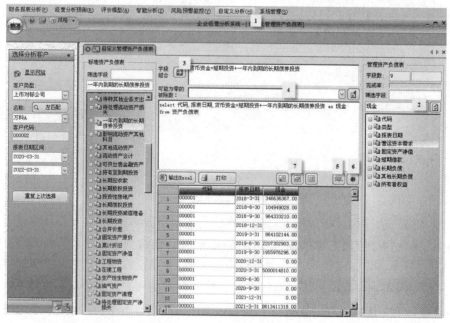

图 7-21　新增管理资产负债表

SQL 语句和公式会自动转到相应的文本框中,用户可以选择一个管理资产负债表指标类别,如果没有合适的类别选择,则可以直接输入一个新类别,同时用户还需要输入管理资产负债表指标含义,为其他用户在使用该指标时提供说明,最后,单击"新增存盘"即可,如图 7-22 所示。

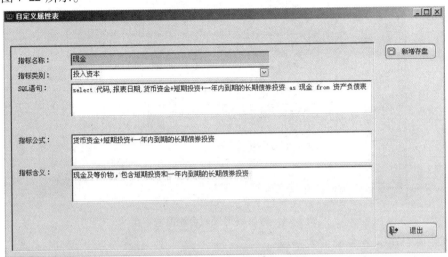

图 7-22　新增管理资产负债表存盘

◆修改自定义现金流量表字段

①选择右边树形框中需要修改的字段,双击,则上方文本框中自动出现该字段名称,SQL 语句框会出现原 SQL 语句。

②点击"修改财务比率指标",出现原公式和 SQL 语句界面,可以直接修改,如图 7-23 所示。

图 7-23　修改自定义现金流量表

点击"修改存盘",即完成对原指标的修改。修改自定义现金流量表存盘如图 7-24 所示。

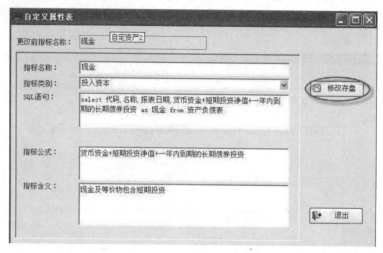

图 7-24　修改自定义现金流量表存盘

◆删除自定义现金流量表字段

①选择右边树形框中需要修改的字段,双击,则上方文本框中自动出现该字段名称,SQL 语句框会出现原 SQL 语句。

②单击"删除财务比率指标"按键,系统会提示用户是否删除,选择"是",则删除了自定义的字段及全部数据。删除自定义现金流量表如图 7-25 所示。

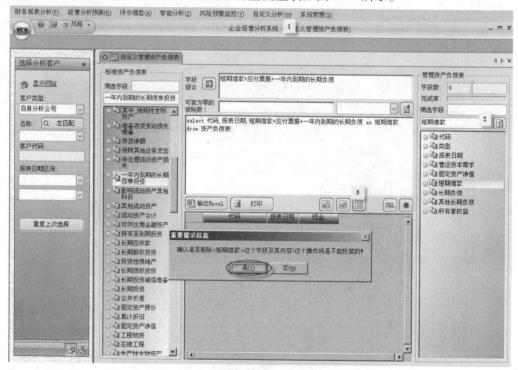

图 7-25　删除自定义现金流量表

◆填充以往数据

①新增或修改完自定义字段后,系统会自动且必须进行这项操作。用户如果觉得以前数据不可靠,也可以手工进行操作。在"将结果录入到管理资产负债表"按钮左边有一个下拉框,打开下拉框有以下选择:

A. 单个指标填充:如果用户只设置了一个指标,则只选择这个指标,选择"单个指标填充"功能,更新或新增速度会很快。

B. 全部指标填充:选择这项功能则对"管理资产负债表"的所有指标进行更新或新增,速度较慢。

C. 报表日期单个填充:输入一个报表日期,则只填充这个报表日期和用户选择的单个指标。

D. 报表日期全部填充:输入一个报表日期,则更新或新增这个报表日期的全部指标数值。

E. 客户单个指标填充:输入一个客户名称,则更新或新增用户选择的客户和选择的指标数据。

F. 客户全部指标填充:输入一个客户名称,则更新或新增用户选择的客户的全部指标数据。

②选择完成后,单击"将结果录入到管理资产负债表中"按键(以写入的图形表示),即完成数据填充。进行数据填充时,最好选择不影响其他用户使用该系统的时间,同时保证数据库没有打开直接编辑。

在这里,需要注意的是:新增、删除、修改完成后,系统会自动更新行业平均数据,用户不必在行业分析中重新更新。更新行业平均数据如图 7-26 所示。

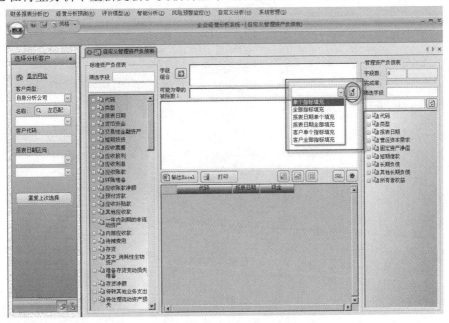

图 7-26　更新行业平均数据

7.6 财务模型建模与蒙特卡洛仿真

多层次财务模型是指财务指标可以经过多层次分解或组合形成新的指标,从而分析多层次的财务变换和相互影响程度。如杜邦财务模型就是将权益收益率(净资产收益率)层层分解为资产负债表和损益表的项目,通过观察这些项目的变化及其演进,来分解各指标对权益收益率的影响。通过构建财务模型可以解决以下问题:

①了解指标的结构和变化的传递机制,进行多因素分析和敏感性分析;

②构建虚拟平台,动态模拟经济的承受能力和指标变化程度;

③计划和考核工具,将计划和考核指标层层分解,了解如何完成计划,和分析计划完成的结构性因素;

④预算和差异分析,其突出的特点就是"动态模拟",而不是传统的静态分析。

操作步骤如下:

1)选择分析客户

详见"3.2.1 趋势回归分析"中的"1)选择分析客户"中的步骤。

2)财务建摸工具

详见"7.6.1 财务模型建模"中的工具使用方法步骤。

7.6.1　财务模型建模

使用方法：

①点击"自定义分析"中的"财务模型建模"，进入该功能的操作界面。

②指标分为多个层次，首先建立最高一层指标，它可以是一个，也可以是几个。然后在"分析数据表名称"框中选择分析的数据表，点击选中的数据表，在下面"分析指标名称"框中出现对应的所有指标，如图 7-27 所示。

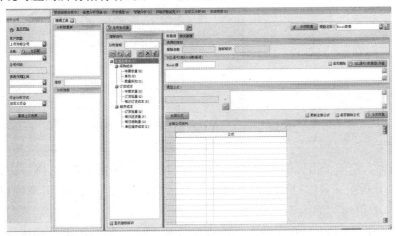

图 7-27　所有的指标

③在"分析指标名称"框中选择要分析的指标，点击该指标，则会在"指标名称"文本框中出现该指标，如图 7-28 所示。

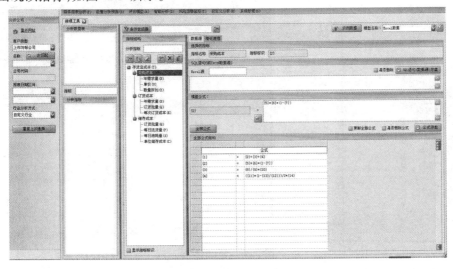

图 7-28　分析指标名称

④点击"添加新项"按钮，这属于第一层次的指标，如果第一层次还有指标，则继续输入指标名称，单击同层次按键，如图 7-29 所示。

⑤若要建立子指标，点击"添加子项"，则该子指标添加到母指标中；同理，可以添加

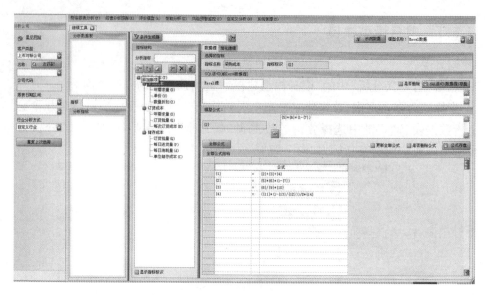

图 7-29　添加新项

另外的子指标。添加子指标的步骤是:首先根据母指标先确定子指标;然后在"分析数据表名称"和"分析指标名称"框中,选择所需要的子指标,点击该子指标,系统自动呈现该子指标的"SQL 语句",如图 7-30 所示。

　　需要注意的是:无论是在同层次添加新指标还是插入子指标,都需要选定指标,即出现相应的标识,否则无法判定是哪个指标的同层次指标或子指标。

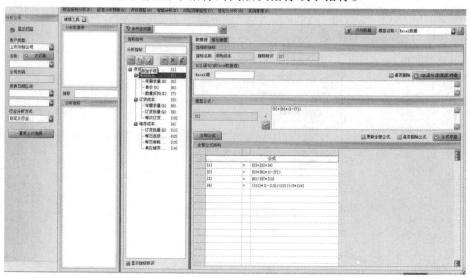

图 7-30　添加子项

　　⑥用户要是需要修改或删除某个指标,则在添加指标框中点击该指标,点击"修改指标结构名称、SQL 语句或公式"或"删除项目"即可,还可以根据选择点击"全部删除""模型结构重新排序"等功能的按钮,如图 7-31 所示。

　　⑦为基础指标添加数据源(SQL 语句)。基础指标相对于组合指标而言,它本身不是

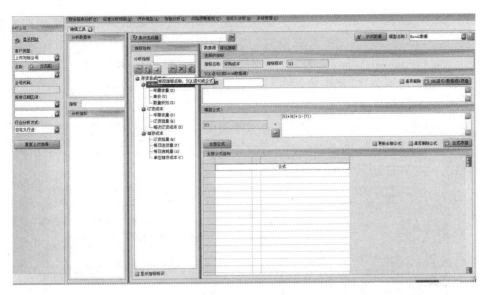

图7-31 修改指标

由其他指标组合而成的,而是体现在树形框中,也就是不包含子指标的指标。

例如:"年需求量(D)"就是一个基础指标,必须为它设置数据源,这样才能在运行时,从相应的数据表中找到它的值:

A.点击这个基础指标,如图7-32所示。

B.点击相应数据表,如:"年需求量(D)"在"采购成本"中,选择"采购成本",则出现"采购成本"的全部字段,找到并点击"年需求量(D)",则在SQL语句框出现了数据源。

C.点击"SQL语句存盘",则将这条数据源保存在数据库中。注意:一定要为所有的基础指标设定数据源,(即使一样的指标名称,但是标识不相同,也要设定和保存),否则将无法计算各项指标。

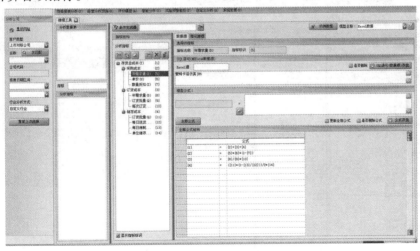

图7-32 添加数据源

⑧录入公式。步骤如下:

A. 录入相关公式。如：采购成本＝年需求量×单价×（1－数量折扣），点击采购成本，它的"指标标识"为"{2}"，年需求量的"指标标识"为"{5}"，单价的"指标标识"为"{6}"，数量折扣的"指标标识"为"{7}"则公式：{2}＝{5}×{6}×（1-{7}）。

B. 在"输入模型公式"栏中输入"{2}"（注意：公式左边标识必须唯一）。

C. 右边输入{5}×{6}×（1-{7}）。

D. 点击"更新全部公式"，公式出现在电子表中，同理再录入其他公式。

E. 点击"公式存盘"，则全部公式保存完毕。在以后选择模型名称后，就会出现它的全部公式，如图7-33所示。

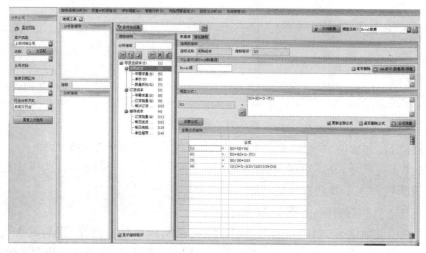

图7-33　录入公式

⑨录入完毕后，点击"全部更新存盘"可以将新模型存盘。如果输入的名称和系统数据库中的名称重复，则系统会认为是修改原模型的设计，如图7-34所示。

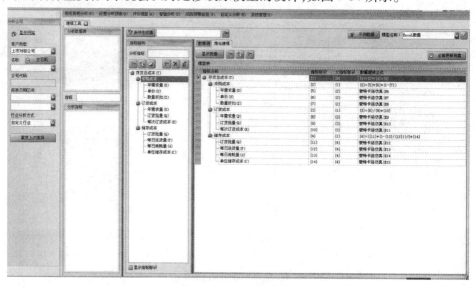

图7-34　全部更新存盘

7.6.2 财务模型运行

使用方法：

1）模型

①从 Excel 中导入数据：点击"示例数据"按钮，如图 7-35 所示。

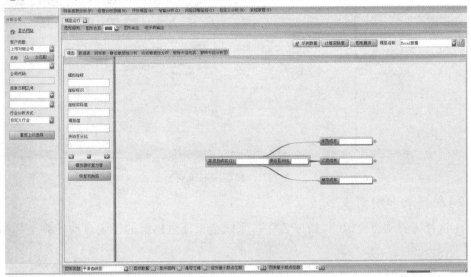

图 7-35 模型

②对相关的数据进行计算实际值，点击"计算实际值"按钮，界面如图 7-36 所示。

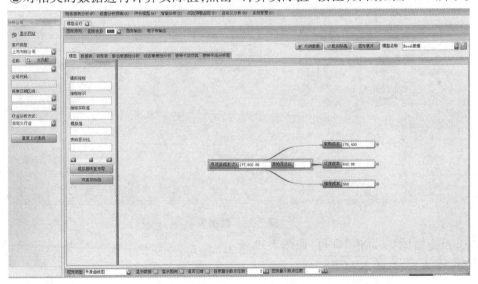

图 7-36 模型数据

③点击"图形排列"按钮，可以选择"地图式"或"图表式"的排列。若想要对图形进行色彩的修改，则点击"图形色彩"按钮，选择所需要的颜色，如图 7-37 所示。

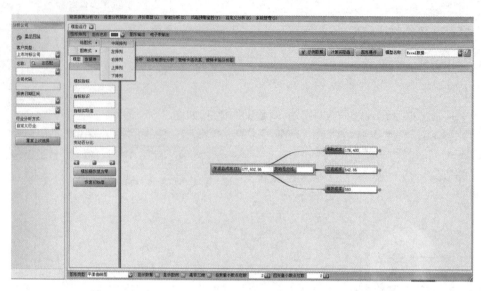

图 7-37　模型图形排列

2）数据表和树形表

①选择需要动态模拟的"指标名称"，系统会根据数据源的设定自动计算全部指标，如图 7-38 所示。

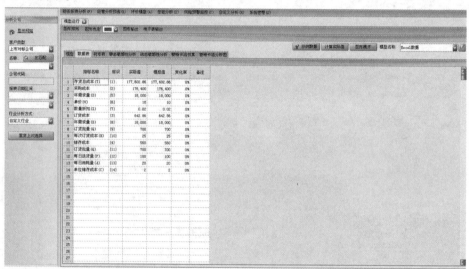

图 7-38　数据表

②点击"计算实际值"即可，如图 7-39 所示。

3）静态敏感性分析

①在"选择因变量指标"下拉列表框中选择指标。

②拉动"基础指标变化率"按钮，改变变化率。

③点击"生成报告"，如图 7-40 所示。

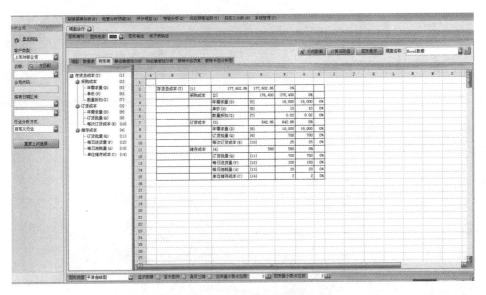

图 7-39 树形表

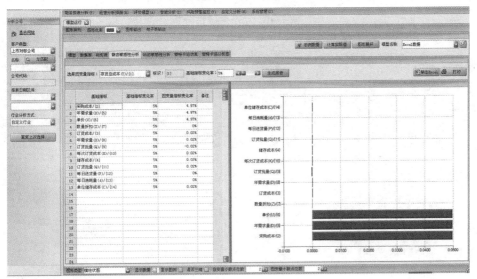

图 7-40 静态敏感性分析

4）动态敏感性分析

①点击"动态敏感性分析"，进入该界面。

②选择"变化率区间"。

③选择"变化步长"。

④在"因变量"下拉列表框中，选择"因变量"。

⑤在"选择指标"下拉列表框中，选择指标，则在下面的 Excel 表格中出现因变量、自变量及各自变化率的 Excel 表格，如图 7-41 所示。

5）蒙特卡洛仿真

①在"模拟指标"选择所需的指标以及"分布类型"，如图 7-42 所示。

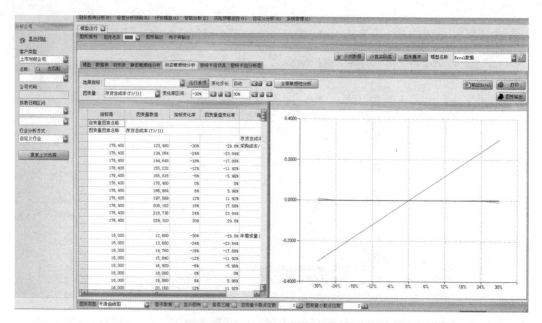

图 7-41　动态敏感性分析

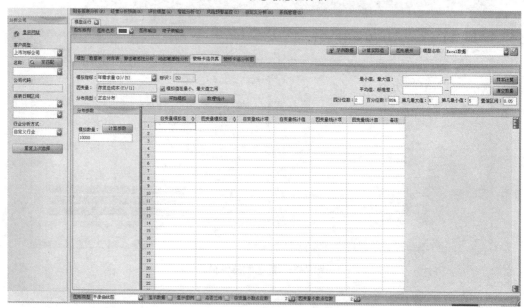

图 7-42　蒙特卡洛仿真模拟指标

　　②设定相关的"最小值、最大值、平均差、标准差"数据,然后再点击"开始模拟"进行模拟分析,如图 7-43 所示。

　　③点击"数量统计",系统就会对模拟的数据进行统计分析,分析结果如图 7-44 所示。

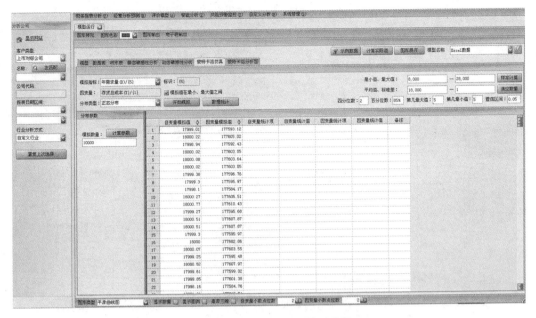

图7-43　蒙特卡洛仿真模拟计算

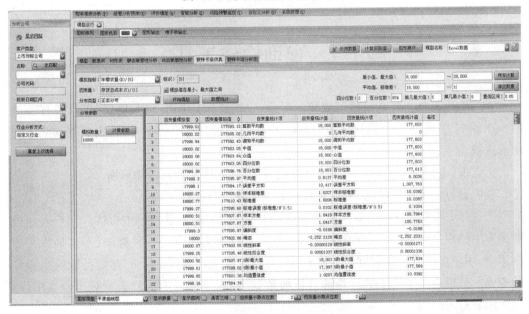

图7-44　蒙特卡洛仿真统计分析

6) 蒙特卡洛分析图

根据前面的"蒙特卡洛仿真"分析的结果,系统自动生成"蒙特卡洛分析图";在"选择分析方式"选择所需的变量方式;要想改变图形的类型,需要在"蒙特卡洛分析图"中选择"图形类型",及是否"显示数据""显示图例""三维图形",如图7-45所示。

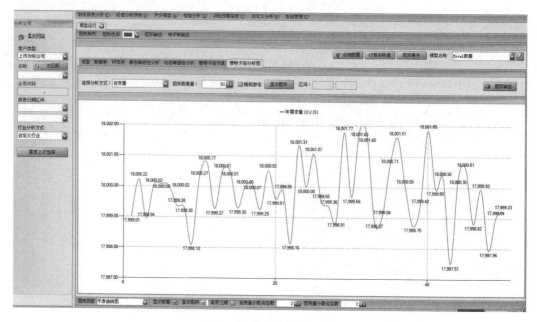

图 7-45　蒙特卡洛分析图

7.7　查询构建工具

查询构建工具主要是通过可视化的界面,来构建国际标准 SQL 语句,以及带有变量的 SQL 语句,这些语句可以存盘作为查询使用,可以通过综合查询平台,实现查询结果和图形透视。

①点击"自定义分析"中的"查询构建工具",进入该功能的操作界面。

我们通过两个表连接的例子,来说明查询构建工具的使用:

②选择分析类型。在"用户表""视图"和"分析表"前的复选框中打钩。用户表是指数据库中的用户数据表,一般是高级用户使用。视图实际也是一种查询,不过是放在数据库中,用户可以象调用数据表一样调用它,因此建立在视图之上的查询可以说是查询的查询。分析表是本系统进行各种分析的数据表,它是部分的用户表。对于普通用户,仅使用分析表即可。

③选择左上的列表中的数据表,在选中的数据表前的复选框中打钩,可以最多同时选择 5 个数据表来制作查询。每选择一个数据表,右边列表中就会出现该数据表的字段名称。第一个数据表为 a1,第二个为 a2,以此类推。如果用户需要调整数据表的次序,可以选择该数据表,单击"⬆"或"⬇"来上下调节。

④点击"表连接"。如果选择了两个(含)以上的数据表,就需要建立表连接,将选择的表通过某些条件连接起来,才可以共同分析。

第一个数据表要和其他选择的数据表都分别建立接连,并生成连接条件,在"左连接表"框中选择连接表,在"连接类型"中选择"INNER JOIN",就必须要输入连接条件,然后在"连接条件"框中"是否"前的复选框中打钩,点击"增减条件",单击一次增加一个条件。如果"连接条件"没有打钩,则单击"增减条件"一次减少一个条件,直到没有连接条件。本例中有两个条件,因此用"AND"连接它们,如图7-46所示。

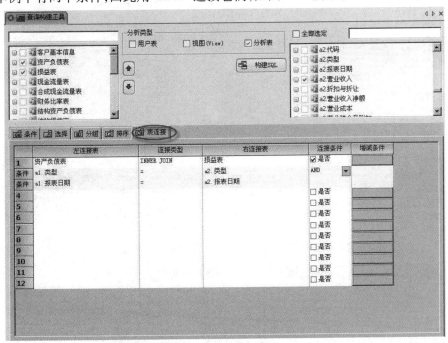

图 7-46　查询构建工具表连接

　　⑤点击"条件"。本例中"a1.名称 IN('万科 A','深圳机场')",表明资产负债表(即a1)中的名称包括"万科 A"和"深圳机场"。系统会根据字段类型和表达式,自动添加必要的符号,一般情况下文本类字段,在字段值两边加"'"单引号,数值类则不用添加。表达式为 LIKE 还要加通用符"%","IN"类两边要加"()",注意"IN"类表达式中,如'万科A','深圳机场'要用"'"和逗号隔开。如果有两个以上条件,必须在条件之间设置"OR或 AND"。如果要生成变量,比如要查询资产负债比大于 1 的企业,则可以设置"资产负债比>1",但是如果将"资产负债比"设为变量,每次查询时可以输出 1,也可以查询大于80%的企业时,就需要使用变量。设置方法是:"资产负债比>{请输入资产负债比}"变量的数字用{}大括号包括进去,{}之内可以输入任何提示文本,这样用户在使用时就可以提示输入怎样的数据,如图7-47所示。

　　⑥点击"选择",参见本例:损益表的营业收入除以资产负债表的货币资金,得到一个新的字段,我们可以起名字为"销售收入现金比"。注意:在输入字段名称后,应使用鼠标转到其他位置,不要使用回车键,如图7-48所示。

　　⑦点击"分组"。采用分组的字段类型一般为文本或日期型,一般不使用数字型,数字型字段一般使用数字函数。如果"select sum(a1.货币资金) from 资产负债表 as a1 group by 报表日期"这里以报表日期作为分组字段,表示所有报表日期的货币资金之和。

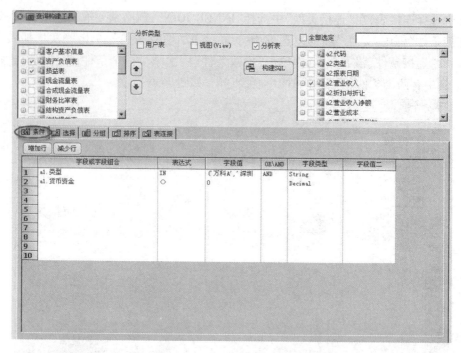

图 7-47　查询构建工具条件

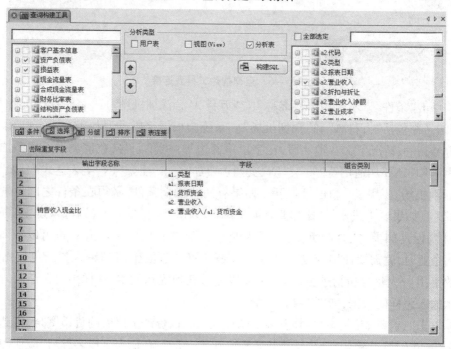

图 7-48　查询构建工具选择

数字型字段货币资金则使用合计函数"sum"，如图 7-49 所示。

　　⑧点击"排序"。有的时候查询结果需要排序，如本例以报表日期字段进行排序，所得结果是按照报表日期的顺序排列的，如图 7-50 所示。

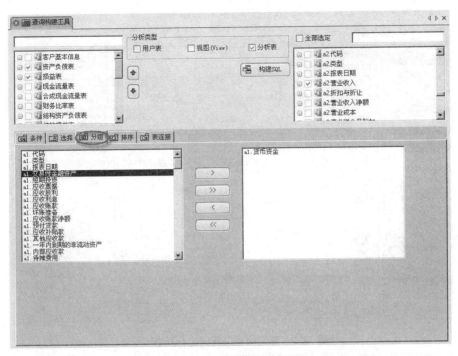

图 7-49　查询构建工具分组

图 7-50　查询构建工具排序

⑨点击"构建 SQL"按键,如图 7-51 所示,则在"综合查询平台"中生成查询语句,用户也可以语句存盘,以备之后或供他人使用,如图 7-52 所示。

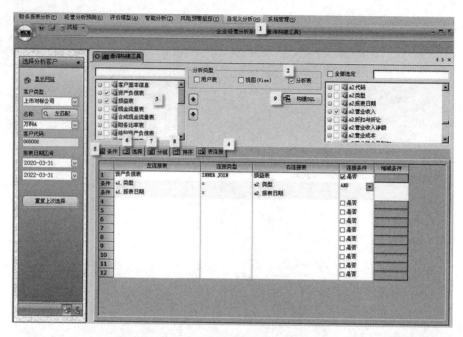

图 7-51　查询构建工具构建 SQL 指令

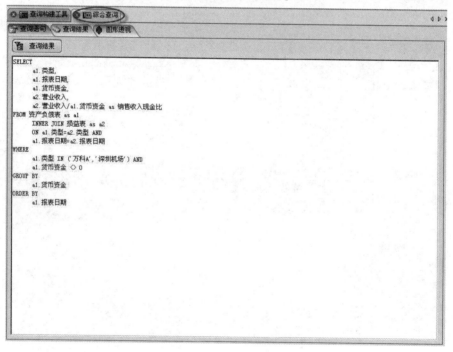

图 7-52　综合查询结果

7.8　综合查询

综合查询平台主要针对 SQL 语句、存储过程和特定的带变量的 SQL 语句生成的查询结果和图形透视。

1）查询语句

①查询语句可以通过"查询构建工具"来生成，也可以直接书写。查询语句可以存盘以备之后或供其他人使用。存盘时打开菜单窗体的"自定义查询"，如图 7-53 所示。

②在"查询名称"中为查询命名。

③在"查询类别"下拉列表框中选择查询类别。

④点击"存盘"，这样在以后使用时就可以直接点击某一个类别的某一查询，则结果就会出现在查询语句框中。

⑤点击"查询结果"，系统就会运行这个语句，并生成结果。如果要删除这个查询，点击到需要删除的查询名称，在"是否删除"前的复选框中打钩，点击"存盘"。修改查询就直接点击需要修改的查询，在语句框中修改，点击"存盘"，"是否删除"不能打钩。

查询语句的语法规则完全支持国际标准 SQL 语句和 SQL-Server 2000 的存储过程。自有的带变量的命名规则是：变量由"{}"双大括号包括，中间可以输入对用户的提示语句，如"请输入客户名称"等。

图 7-53　自定义查询

2)查询结果

点击"查询语句"中的"查询结果"按钮,会出现查询结果。查询结果包括:记录数、字段数和查询时间,数据默认小数点后两位,用户也可以调整格式,以便输出。在"设置格式"下拉列表框中,选择格式类型,点击"设置格式"即可,如图7-54所示。

图7-54　查询结果

3)图形透视

①点击"图形透视",进入该界面。

②只要生成数据,就可以显示图形,用户可以在不同字段和图形类型中进行切换。从字段列表拖动字段到横坐标和纵坐标中,横坐标只能有一个,纵坐标可以有多个,纵坐标只能是数字字段,如果要筛选条件可以拖动字段到筛选字段,并输入筛选条件值。

在这里,我们需要注意的是:

A. 如果是文本字段、日期字段,筛选条件值两端要加两个单引号,数字字段不用加。如"报表日期='2000-12-31'"。

B. 如果比较符为"LIKE",表明模糊查询,要在筛选条件值两端加'%,如"名称LIKE

'％万％'"。如果只有左边有"％"为"左查询",如'％万';只有右边有"％"为右查询,如'万％'";如果两边都有"％"为部分查询,只要包含这个字符都可以。

C.如果比较符为"IN"或"NOT IN",表明在包括筛选条件值的全部,如:('万科A','深圳机场'),就包括这两个客户,并用括号括起来。

D.如果包括两个以上的客户,就要选择"分组函数",如这几个客户在某一报表日期的合计数值,或平均数值。

③点击"显示图形"。

④点击图形鼠标右键,可以选择图形类型和进行相关设置。也可以调节图形画框,如果是3D图形,还可以调节图形位置,在"是否调节"前的复选框中打钩,再拉动调节器即可,如图7-55所示。

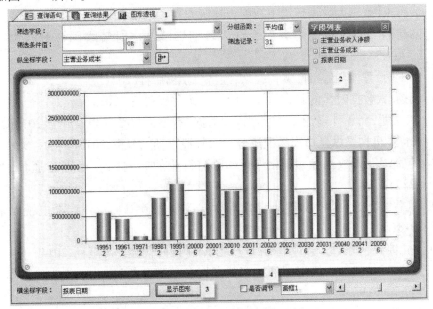

图7-55 图形透视

思考与练习

1.如何自定义合成现金流量表、自定义财务指标?

2.如何自定义财务报表稽核? 如何生成维护当期报表?

3.如何自定义管理资产负债表?

4.财务模型建模与蒙特卡洛仿真如何使用?

5.查询构建工具、综合查询如何使用?

参考文献

[1]深圳市哲睿软件有限公司.企业大数据经营分析理论与预测系统使用手册[R].2021.

[2]裴容玉.基于大数据环境下智能会计研究[J].纳税,2021(11):117-118.

[3]陆建丽,陈舒.智能财务对会计人员的影响及应对策略[J].绿色财会,2021(7):4.

[4]张玉明,等.智能会计[M].北京:经济科学出版社,2021.

[5]续扬.大数据时代的新媒体发展[J].中国传媒科技,2013(4):2.

[6]武文龙,高登科.艺术市场距离"大数据"有多远?[J].艺术市场,2015(17):10.

[7]翁富.机构操纵盘口交易痕迹分析[J].股市动态分析,2015(2):1.

[8]包海军.大数据角度讨论IT对通信行业的影响[J].中国新通信,2017,19(22):1.

[9]魏智慧.大数据时代IT人才培养模式改革思考[J].贵州广播电视大学学报,2018(3):4.

[10]翟纯红,郝家龙.会计基础[M].北京:中国时代经济出版社,2014.

[11]韩正元.基于Z值模型的上市公司财务预警分析:以北京市为例[J].北方经贸,2008(9):4.

[12]伯恩斯坦,维欧德.财务报表分析[M].许秉岩,张海燕,译.5版.香港:科文(香港)出版有限公司,2004.